Alexander Willrich

Poetry Slam für Deutschland

Alexander Willrich

Poetry Slam für Deutschland

Die Sprache. Die Slam-Kultur. Die mediale Präsentation.

Die Chancen für den Unterricht.

Lektora

Lektora, Paderborn

Erste Auflage 2010

Lektora GmbH
Fürstenbergstraße 21 a
33102 Paderborn
Tel.: 05251 6886809
Fax: 05251 6886815

Druck: MCP, Marki
Coverdesign: Carina Hagel
Layout Inhalt: Lektora GmbH, Paderborn

Printed in Poland

ISBN: 978-3-938470-47-3

Besonderer Dank gilt:

meinen Eltern für alles,
Robert für seine Pedanterie und Penibilität,
Anna-Lena für unendliche Toleranz und andauerndes Verständnis,
Hanz für die akribische Durchsicht, den Input und die gemeinsamen Road-Trips,
der Slamily für die vielen Erlebnisse und Erfahrungen, die diese Arbeit angereichert haben.

Über den Autor:

Alexander Willrich, geboren 1985 in Görlitz, studierte Lehramt für Sonderschulen an der Pädagogischen Hochschule Ludwigsburg.

Seit 2008 ist er aktiver Teil der Slam-Szene und seither auf Bühnen im deutschsprachigen Raum unterwegs. Im Jahr 2009 nahm er erstmals an der deutschsprachigen Poetry-Slam-Meisterschaft (GIPS) teil. Er ist Teil des Slam-Poetry-Teams »Hanz N' Roses« und veranstaltet den Ludwigsburger Poetry Slam. Zusätzlich leitet er Workshops zum Thema Poetry Slam an Universitäten, Schulen sowie an außerschulischen Einrichtungen.

2010 verfasste er seine Abschlussarbeit (1. Staatsexamen) zur Entwicklung des Poetry Slams in Deutschland und zu dem produktiven Einsatz von Performance Poetry an Schulen.

Inhalt

1 Einleitung

»Es gibt Leute, die Texte schreiben und auch vorlesen wollen,
die eine Reaktion erwarten, Inspiration, Widerspruch, Anregung
oder bloß vielleicht Aufregung.
Das ist Spoken Word.
Bedenke: Der Poet/ die Poetin hat fünf Minuten [...]

Es handelt sich um eine wilde Mischung aus Performance, Poesie,
Komödie, Spiel, purem Scherz und reiner Wahrheit,
aus feuchten Dichterhänden und ekstatisch applaudierendem Publikum.
Wer an einem solchen Abend dabei ist, wird es nicht so schnell vergessen.

Die Jury des Abends wird aus dem Publikum ausgesucht.
Ja, es gibt eine Jury, obwohl wir alle wissen,
daß die Poesie nichts mit harten Regeln eines Wettstreits gemein hat.
So what?

Es wird keine Verlierer geben ... wer liest, hat bereits gewonnen.
POETRY SLAM IST DIE AKTIVE SEITE DER POESIE.«[1]

Dieses Zitat drückt kurz und knapp das aus, worum es bei einem Poetry Slam geht: ein Poet[2], sein Text, seine fünf Minuten und eine Jury, die ihn im Anschluss des Vortrags bewerten wird. Dazwischen kann stilistisch, qualitativ und inhaltlich so ziemlich alles liegen, von Lyrik über Prosa bis hin zu Entertainment, von Texten, die einen »kollektiven Orgasmus« auslösen bis hin zu Texten, die nie hätten geschrieben werden dürfen[3], von Texten, die sich mit Gesellschaft, Liebe und Leid befassen, bis hin zu Texten, die durch einen Pointenhagel oder durch Wortakrobatik zu beeindrucken wissen.

---

1 Anonym. Online verfügbar unter: http://www.epoet.de/spokenwordberlin/reviews/slampolice.htm [Datum der Recherche am 15.08.2009].

2 Im nachfolgenden Text wird zum leichteren Lesen die männliche Form (z. B. Poeten, Schüler) benutzt. Selbstverständlich ist hiermit immer auch die weibliche Form gemeint. Wäre die Masse des Teilnehmerfeldes auf Poetry-Slam-Bühnen weiblich, böte es sich an, durchgehend die weibliche Form zu nutzen, da dem aber nicht so ist, habe ich mich für die männliche Form entschieden.

3 Vgl. Bob Holman. In: Schulze-Tammena 2007, S. 1.

Seit 1997 ist das Interesse an Poetry Slam im deutschsprachigen Raum stetig gewachsen und von einer kleinen Subkultur zu einer beachteten Kulturveranstaltung geworden. Von den anfänglichen fünf Poetry Slams in Deutschland (Berlin, München, Frankfurt am Main, Düsseldorf und Hamburg) verzehnfachte sich die Zahl bis 2002. Aus den erschienenen Artikeln in den folgenden Jahren lässt sich eine wachsende Zahl an Poetry Slams in Deutschland, Österreich und der Schweiz dokumentieren[4], die bis zum Jahr 2010 anhält.

Mit zunehmender Popularität des Veranstaltungsformats Poetry Slam und steigendem Medieninteresse begann auch der Einzug in die Deutschdidaktik. Wurde 2006 noch beklagt, dass Poetry Slam in »der fachdidaktischen Diskussion [...] in Deutschland bislang (noch) wenig Beachtung«[5] findet, so kann man das drei Jahre später nicht mehr behaupten. In den Medien sowie Fachzeitschriften für Lehrer wurde das Thema oft aufgegriffen, sodass vielerorts eine Sensibilisierung dafür auftrat. Auch die zahlreichen aktiven Slam-Poeten, die Slam-Workshops an Schulen anbieten, taten ihr Übriges zu der Verbreitung von Poetry Slam in der Fachdidaktik. So werden besonders in Ballungsgebieten und ›Poetry-Slam-Hochburgen‹ die Workshops an Schulen gern angenommen[6] und teilweise von Stiftungen gefördert, was die Einrichtungen von den Kosten eines solchen Projekts befreit. Vermuten lässt sich, dass in ländlicheren Regionen, in denen dieses Veranstaltungsformat so gut wie nicht existiert, sich Schulklassen tendenziell weniger mit Poetry Slams beschäftigen.[7] Doch die Entwicklung, die diese Perfomance-Poesie in den letzten Jahren genommen hat, ist Grund genug für eine erneute Aufarbeitung der aktuellen Situation und der Bedeutung von Poetry Slams und der dazugehörigen Gattung, der s. g. *Slam Poetry*.

Die vorliegende Arbeit wird sich im ersten Teil (Kapitel 2–4) mit der Geschichte des Poetry Slams beschäftigen und dabei den Fokus insbesondere auf die Entwicklung in der deutschsprachigen Szene innerhalb

---

4 Vgl. Preckwitz 2002, S. 5; Hager 2006, S. 13–15; Anders 2007, S. 1.

5 Hager 2006, S. 4.

6 Gespräche mit Slam-Poeten, die eigene Slam-Workshops leiten, wie dem U20-Slam Stuttgart e. V., Poeten aus Heidelberg, Tübingen, Berlin und Marburg.

7 Man kann jedoch beobachten, dass derzeit viele Poetry Slams auch in ländlicheren Gegenden gegründet werden. So gibt es seit Kurzem allein im süddeutschen Raum einige feste Poetry Slams in Städten mit ca. 6.000 bis ca. 20.000 Einwohnern, wie z. B. in Bietigheim, Buchloe, Lauda-Königshofen, Lindenberg, Schwabach und Weißenburg.

der letzten Jahre legen. In dieser Betrachtung sollen literarische Einflüsse dargestellt werden, die den deutschsprachigen Poetry Slam besonders prägen, um davon ausgehend Gestaltungskriterien für die hiesige Slam-Szene zu entwickeln, hinsichtlich der sprachlichen Stilmittel, der Textgattungen sowie der Inhalte und Themen in den Texten.

Poetry Slam hat sich in den letzten Jahren gewandelt: Die Protagonisten haben gewechselt, bei einigen Poeten stellte sich der kommerzielle Erfolg ein und auch das öffentliche Interesse hat sich verändert. Ausgehend von diesen Tendenzen setzt sich der zweite Teil (Kapitel 5–7) mit dem aktuellen Stand innerhalb der Szene auseinander und geht u. a. den Fragen nach, was Performance-Poesie mit Comedy zu tun hat, wann und warum einige Protagonisten die Bühnen des Poetry Slams verlassen und welche neueren Veranstaltungsformen sich an dem Veranstaltungskonzept Poetry Slam orientieren. Auch wird untersucht, wie sich die Künstler über das Internet selbst vermarkten und auf welche Art und Weise die Aktivisten der Szene miteinander vernetzt sind.

Im dritten Teil (Kapitel 8) sollen ein Konzept für das Thema »Poetry Slam« an Schulen entwickelt und didaktische Möglichkeiten für eine solche Unterrichtseinheit aufgezeigt werden. Hierbei wird – unter Berücksichtigung der aktuellen Schreibdidaktik – besonders auf die Bedeutung und Wichtigkeit des kreativen Schreibens im Zusammenhang mit modernen Medien eingegangen sowie auf die Möglichkeiten der Gestaltung eines Performance-Trainings und der abschließenden Projektpräsentation.

2 Grundlagen

2.1 Was ist Poetry Slam?

Das Wort »Slemma« und »Slämma« stammt aus dem norwegischen bzw. schwedischen Sprachraum, steht lautmalerisch für das Zuknallen einer Tür und ging als »slam« in die englische Sprache ein.[8] Das Wörterbuch übersetzt das Wort »slam« mit Begriffen wie »donnern« und »schmettern«, was auch der Bedeutung im Norwegischen und Schwedischen entspricht. Der Begriff *slam dunk*, der im Basketball das Hineinschmettern des Balles von oben in den Korb meint, zeugt davon. »Ab 1984 notierten Wörterbücher Slam als Wettbewerbsform«[9] wie beispielsweise beim *Grand Slam* im Tennis. So übernahmen auch die Veranstalter der ›Dichterschlachten‹ dieses Wort und formten daraus den *Poetry Slam*.

Poetry Slams sind regelmäßig stattfindende[10], offene Bühnen, auf denen professionelle Performance-Poeten auf Amateurschriftsteller, Kabarettisten, Rapper und literarische Komiker treffen. Gleichermaßen nutzen sie die Slam-Bühnen als Podium, um ihre Texte zu präsentieren. Der Austragungsort ist meist eine Kleinkunstbühne, eine Kneipe oder ein Club. In jedem Fall finden Poetry Slams in einem ungezwungenen Rahmen statt, bei dem Bier getrunken und manchmal auch geredet wird, wenn der Poet es nicht schafft, das Publikum in seinen Bann zu ziehen. Diesen clubähnlichen Rahmen runden mitunter DJs oder Liedermacher ab, die in den Pausen für die musikalische Gestaltung zuständig sind.

Bei einem Poetry Slam treten zwischen 8 und 14 Poeten im Wettkampf gegeneinander an, indem jeder seine selbstgeschriebenen Texte vorliest. Von den teilnehmenden *Slammern*, wie man die Slam-Poeten auch nennt, ist ein Teil eingeladen und extra für den Poetry Slam angereist (diese Poeten zählen zumeist zu den professionellen Teilnehmern[11];

8 Vgl. Anders 2006, S. 14.

9 Vgl. ebd.

10 Z. B. jeden ersten Donnerstag im Monat oder jeden dritten Samstag im Monat etc.

11 Als »professionelle« Poeten werden in dieser Arbeit Poeten bezeichnet, die eine hohe Zahl an Auftritten im gesamten deutschsprachigen Raum haben, die auf mehrtägige bzw. mehrwöchige Tourneen gehen und die durch Poetry Slam gelegentlich oder dauerhaft Geld verdienen, indem sie Workshops geben, eigene Slams veranstalten oder bezahlte Lesungen abhalten (Vgl. Kap. 5.1).

[12]) und der andere Teil hat sich an der Abendkasse in die *Offene Liste* für die Auslosung an der Teilnahme eintragen lassen. Diese Poeten sind zumeist Neulinge oder lokale Poeten, die diesen Veranstaltungsort als ihren *Home-Slam* bezeichnen (bei diesen Poeten reicht die Spanne von professionellen, in dieser Stadt beheimateten Slammern über Lokalhelden, die nur in dieser Stadt auftreten, bis hin zu regionalen ›Nervensägen‹).

Doch egal welchen Slam man besucht, in jeder Stadt gibt es nur vier Regeln: So muss der Text erstens aus der eigenen Feder stammen, es dürfen zweitens keine Requisiten genutzt werden, es darf drittens nur auszugsweise gesungen werden, da es sich um keinen Gesangswettbewerb handelt, und viertens muss die vorgegebene Zeitdauer eingehalten werden, die i. d. R. fünf bis sieben Minuten beträgt. Der Slam besteht meist aus zwei bis vier Vorrundengruppen und einem Finale, in dem die Vorrundensieger bzw. die Erst- und Zweitplatzierten aufeinandertreffen. Am Ende jeder Vorrunde oder nach jedem Vortrag stimmt das Publikum über die zwei bis vier Finalisten ab (je nach Regelung des jeweiligen Poetry Slams) und kürt im Anschluss an die Finalrunde auch den Sieger des Abends.

Neben den Slam-Poeten kommt dem Slam-Master[13] eine wichtige Funktion zu, da er durch den Abend führt. Er hat die Aufgabe, die Veranstaltung zu moderieren, auf die Einhaltung der Regeln zu achten, sie durchzusetzen und diese auch den Gästen zu erklären. Er sollte das Publikum einstimmen und bei Laune halten. Denn im Gegensatz zu klassischen Lesungen ist das Publikum bei Poetry Slams stark involviert. So sind Zwischenrufe erlaubt und stellen »eine Form des spontanen Feedbacks dar«.[14] Einige Slams forcieren die Zwischenrufe gar, indem der beste Einwurf eines Gastes mit einem Freibier belohnt wird. Die wichtigste Funktion des Publikums ist aber die Bewertung der Beiträge. Das heißt, dass entweder das gesamte Publikum die Jury bildet, indem es

12 Anders spricht von 250 aktiven Slammern (vgl. Anders 2008, S. 7).

13 Auch der Begriff *MC* (*Master Of Ceremony*), der dem Hip Hop entnommen wurde, ist möglich, in Deutschland jedoch eher ungebräuchlich. Wobei *MC* und *Slam-Master* nicht die gleiche Person sein müssen. *MC* meint den Moderator und *Slam-Master* steht für den Organisator und Veranstalter. In den meisten Fällen ist der *Slam-Master* aber mit dem *MC* identisch.

14 Böttcher 2009, S. 89.

durch Applaus oder über eine Form der ›Stimmzettelabgabe‹[15] seine Finalisten und seinen Sieger ernennt.

Die zweite gängige Form ist die Festlegung einer fünf- bis siebenköpfigen Jury, die willkürlich ausgewählt wird und mittels Wertungstafeln die Poeten mit Punkten von 1 bis 10 belohnt oder bestraft.[16] Auch hier darf der Rest des Publikums über Applaus oder Buh-Rufe seine Zustimmung oder Ablehnung ausdrücken. In die Bewertung fließen nicht nur der Text als solcher ein, sondern auch die Vortragsart und die Performance, denn bei Poetry Slams geht es darum, den Texten auf der Bühne möglichst viel Leben einzuhauchen und das Publikum damit zu fesseln.

2.2 Die Geschichte des Poetry Slams

Neu ist die Idee eines Dichterwettstreites nicht. Böttcher verweist dazu auf das Meistersingertum im 16. Jahrhundert[17] und Gans auf die Rhetorik der griechischen Antike um 700 v. Chr.[18] Er weist darauf hin, dass dort bereits viele Ähnlichkeiten zu finden sind, die sich auch auf den heutigen Poetry Slams bzw. beim Verfassen von Slam Poetry nachweisen lassen. Gans spricht dabei folgende fünf Schritte an: das Erfinden (inventio), das Planen und Gliedern (dispositio), das Formulieren (elocutio), das Einprägen (memoria) und schlussendlich das Vortragen bzw. das Performen (pronuntiatio - actio).[19]

Doch auch wenn sich die Geschichte der Dichterwettstreits weit in die Vergangenheit zurückverfolgen lässt, so stellt sich dennoch eine jüngere Geschichte des Poetry Slams heraus, die ihre Anfänge in den USA hat:

1975 wurde im New Yorker *Nuyorican Poets Cafe* ein erster Grundstein in Richtung Poetry Slam gelegt. Hier fanden Lesungen puertoricanischer Dichter, genauso wie Jazzkonzerte und Theaterprojekte statt. Gegen Ende der Siebziger Jahre fanden sich an diesem Ort immer mehr Dichter der *Beat Generation* (Vgl. 3.4) ein.

---

15 Auf der *Dichterschlacht* in Darmstadt sind dies Dichtungsringe, bei *Poesie & Pommes* in Reutlingen sind es Plastik-Pommes.

16 Bezüglich des Wertungssystems sind der Fantasie allerdings keine Grenzen gesetzt.

17 Böttcher 2009, S. 88.

18 Gans 2008, S. 24.

19 Ebd.

1985 gründet der Bauarbeiter Marc-Kelly Smith in der *Get Me High Lounge* mit weiteren Poeten und einer Jazzband das Performance-Poetry-Team *Chicago Poetry Ensemble.* Ein Jahr später zieht das Ensemble in den *Green Mill Jazz Club* um, wo Smith alle zwei Wochen den ersten Poetry Slam der Welt mit dem Namen The *Uptown Poetry Slam* veranstaltet.[20]

Smith wollte durch die Verbindung seiner zwei Leidenschaften – Lyrik und Jazz – »Poesie aus dem Elfenbeinturm einer kleinen vermeintlichen Elite befreien und sie zu den Menschen in die Cafés und Clubs bringen«.[21] Auch um dieses Ziel zu erreichen, performte Smith seine Lyrik und las seine Texte nicht in einer sterilen Umgebung mit Wasserglas, sondern lebte sie auf der Bühne.

Ab 1987 entwickeln sich in den USA durch den Marketingspezialisten und Slam-Poeten Bob Holman weitere Poetry Slams in New York. Auch durch den ersten *National Poetry Slam* in San Francisco wächst die Beliebtheit von Slams stetig und weckt auch das Interesse diverser Medienanstalten wie MTV.[22]

Der erste Kontakt mit Poetry Slam entstand in Deutschland 1992, als das Literaturhaus Hamburg den Slam-Poeten Bob Holman zu einer Lesung einlud.[23] 1993 erschien im Berliner Verlag *Druckhaus Galrev* die Anthologie *Slam Poetry. Heftige Dichtung aus Amerika.* 1994 findet der erste regelmäßige Poetry Slam im Berliner *Ex'n Pop* statt, der von den Amerikanern Priscilla Be und Rik Maverik sowie dem Berliner Wolf Hogekamp veranstaltet wird.[24]

1996 findet im Münchener *Substanz* der erste Poetry Slam statt. Die Slam-Master Patzak und Bylanzky zählen derzeit zu den wichtigsten Poetry-Slam-Veranstaltern in Deutschland und veranstalten acht Poetry Slams in sieben Städten.[25] Als 1997 der *Hamburg ist Slamburg*-Slam seine Tore öffnet, beschließen die deutschen Veranstalter wenig später, eine enge Zusammenarbeit anzustreben. Das ist der Beginn einer deut-

---

20 Vgl. Hager 2006, S. 7.
21 Böttcher 2009, S. 88.
22 Vgl. Patzak 2004, S. 166–167.
23 Westermayr 2004, S. 27.
24 Vgl. Patzak 2004, S. 170.
25 München, Gauting, Regensburg, Salzburg, Freising, Landsberg am Lech, Ulm. Siehe www.Myslam.de [Datum der Recherche: 04.09.2009].

schen Slam-Szene.[26] Im Oktober 1997 findet daraufhin der erste deutsche *National Poetry Slam*[27] in Berlin statt.

Ab diesem Moment wird Poetry Slam jedes Jahr bekannter. Es erscheinen zahlreiche Anthologien, die Teilnehmerzahlen auf dem National Poetry Slam nehmen jährlich zu, bis 2004 in Stuttgart sogar erstmals ein U20-Wettbewerb für die Nachwuchspoeten durchgeführt wird.[28]

Im selben Jahr gründet sich der Verlag *Voland & Quist* in Dresden und Leipzig, über den deshalb viele Performance-Poeten publizieren, da *Voland & Quist* seinen Veröffentlichungen CDs und mittlerweile auch DVDs beilegt, sodass die Gedichte auch hörbar werden.

2000 entsteht durch den Filmemacher und Slam-Poeten Wolf Hogekamp das neue Medium *Poetry Clip*, das Slam-Texte filmisch umsetzt und untermalt, ähnlich den Video-Clips von Musikern, dadurch werden die Texte visuell und auditiv wahrnehmbar, was den Grundgedanken von Poetry Slam darstellt.

2007 gelingt der Sprung in die Massenmedien. Im *WDR* wird der *WDR-Slam* produziert, der namhafte Vertreter der Slam-Szene einlädt und in Köln vor Publikum einen Fernseh-Slam ins Leben ruft. Ein Jahr später produziert *Sat1-Comedy* die Sendung *Slam-Tour mit Kuttner.*[29] Die aus dem Musikfernsehen bekannte Moderatorin bereist Poetry Slams in ganz Deutschland, die von einem Fernseh-Team gefilmt werden. Sarah Kuttner führt dabei lediglich Interviews mit den Slam-Poeten und moderiert nur für das Fernsehpublikum, während der Slam-Master des jeweiligen Slams die Live-Moderation für das Publikum in dem entsprechenden Austragungsort übernimmt. Trotz der Zurückhaltung der Fernsehmoderatorin führte dieses Produkt zu Kontroversen in der Slam-Szene – zum einen, weil sich einige Slam-Poeten im kommerziellen Fernsehen nicht richtig aufgehoben fühlten, zum anderen, weil man nicht auf einem Comedy-Kanal ausgestrahlt werden wollte, der den Poetry Slam zu stark in eben diese Ecke drängen würde.

Insgesamt lässt sich festhalten, dass Poetry Slam seit 1996 immer mehr Anhänger findet und dass diese Entwicklung bis heute noch nicht

---

26 Vgl. Patzak 2004, S. 170.

27 Ab 2001 wird der Name in *German International Poetry Slam* (GIPS) geändert, um auch den Teilnehmern aus Österreich und der Schweiz (ab 2008 auch Liechtenstein) gerecht zu werden.

28 Vgl. Patzak 2004, S. 170 ff.

29 Vgl. Patzak 2009. In: Böttcher 2009, S. 120 f.

abgebrochen ist, zeigen die Zahlen der nachwachsenden Slams und der Teilnehmer- sowie Zuschauerzahlen auf der deutschsprachigen Poetry-Slam-Meisterschaft, dem German International Poetry Slam.

Tab. 1: Teilnehmer- und Besucherzahlen der deutschsprachigen Poetry Slam Meisterschaften[30]

Jahr	**Austragungsort**	**Teilnehmer Einzel**	**Teilnehmer Team**	**Besucher Finale / Gesamt**
1997	Berlin	4 Städte	4 Teams	--- / 200 Besucher
2000	Düsseldorf	40 Poeten	15 Teams	--- / 1.000 Besucher
2003	Darmstadt	85 Poeten	24 Teams	800 / 2.400 Besucher
2005	Leipzig	89 Poeten	15 Teams	--- / 2.900 Besucher
2006	München	138 Poeten	37 Teams	800 / 5.000 Besucher
2007	Berlin	103 Poeten	30 Teams	1.700 / 4.000 Besucher
2008	Zürich	145 Poeten	25 Teams	--- / 10.000 Besucher
2009	Düsseldorf	103 Poeten	31 Teams	1.000 / 9.200 Besucher

30 Vgl. ebd. S. 120 ff.; www.slam2003.de/spielplan.shtml; www.slam2006.de; www.slam 2007.de; www.slam2008.ch; www.slam2009.de [Datum der Recherche: 04.09.2009].

Tab. 2: Anzahl der Poetry Slams in Deutschland, Österreich und der Schweiz

Jahr	Anzahl der Poetry Slams
1997	5 Slams in 5 Städten[31]
2001	Slams in ca. 29 Städten[32]
2002	Slams in ca. 50 Städten[33]
2006	Slams in ca. 70 Städten[34]
2007	ca. 80 regelmäßige Slams[35]
2009	ca. 120 regelmäßige Slams[36]

Diese Zahlen beruhen auf Schätzungen und können lediglich als Tendenz gesehen werden. Allein auf der Internetseite Myslam.de sind insgesamt 218 Poetry Slams aus dem deutschsprachigen Raum registriert[37], wobei die Schweiz und Österreich auch eigene Internetportale besitzen. Insofern sind dies längst nicht alle Poetry Slams in dem deutschsprachigen Gebiet. Weiterhin finden nicht alle registrierten Poetry Slams regelmäßig oder überhaupt noch statt. Circa die Hälfte aller registrierten Slams ist von dem Webseiten-Betreiber als inaktiv bzw. als »Phantom«[38] markiert worden. Das bedeutet, dass für diese Poetry Slams (noch) keine neuen Termine existieren, weil sie entweder nicht eingetragen wurden oder weil es diesen Poetry Slam nicht mehr gibt.

Nichtdestoweniger lässt sich aus diesen Zahlen ablesen, dass die Szene noch immer wächst und sich seit 1997 stetig vergrößert. Wie lange ein weiteres Wachstum überhaupt noch möglich ist, bleibt dabei offen. Die Poetry-Slam-Meisterschaften scheinen jedoch den Zenit des Machbaren mit knapp 140 Teilnehmern im Einzelwettbewerb erreicht zu haben. Zwar stünden noch deutlich mehr Poeten für eine Teilnahme zur Verfügung, aber die finanziellen und organisatorischen Möglichkeiten zwingen die Veranstalter dazu, Qualifikationskriterien für die Meisterschaft aufzustellen und so das Teilnehmerfeld überschaubar zu halten.

---

31 Vgl. Preckwitz 2002, S. 5.
32 Vgl. Hager 2006, S. 14.
33 Vgl. Preckwitz 2002, S. 5.
34 Vgl. www.slam2006.de [Datum der Recherche: 08.09.2009].
35 Vgl. Anders 2007, S. 1.
36 Vgl. Böttcher 2009, S. 89.
37 Vgl. www.myslam.de/poetry-slams/liste [Datum der Recherche: 08.09.2009].
38 Siehe www.myslam.de/poetry-slams [Datum der Recherche: 08.09.2009].

Wenn die Beliebtheit und die Kommerzialisierung von Poetry Slam in derartig großen Schritten weiter voranschreiten[39], werden wohl die Meinungen und die Zielvorstellungen auseinander gehen, von denen, die Poetry Slam als anarchische Untergrundbewegung verstehen, und von denjenigen, die von Performance-Poesie leben und diese Entwicklung als Chance für sich nutzen können.

39 Poetry Slam wurde 2009 von Parteien auf Wahlkampfveranstaltungen genutzt, Werbeagenturen luden Slam-Poeten zu Konferenzen ein und große Unternehmen ließen in ihren Firmen Poetry-Slam-Workshops stattfinden. Ob solcher Angebote gehen die Meinungen in der Szene sehr auseinander. Einige nehmen sie an, andere verstehen dies als ›Ausverkauf‹ einer Subkultur.

3 Einflüsse auf Slam Poetry in Deutschland

Da Slam Poetry kein einheitliches Genre ist, sondern sich darunter lediglich Literatur begreift, die für das hörende Publikum auf Poetry Slams konzipiert ist und deshalb auch eine gewisse Länge nicht überschreiten darf, lassen sich direkte Einflüsse nicht festhalten. Jeder Slam-Poet hat seine eigenen Einflüsse und seine eigenen literarischen Vorlieben, dennoch kann die Gesamtentwicklung auf verschiedene literarische Strömungen zurückgeführt werden.

3.1 Social Beat

Als Haupteinfluss auf die deutsche Slam Poetry sieht Westermayr die Social-Beat-Bewegung in den 1990er Jahren in Deutschland.[40] Ernst rückt die beiden Literaturformate inhaltlich gleich zusammen, indem er sie unter der Überschrift »Social Beat und Slam Poetry«[41] zusammenfasst. Die Social-Beat-Bewegung wollte keine homogene Szene darstellen: »Sie setzte sich aus vielen kleinen Künstlergruppen und einzelnen Aktivisten aus ganz Deutschland zusammen, welche in einem ›effizienten Netzwerk‹ in Kontakt standen, gemeinsame Projekte planten, sich über ihre literarische Arbeit austauschten und in Eigenverlagen Zeitschriften veröffentlichten, unabhängig von den Mainstream-Medien.«[42] An Hochkultur wollte man dabei nicht denken, deshalb fanden die Lesungen auch in besetzten Häusern, in Kneipen, auf der Straße und in Unterführungen statt.

Auch diese Tendenz findet sich noch heute im Poetry Slam. Die Autoren sind auch auf Slams immer noch mitten im Publikum und sitzen auch meist zwischen den Besuchern. Ebenfalls tragen sie ab und an auch auf öffentlichen Plätzen oder in Zügen ihre Texte vor. Der Kreuzlinger Poet Matze B. gründete so zum Beispiel die *Saufpoeten*, die in Bars dem Publikum »Worte gegen Alkohol« anbieten. Wer ihnen einen Jägermeister

40 Vgl. Westermayr 2004, S. 24.
41 Ernst 2005, S. 80 f.
42 Ebd.

spendiert, bekommt einen Schüttelreim oder einen Freestyle als Gegenleistung und für einen Longdrink gibt es eine Kurzgeschichte.

Auch wenn Poetry Slam weitaus stärker ›die Mitte der Gesellschaft‹ erreicht hat, so spiegelt sich dieser anarchische Gedanke, den es auch im Social Beat gab, noch immer im Poetry Slam wider:

Als in der *Slamily*[43] die Gründung eines Dachverbandes angesprochen wurde, um sich vor Agenturen zu schützen, die mit dem Trend *Poetry Slam* Geld verdienen wollen, obwohl sie fernab der Slam-Szene stehen, schrieb der Heidelberger Slammer *Grohacke* das Folgende als Antwort auf einen anderen Poeten, der sich für einen Dachverband aussprach:

> »Ahhhhhhhhhhhhhhhhhhhhhhh!!
> Die erste wirklich funktionierende anarchistische Organisation, die allein aufgrund gemeinsamer Ziele funktioniert, die ich in meinem Leben erlebe und Du willst das kaputt machen? Das, was gerade und genau mir als gar nicht mal so besonders überzeugtem Anarcho so viel Freude dadurch bereitet, dass es eben ohne Verband, Satzung, Geschäftsordnung, Ämter, etc. funktioniert?«[44]

3.2 Hip-Hop und Rap

Auch maßgeblich beteiligt am Stil von Slam Poetry waren Hip-Hop und Rap, wie auch Westermayr feststellt.[45] Im Rhythmus erkennt man bei vielen Slam-Poeten eine Nähe zum Hip-Hop, auch werden Klangbilder rhythmisch zusammengesetzt, sodass der Satz: »Bier z-z-zu Schnaps und B-Bier z-zum Schnaps«[46] oder »Trinken Bier an der Bar bis ein ›Buh‹ wie ein ›Boah‹ klingt«[47] wie ein Hip-Hop-Beat gesprochen wird.

Manche Poeten waren vor ihrem Eintritt in die Slam-Szene auch als Rapper bekannt (Nina Sonnenberg alias Fiva MC, Gauner) oder rappen noch immer neben dem Slam (Tilman Döring, Tobias Kunze). Ein anderer Teil wiederum nutzt das so genannte vierte Element des Hip-Hops –

---

43 Diskussionsforum der deutschsprachigen Slam-Szene.

44 Siehe http://de.groups.yahoo.com/group/slamily/message/5420 [Datum der Recherche: 19.09.2009].

45 Vgl. Westermayr 2004, S. 26.

46 Sebastian 23: Tauchen. Online verfügbar unter: http://www.youtube.com/watch?v=8TaAzw_Kg10 [19. 09.2009].

47 Ebd.

die Beatbox – um die Texte rhythmisch zu untermalen (Stefan Dörsing, Dalibor, Julius Fischer, Sebastian 23).

Eine hohe Zahl an Poeten wurde und wird außerdem noch immer von Rappern beeinflusst. Besonders beliebt sind dabei unter Slammern die Hip-Hop-Musiker, die eine hohe Dichte an Wortspielen in ihren Texten verwenden und einen kreativen Umgang mit der Sprache pflegen.[48]

3.3 Popliteratur

Einen ebenso bedeutsamen Einfluss hatte die *Popliteratur* auf die Slam-Poesie. Mehr noch: In den Feuilletons und in der Kulturszene wurde der Begriff *Slam Poetry* gleichgesetzt mit *Trashliteratur, Social Beat und Popliteratur.*[49] Grund dafür ist sicherlich die nicht hierarchische Organisation der Subkultur mit wechselseitigen Einflüssen und fließenden Übergängen, sodass eine Trennung für Außenstehende wie Szeneanhänger nur schwer möglich war, zumal auch die Literaten in mehreren Subkulturen gleichzeitig zu finden waren. So ordnet Ernst[50] den Münchener Schriftsteller Jaromir Konecny dem *Social Beat* zu, der heute allerdings als »Poetry-Slam-Star« angepriesen wird.[51] Auch der von Ernst[52] angesprochene Social-Beat-Angehörige Jan Off wurde laut seiner Biografie »in der Poetry- und Social-Beat-Szene bekannt«[53].

»Es reichte das Operieren mit den populärsten Begriffen [*Social Beat, Popliteratur, Poetry Slam*; Anm. A. W.], und nur die wenigsten Besucher oder Leser haben sich die unterschiedlichen Definitionen vergegenwärtigt.«[54]

Eine Begriffsabgrenzung versucht Enno Stahl, indem er *Slam Poetry* als »Live-Literatur, Literatur für die und auf der Bühne«[55] bezeichnet, *Social-Beat* als »literarisches (Untergrund-)Netzwerk«[56] und *Trash* als

48 Als einflussreiche Hip-Hop-Künstler unter Slam-Poeten gelten Dendemann und K.I.Z.
49 Vgl. Westermayr 2004, S. 28.
50 Vgl. Ernst 2005, S. 81.
51 Jaromir Konecny: Doktorspiele. München: cbt Jugendbuch, 2009. (Buchumschlag).
52 Vgl. Ernst 2005, S. 81.
53 Siehe http://de.wikipedia.org/wiki/Jan_Off [Recherche: 20.09.2009].
54 Westermayr 2004, S. 28.
55 Vgl. Stahl 2003, Manuskript.
56 Ebd.

einen Schreibstil. »Das hat zur Folge, dass natürlich jemand, der *Trash* schreibt zum *Social-Beat*-Kontext gehören und seine Texte performerisch zur Aufführung bringen, also *Slam Poetry* betreiben kann. Es gibt personelle Schnittmengen, die Autoren und Multiplikatoren betreffend, die in den einzelnen Bereichen tätig waren und sind«.[57] Doch der Umkehrschluss, »dass alles ein und dasselbe sei, trifft keinesfalls zu: natürlich existieren eine ganze Anzahl hervorragender Live-Dichter, die nichts mit *Trash* und erst recht nichts mit *Social Beat* zu tun haben, *Trash*-Literaten, die nie auf einem *Poetry-Slam* in Erscheinung getreten sind und so weiter.«[58]

Westermayr[59] fasst zusammen, dass sowohl Social-Beat-Veranstaltungen als auch Poetry Slams offene Bühnen sind, bei Ersteren aber keine zeitliche Eingrenzung existiert und die Gesellschaftskritik im Vordergrund steht, während Poetry Slams primär der Unterhaltung dienen.

Perfekt war die Verwirrung, als 1996 die Anthologie *»Poetry! Slam! Texte der Pop-Fraktion«* von Andreas Neumeister und Marcel Hartges erschien. Neben »Slammern der ersten Stunde«[60] finden sich in dem Buch auch »textende Musiker, Fanzine-Autoren, [...] Pop-Journalisten und pop-sozialisierte Schriftsteller«[61], die aber eben nur »in Richtung Spoken Word oder Pop-Ästhetik arbeiten, ohne bisher auf einer Slam-Bühne gestanden zu haben.«[62]

Dieses Beispiel zeigt deutlich, wie sehr sich die Begriffe Poetry Slam oder Popliteratur Mitte der neunziger Jahre verkaufen ließen.

Natürlich sind die Gemeinsamkeiten dieser beiden Literaturformen nicht zu übersehen: Musik, Drogenkonsum, Reisen sowie die Verarbeitung sekundärer Lektüren (Intermedialität) aus den Bereichen Fernsehen, Musik, Internet, Popkultur im Allgemeinen oder aktueller Lifestyle werden thematisiert. Beides ist eine Form der Unterhaltungsliteratur, obgleich Popliteratur eher für lesende Rezipienten ist und Slam Poetry für das hörende Publikum. Der Erzählstil ist aber in beiden Gattungen flott und unterhaltsam. Das sprachliche Mittel ist eine alltagsorientierte Sprache, mit der man primär eine gesellschaftliche Gruppe zu erreichen ver-

57 Ebd.
58 Ebd.
59 Vgl. Westermayr 2004, S. 29.
60 Neumeister, Hartges 1996, S. 14.
61 Ebd.
62 Ebd.

sucht, die sich zwischen Adoleszenz und Familiengründung befindet und damit in der Regel der gleichen Generation wie der Autor selbst entspringt.

Doch Anders wie auch Stahl[63] betonen in ihren Aufsätzen darüber hinaus besonders die Unterschiede zwischen Slam Poetry und Popliteratur.

> »Im Gegensatz zur Popliteratur stellt Slam Poetry einen produktiven Akt und keine bloße Widerspiegelung von Ereignissen und Erlebnisse[n] dar: In einer adressaten-orientierten, dramaturgisch gestalteten Inszenierung wird in Slam-Texten das pop-literarische Archiv der Marken und Konsumartikel ironisch gebrochen. Die Selbst-Inszenierung des Ich-Erzählers in Pop-Romanen weicht der Übernahme einer Sprecherrolle, in die sich das Publikum hineinversetzen können soll. Auch Tendenzen der Wertungslosigkeit in der Popliteratur (offener Schluss, ober-flächliche Beschreibungen, Entscheidungslosigkeit, „Looser"-Pathetik) werden enttarnt, ohne dass Slam Poetry moralisierend angelegt wäre. Um Gegenwart zu reflektieren, bedient sich Slam Poetry durchaus humoristischer Mittel, vor allem der Ironie. Sie entfernt sich gerade dadurch aber von einer hedonistischen Spaßkultur und bietet und fordert in einem zeitgemäßen, da mündlich und audiovisuell präsentierten Format, aktive Teilhabe an kultureller und gesellschaftsbezogener Praxis.«[64]

Auch wenn sich Slam Poetry und die Slam-Poeten zum *Großteil* von einer hedonistischen Spaßkultur entfernen und »die *Slam-Poetry*-Szene sicher nichts mit den dandyistischen Autorinnen und Autoren zu schaffen [hat], die in den Feuilletons gemeinhin für Popliteratur stehen«[65], so muss der Poetry Slam doch der Tatsache ins Auge blicken, dass dieses Veranstaltungsformat *von den Rezipienten* selbst in die Spaßkultur erhoben wurde. So erwarteten bei einer Zuschauerbefragung von Tübinger Studenten 32 % einen vorwiegend lustigen Slam, 37 % einen unterhaltsamen Abend und nur 15 % und 16 % wünschten sich traurige bzw. politische Texte.[66]

---

63 Vgl. dazu besonders Stahl 2003, Manuskript. In diesem Aufsatz werden Slam Poetry, Trash und die Beat Generation untereinander und von der Popliteratur abgegrenzt.

64 Anders 2007, S. 3.

65 Stahl 2003, Manuskript.

66 Seminarunterlagen der Eberhard Karls Universität Tübingen. Seminar für allgemeine Rhetorik. Hauptseminar: Poetry Slam. Befragung: Gülsüm Serdaroglu, Laura Kelsch. Dozent: Dr. des. Olaf Kramer.

Doch egal »wie gewinn- und publicityträchtig große *Poetry-Slams* inzwischen geworden sein mögen, ihre Anfänge resultieren aus einem literarischen Untergrund, der dem Establishment fern stand«[67], und dessen sind sich die professionellen Slam-Poeten auch heute noch bewusst.

3.4 Beat Generation

Mehr als die deutsche Slam Poetry wurde die amerikanische von der Beat Generation und den *Beatniks* beeinflusst, zu deren Protagonisten Allen Ginsberg, Jack Keroauc, Neal Cassady, William S. Burroughs, Lawrence Ferlinghetti und Gregory Corso zählen. »Sie befanden sich in einer Außenseiterrolle, lebten eine sehr freie Homo-, Bi- und Heterosexualität, experimentierten mit Drogen, reisten ungebunden umher und befassten sich mit fernöstlicher Mystik«.[68]

Aus der Haltung heraus, einen besseren amerikanischen Patriotismus zu verkörpern, verfassten sie eine »harte und zornige Literatur in einem Kampf der Hassliebe um das wahre Amerika.«[69] Durch einen freien und expressiven Ausdruck, der die Umgangssprache ebenso erlaubte wie obszöne Worte, öffneten sie Poesie und Prosa. Hier sollte aber auch an Charles Bukowski gedacht werden, der als »eigenwilliges Unikum«[70] zwar nicht der Beat Generation angehörte, der aber zur gleichen Zeit wirkte und ebenso drastisch die »Unterdrückung und Verzweiflung des Individuums unbeschönigt und mit einer von bürgerlichen Kritikern als obszön bezeichneten Sprache zum Ausdruck«[71] brachte.

Auch die Themen der Beat Generation waren Sex, Drogen und Elendserfahrungen. Authentizität und ein gewisser dokumentarischer Charakter sind ebenso eine Parallele zu Slam Poetry wie ihre Auftritte in offenen Poetry-Cafés. Auch die Kombination von Jazz und Literatur findet sich nicht nur bei den Beatniks und dem Gründungsvater des Slams Marc-Kelly Smith. Der Frankfurter Poetry Slam veranstaltet ebenfalls

---

67 Stahl 2003, Manuskript.

68 Ernst 2005, S. 15.

69 Ebd.

70 Ebd., S. 20.

71 Ebd.

einen *Jazz Poetry Slam*, bei dem eine Jazz-Band im Hintergrund die Texte begleitet.

Eine Folge der Beatbewegung, die auch Parallelen zum Slam aufzeigt, waren die »interaktiven Strukturen eines alternativen Literaturbetriebs, der über lose Netzwerke von Kleinverlegern, Newslettern, Medien, Film, bildender Kunst, Creative-Writing-Seminaren und offenen Poetry Cafés einen Weg ins öffentliche Bewusstsein fand und so die literarische Landschaft erweiterte.«[72]

In der amerikanischen Slam-Landschaft wird die Traditionslinie zu den Beatniks sehr zwiespältig gesehen[73], denn als sich Slam Poetry formierte, hatte die Beat Generation »bereits ihren Platz im Literaturbetrieb gefunden [...], während Slam sich aus Gruppen rekrutierte, die lange keine öffentliche Stimme besessen hatten. [...] Auch blieb der Beat gewissermaßen eine ›weiße‹ Subkultur, während die Autoren des Slam eine multikulturelle Generation darstellten und für sich in Anspruch nahmen, mit ihrer eigenen Agenda besser und politischer für ihre eigene Zeit zu sprechen.«[74]

Doch Preckwitz erachtet einen Aspekt der Beat Generation als besonders wichtig für die Entwicklung des Poetry Slams:

> »Dieser Punkt betrifft die Literatur im Austausch mit ihrem Gesellschaftssystem als Fall öffentlicher Kommunikation mit ästhetischen Mitteln. Mehr als die Avantgarden stellten die Beats die Verbindung Autor-Publikum her, vor allem durch wirksame öffentliche Lesungen und Medienpräsenz, die auf Feedback und Partizipation der Adressaten angelegt waren. Literatur wurde zu einer gesellschaftlichen Kommunikation, wie zu einer ästhetischen Interaktion, in den Rollen ›Produzent‹ und ›Rezipient‹ für die Kommunikationspartner als alternierende Rollen angelegt sind.«[75]

3.5 Dadaismus

Auch der Dadaismus hat sein Erbe in die Slam Poetry eingebracht, wenn vielleicht auch nicht unmittelbar und direkt. So haben die Beatniks in

72 Preckwitz 2002, S. 135.
73 Vgl. ebd.
74 Ebd.
75 Ebd. S. 138.

ihrem Live-Literatur-Verständnis »voller Begeisterung die performance-artigen Auftritte von Dada und Surrealismus zur Kenntnis genommen. Wenn Hugo Ball von einer Dichtung sprach, geschaffen ›für die Ohren lebendiger Menschen‹ [...], dann ist der Traditionsrahmen deutlich genug abgesteckt. Nichts anderes ist die erhöhte ›Intensität‹ und ›Expressivität‹ des heutigen ›slam poets‹ oder deutschen ›punk poeten‹.«[76]

Eine erhebliche Auswirkung hatte der Dadaismus auf die Künstler und Strömungen, die danach kamen. Der Erste Weltkrieg, der ein ungeahntes Maß an Zerstörung, Tod und Leid mit sich brachte, stellte die Funktion der bürgerlich-humanistischen Kunst in Frage. Dadaismus war Anti-Kunst, nicht definierbar und besaß keine Ordnung. Dadaismus wollte zweifeln, den Individualismus betonen sowie gefestigte Ideale und Normen zerstören. Planung wurde durch den Zufall ersetzt, Konstruktion durch Dekonstruktion und Sinn durch Nonsens mit dem Ziel, künstlerisch zu experimentieren und das Publikum zu provozieren.[77]

Der Grundstein für den Dadaismus wurde 1916 im Cabaret Voltaire von Hugo Ball, Tristan Tzara, Richard Huelsenbeck, Marcel Janco und Hans Arp in Zürich gelegt.

Das künstlerische Selbstverständnis zog so die Dadaisten mit Texten, Performances und Aktionen in die Öffentlichkeit. Daher konstatiert Preckwitz:

> »Tatsächlich hat es niemals vorher und – bis auf Slam – niemals nachher ein Literaturverständnis gegeben, das Produktion, Vermittlung und Rezeption und den Aspekt der Performance stellte und die Zuschauer als Teilnehmer am Schauspiel involvieren wollte«[78]

Wie auch die Dadaisten finden Slam-Poeten in Cafés, Clubs und Galerien ihr Publikum und ihre Bühnen. Auch sie verfügen über ein Netzwerk, das ihnen Tourneen und Auftritte in Deutschland und Europa ermöglicht. Dadaisten wie Slam-Poeten versuchen Erwartungen des Publikums zu kalkulieren und wollen Emotionen und Reaktionen herausfordern, wenn diese vielleicht auch unterschiedlicher Natur sind. Dadaisten wollten Antikunst und die Provokation, das wollen Slam-Poeten nicht zwangsläu-

76 Stahl 1998.
77 Vgl. Ernst 2005, S. 10.
78 Preckwitz 2002, S. 139.

fig und dennoch versetzt man sich vorher in sein Publikum hinein und versucht die Reaktionen zu antizipieren, die im Moment der Performance auftreten könnten.

> »Damit vollzog Dada eine Abkehr von der reinen Schriftkultur, die seit Gutenbergs Zeiten zum Paradigma aller Literatur geworden war, und entwickelte die Mündlichkeit der Textpräsentation mit szenischen Mitteln: Der Einsatz von Kostümen, Masken ebenso wie Auftritte mit Instrumentenbegleitung, Aufführungen aktueller Modetänze, das Spielen von Personen- und Künstlerrollen.«[79]

Letzteres findet sich auch in der Slam Poetry, wenn Poeten einen bestimmten Typus von Mensch darstellen und sich dabei oft der jeweiligen Sprache (Dialekt, Slang, Jugendsprache) bedienen oder gar dauerhaft die Rolle einer Kunstfigur einnehmen wie der Poet Nico Semsrott, der stets depressiv die Bühne betritt, dabei seine Kapuze tief ins Gesicht zieht und seine Texte sehr leise, bewegungslos, gesenkten Hauptes und mit einer Fistelstimme liest.

Doch ist wohl die größte Gemeinsamkeit zwischen Dadaismus und Slam Poetry, dass sich die Vielfalt und die Nuancen eines Textes eben nicht auf dem Blatt, sondern nur in der Oralität und in der Live-Performance vor einem Publikum entfalten können.

79 Ebd. S. 140.

4 Die Gestaltung von Poetry-Slam-Texten

So locker und spontan der Auftritt eines Slam-Poeten auf das Publikum auch wirken mag, so lang kann er in Wirklichkeit trainiert, erprobt und von Auftritt zu Auftritt verfeinert worden sein. Slam-Texte können vorher gründlich durchdacht oder noch schnell im Zug geschrieben worden sein. Ein Slam-Poet kann von der Idee bis zum ersten Endprodukt viele Stunden Schweiß und Arbeit in seinen Text stecken, einen anderen überkommt ein Geistesblitz und der Text entsteht in wenigen Minuten.

Im Anschluss kann ein Text wie bei einem Schauspieler geprobt und auswendig gelernt werden, bis er erstmals auf die Bühne darf. Das ist aber keine Pflicht. Viele Poeten lesen ihren Text auch nur vom Blatt ab.

Wenn ein Text das erste Mal vor einem Publikum vorgetragen wird, ist dieser häufig noch nicht komplett abgeschlossen. Das Publikum entscheidet durch seine Reaktionen, wie der Poet mit seinem Text weiter verfahren wird. Dieser erste Auftritt kann also eher als eine Art ›Testlauf‹ gesehen werden. Danach wird noch einmal gekürzt, umgeschrieben, ausgebaut und verändert, bis der Text in einer neuen Fassung vor ein neues Publikum geht. Dieser Vorgang kann sich auch mehrfach wiederholen. So kann es passieren, dass sich ein Text von der ersten bis zur Endfassung sehr stark oder nur geringfügig verändert. Natürlich müssen diese Überarbeitungsprozesse nicht notwendigerweise stattfinden. Vielleicht ist der Text mit dem ersten Entwurf nahezu perfekt oder aber in der Einschätzung des Poeten zumindest gut genug, dass er nicht zwangsläufig überarbeitet werden muss. Dann wird der Poet auch keine weitere Arbeitszeit investieren und den Text unverändert auf den Bühnen Deutschlands vortragen.

Das Genre Slam Poetry lässt sich nur schwer einordnen, da die Texte lediglich an den *zeitlichen Rahmen* gebunden sind, sich daher durch Kürze auszeichnen, »thematisch und stilistisch jedoch äußerst vielfältig«[80] sind. Eine weitere Gemeinsamkeit ist, dass sie oft ein hohes Maß an *Klanglichkeit* und *Rhythmus* aufweisen, sich durch *Intertextualität, Publikumsinteraktion* sowie durch *Aktualität* auszeichnen. Weiterhin sind die Texte verhältnismäßig *einfach aufgebaut*, da sie dem Publikum unmittelbar zugänglich sein müssen, denn der Rezipient kann jeden Beitrag nur

80 Anders 2008, S. 7.

einmal hören. Auf der anderen Seite muss der Vortrag auch anspruchsvoll genug sein, dass sich »ein eher gebildetes Publikum [...] nicht unterfordert fühlt.«[81]

Das Hauptmerkmal schlechthin bei Slam Poetry, das sich durch ausnahmslos jeden Slam-Text zieht, ist allerdings die *Oralität*. »Im Gegensatz zur schriftlichen Kommunikation können Autoren bei gesprochenen Texten auch metasprachliche Zeichen wie Intonation nutzen. [...] Durch das mündliche Präsentieren der Texte kehren Slam-Poeten zum Ursprung der Dichtung, bei der der öffentliche Vortrag dominierte, zurück.«[82] Rhythmik, Klang, Assonanz, Dynamik sind auf Poetry Slams von elementarer Bedeutung und lösen einen Text aus seiner Passivität.

Da in den bisherigen Veröffentlichungen zum Poetry Slam noch keine ausführliche Zusammenstellung formeller Gestaltungsmittel existiert, stattdessen immer nur wenige typische Eigenschaften genannt werden, soll im Folgenden geklärt werden, durch was sich Slam Poetry auszeichnet, indem auf Textsorten, Themen und Inhalte sowie auf Stilmittel in der Spoken-Word-Bewegung eingegangen wird.

4.1 Textgattungen

Auf Poetry Slams trifft man sehr oft folgende lyrische Formate an:

- *Lyrik* (mit und ohne klassischem/s Versmaß): Auch wenn Slam Poetry viele Spielarten im kreativen Umgang mit Sprache benutzt, so findet man dennoch auch immer wieder lyrische Texte auf Slam-Bühnen, die einem sehr strengen, teilweise klassischen Aufbau folgen (Balladen, Haikus, Sonette). Häufiger existiert Lyrik, die ohne ein festes Versmaß geschrieben wurde.

- *Lautpoesie*[83] bzw. *Wort- und Klangspiele*[84]: Der spielerische Umgang mit Worten, Lauten und Sprache ist im Slam sehr wichtig und so findet man viele Texte, die primär dazu verfasst wurden,

81 Schütz 2009, S. 45.
82 Hager 2006, S. 27.
83 Schütz 2009, S. 48.
84 Vgl. Anders 2008, S. 7.

die Sprache auf den Kopf zu stellen, sie neu zu erfinden, ihren Sinn zu verändern[85] oder mit Lauten und Geräuschen Geschichten zu erzählen. Lautpoesie »macht einfach nur Spaß oder mit wenigen Worten auf Wichtiges aufmerksam«.[86]

- *a-capella Rap* bzw. *Rap-Poetry* ist eine Form der Spoken-Word-Poesie, die dem Hip-Hop entnommen ist, aber auch ihren Weg auf Poetry Slams gefunden hat. Im Sprechgesang performen sowohl Lyriker als auch Rapper ihre Texte. Während Slam-Poeten, die sich sonst eigentlich nicht des Sprechgesanges bedienen, sehr übertrieben rappen und gestikulieren (ironische Wirkung), ändern erfahrene Poeten, die aus der Hip-Hop-Szene kommen ihre Rap-Texte ab oder schreiben andere Texte für das Slam-Publikum, da reiner Sprechgesang mit Themen aus dem Hip-Hop nur sehr selten gewürdigt wird.

- *Freestyle*-Texte haben ihren Ursprung auch im Hip-Hop. Hier wurden oft im direkten kämpferischen Eins gegen Eins (*Battle*) aus dem Stehgreif Rap-Texte verfasst. Im Poetry Slam findet man sowohl Freestyles, die gerappt werden (z. B. Tobias Borke), als auch Freestyles, bei denen Prosa oder Lyrik spontan im Kopf entsteht. Diese Freestyles haben mit Hip-Hop nichts mehr gemeinsam und tragen diesen Namen nur, weil sie ohne Textblatt entstehen und ein Satz spontan zum vorhergehenden assoziiert wird.

Im prosaischen Bereich existiert laut Anders weiterhin die

- Erzählgeschichte (Storytelling)[87], die sowohl ernst, lustig als auch kritisch sein kann. Da dieser Begriff lediglich aussagt, dass es sich hierbei um eine ›erzählende Geschichte‹ handelt, gehören zu der Erzählgeschichte in Anders' Sinne sicherlich auch die Textgattungen, die Schütz[88] mit den Begriffen »klassische Kurz-

---

85 Vgl. 4.2. Nektarios Vlachopoulos.
86 Schütz 2009, S. 48.
87 Vgl. Anders 2008, S. 7.
88 Vgl. Schütz 2009, S. 50 ff.

geschichte«, »Kurzkrimi«, »Märchen & Fantasy« und »Science-Ficton« beschreibt. Auch die »Slam-Story«, die in einfacher Sprache von Absurditäten des Alltags berichtet und zum Lachen anregen soll, gehört in diese Gattung, obwohl der Begriff von Schütz m. E. treffender für diese Kategorie ist als der recht neutrale Begriff »Erzählgeschichte«, da die Slam-Story für die Slam Poetry immer wichtiger geworden ist und man sie zunehmend als eigene Textsorte hervorheben könnte.

Ähnlich der Slam-Story benennt Schütz noch die

- *literarische Comedy*[89], deren Stilmittel ebenfalls der Humor ist, wobei diese Gattung eher eine Art Rede an das Publikum ist und an kabarettistische Texte erinnert, da hier ein realistisches Thema, das nicht primär aus dem eigenen Alltag berichtet, aufgegriffen und verarbeitet wird. Auch wenn Schütz keine eindeutige Trennung dieser Begriffe vornimmt, lässt sich der Unterschied wohl darin finden, dass in der Slam-Story eine persönliche Geschichte des Ich-Erzählers stattfindet, während sich der Poet in der literarischen Comedy eines Themas bedient, womit jeder schon einmal konfrontiert wurde. Themen wie Sommerschlussverkauf, Deutsche Bahn oder Unterschiede zwischen Alt und Jung würden sich hier als Inhalt aufdrängen. Der Begriff literarische Comedy ist m. E. sehr treffend, weil sich in der Bezeichnung sowohl der humorvolle als auch der literarische Anspruch des Textes widerspiegeln, da bei klassischen Stand-Up-Comedians der literarische Aspekt keinerlei Rolle spielt.

Immer etwas besonderes, wenn auch keine Seltenheit auf Poetry Slams, sind

- *interaktive Texte*, bei denen das Publikum Teil der Performance wird, indem es z. B. mitspricht.
- Aber auch Team-Texte sind immer häufiger auf Poetry Slams anzutreffen, bei denen zwei bis fünf Poeten gemeinsam einen Text vortragen.

---

89 Vgl. ebd. S. 54.

Als letzte Gattung soll noch der

- Aufzählungstext ergänzt werden, der unter Slam-Poeten wegen seines einfach strukturierten Aufbaus etwas verrufen ist, obwohl man ihn immer wieder auf Slams sowohl von Profis wie auch Anfängern hört. Ein Aufzählungstext besitzt keine stringente Handlung, sondern reiht eher einzelne Sätze zu einem Oberthema aneinander. Der Text Bread Pitt von Lars Ruppel, der ein »Liebesgedicht für Brot« ist, wurde zum bekanntesten Vertreter dieser Gattung.

> »Wenn man mich früge, [...] was ich denn für ein Brot nach meinen Wünschen büken ließe von einem Bäcker, der mich fragt, was für ein Brot er mir backen dürfe, da würde ich Folgendes sagen:
> ›Lieber guter Bäckersmann, mach mir doch bitte ein Brot, so rustikal, einem Toast-Brot so unähnlich, dass es sich ohne trocken zu werden in diese Hall Of Mehl einreihen kann.‹ [...]
> Ein Brot, bei dessen Zubereitung 50% der Bäcker sterben. [...]
> Ein Brot, das sich wehrt, wenn man Nutella draufschmiert.
> Ein Brot, das nur die blutige Hausmacherwurst an sich ran lässt.
> Ein Brot, auf dem sich die abgehangenste würzigste ungarischste Salami total undeftig vorkommt.
> Ein Brot, auf dem sich jede Wurst fühlt wie Bärchenwurst. [...]
> Ein Brot, das Jesus niemals hätte brechen können.
> Wenn Oblaten der Leib Christi sind, dann ist mein Brot der Laib Satans.«[90]

Petra Anders konstatiert abschließend zu den Formaten der Slam Poetry:

»Oft variieren die Gattungs- und Stilvorlieben einzelner Slam-Poeten, sodass ein Poet sowohl lyrische Texte als auch Erzählungen verfasst und seine Performance auf den jeweiligen Text abstimmt.«[91]

Auch Stahl hält fest, dass sich bei Slam Poetry »kein originäres *Text*-Genre, sondern ein zeitgenössisches *Veranstaltungs*- und *Auftritts*-Genre«[92] konstituiert, sodass man Slam Poetry und die einzelnen Poeten nie verallgemeinern können wird – und dieser Fakt macht sowohl für das

---

90 Lars Ruppel: Bread Pitt. In: Ruppel, Lars (2009): Schweinchen. Paderborn: Lektora, S. 16 ff.

91 Anders 2008, S. 7.

92 Stahl 2003, Manuskript.

Publikum als auch für die Poeten schlussendlich den Reiz von Poetry Slams und Spoken-Word-Veranstaltungen aus.

4.2 Themen und Inhalte

So vielseitig wie die Textsorten im Slam sind auch die Inhalte, die in Slam Poetry verarbeitet und thematisiert werden. Die behandelten Themen sind hier auch nicht komplett voneinander zu trennen, oft überschneiden sie sich. Wenn ein Slam-Text beispielsweise über das Leben in der eigenen Wohngemeinschaft berichtet, so kann es gut sein, dass da vereinzelt kritische Zeilen oder Wortspiele eingebaut werden, obwohl der Text primär unterhalten soll. Um die thematischen Kategorien möglichst gering und überschaubar zu halten, werden hier Oberbegriffe genannt. Die Aufarbeitung dieser Themen und Inhalte kann in nahezu jeder erwähnten Textgattung erfolgen (vgl. 4.1.):

Slam-Poeten präsentieren sich gern wortgewandt, lesen ihre Texte in einem hohen Tempo und verlangen von dem Publikum, dass es auch einmal ›um die Ecke denkt‹ – und so ist ein sehr beliebtes Thema in der Slam Poetry

- das Spiel mit Lauten, Worten oder Reimen:

> Nektarios Vlachopoulos: Didaxe des Bösen
>
> »Eine echte Wortskanone war ich. Die Frauen waren verrückt nach meinem Textappeal. Sie schrien' mir nach: ›Komm schreib's mit mir!‹, riefen sie. ›Komm schreib's mit mir die ganze Nacht!‹ Ach, glückliche Zeilen waren das. [...]
> Ich wurde zum Textremisten, zum Antonomen, ein gesetzloser Herumschreiber.«[93]

93 Nektarios Vlachopoulos: Didaxe des Bösen. Online verfügbar unter: http://www.myspace.com/vlachopoulos [Datum der Recherche: 25.09.2009].

Daniel Wagner: Der Wandel der Zeit

»›Wo ist überhaupt mein Handy?‹ Na verlegt, ist ja schnurlos. Ist ja auch modern: schnurlos. Früher hat man vielleicht zu 'ner Katze gesagt ›Schnurr los!‹ Damals. Früher, da gab's noch Kringelschnurtelefone mit [...] Wählscheibe. Wählscheibe! Kennt ja keiner mehr. Die Funktion von der Wählscheibe lässt sich heutzutage noch vergleichen [...] mit der Einführung der Demokratie in Afghanistan: ›Man wählt bis zum Anschlag.‹«[94]

Immer wieder ist auch die eigene Lebenswelt der Auslöser für Textideen. Slam-Poeten können davon ausgehen, dass ein Großteil im Publikum diese Lebenswelt mit ihnen teilt und sie die Inhalte der Texte ebenfalls kennen und nachfühlen können, da sich auf Poetry Slams oft ein sehr homogenes Publikum einfindet. So beschreiben Slam-Texte immer wieder Themen wie Alkoholexzesse, Geschichten aus dem WG-Leben, dem Internet, der Uni und der Schule.

- Lebensweltliche Themen:

Sebastian 23: Online sein

»Ich bin so online, ich lach nicht mehr, ich sage LOL. [...]
Ich bin so Secondlife, dass die Realität bei mir die zweite Geige spielt.
Ich bin so Counterstrike, ich hab gar keine Zeit mehr in die Schule zu gehen und Amok zu laufen.
Ich bin so google, dass ich den Sinn des Lebens gegoogelt und gefunden habe.«[95]

Nadja Schlüter: Wie soll ich mir das denn bitte alles merken?

»Entschuldigung. Wie soll ich mir das denn bitte merken? Entschuldigung mal, das können Sie gar nicht verlangen. [...] Wenn Sie wüssten, was ich mir alles merken muss, das könnten Sie sich gar nicht merken. Namen, so viele Namen muss ich mir merken und wie man sie schreibt: Annika mit ›k‹ und Annica mit ›c‹ und

---

94 Daniel Wagner. Online verfügbar unter: http://www.youtube.com/watch?v=DZqokQgrijE [Datum der Recherche: 25.09.2009].

95 Sebastian 23: Online sein. Online verfügbar unter: http://blogs.myspace.com/index.cfm?fuseaction=blog.view&friendId=81875253&blogId=325188017 [Datum der Recherche: 25.09.2009].

Anika mit einem ›n‹ und Annika mit zwei ›n‹ und ich muss mir nicht einmal nur merken, welche Versionen eines Namens es gibt, sondern auch welche Version zu welcher Person gehört und ob sie vielleicht lieber Anni genannt werden möchte oder Ka.«[96]

Die Liebe hat seit Jahrhunderten die Themen in der Dichtung bestimmt, Kriegsgeschehen und das damit verbundene Leid wurden thematisiert, politisches und gesellschaftliches Aufbegehren brach aus Lyrikern heraus und wurde niedergeschrieben. Auch Slam-Poeten fühlen sich nicht weniger all diesen ›großen Themen‹ verpflichtet und thematisieren und kritisieren sie auch, mal dezent und zwischen den Zeilen, mal direkt und unüberhörbar.

- Große Themen und deren Kritik (Liebe, Politik, Krieg, Gesellschaft):

Felix Römer: Einen Text über Kriegserlebnisse meines Urgroßvaters

»Ich war mal ein Kind. Ein kleiner Junge im Kleid, feierte Kaisers Geburtstag, hob die Fahne in den Wind und war bereit zu wachsen. Wollte groß werden und stark, und lernte lesen, und schreiben, und rechnen - und schießen.
Und dann schickten sie mich in den Krieg für das Vaterland, für den Sieg und ich feierte Hitlers Geburtstag, schwang den Arm hoch zum Gruß, der Arm war noch stark und ich war bereit zu kämpfen.
Sie schickten mich weit, immer weiter nach Osten und ich konnte lesen und schreiben, aber kein russisch, das erleichterte das Töten ein bisschen aber die Schreie klangen überall gleich.«[97]

Marc-Uwe Kling: Generation Praktikum

»Da fragte ich mich: "Warum zum Teufel will ich Praktikant werden? Warum stell ich mir nicht lieber selber Praktikanten ein?" Ja, auch ich habe genügend blöde Aufgaben zu verteilen. Ich hol mir einen Praktikanten, der an mein Telefon geht und die Marktfor-

---

96 Nadja Schlüter: Wie soll ich mir das denn bitte alles merken: Online verfügbar unter: http://www.youtube.com/watch?v=ijev7ANwZ0Y [Datum der Recherche: 25.09.2009].

97 Felix Römer: Einen Text über Kriegserlebnisse meines Urgroßvaters Online verfügbar unter: http://17431.homepagemodules.de/t440f77-Poetry-Slam-Texte.html [Datum der Recherche: 25.09.2009].

schungsinstitute beschimpft, einen, der meinen Abwasch macht und einen dritten, der meinen Arsch abputzt. [...] Und zum Lohn bekommen sie alle von mir einen Zettel auf dem steht, dass sie bei mir ein Praktikum gemacht haben, und gelernt haben sie dann auch einiges, nämlich wie die Ausbeutung im 21. Jahrhundert funktioniert.«[98]

Peh: Kapiert

»Im Auto, im Club, an der Bar, auf der Toilette,
in der Küche auf dem Boden, auf der Couch, auf der Treppe,
am Fenster, im Hotel, im fremden Bett... [...]
Sex.
Mehr nicht.
Ich hab's kapiert.«[99]

Schreiben, so sagt man, hilft und kann Therapie sein. Durch Schreiben lernt man sich ein Stück besser verstehen, heißt es oft. Das wissen auch Slam-Poeten und so findet man auf Poetry Slams immer wieder Texte, in denen sich das lyrische Ich selbst reflektiert und persönlichere Themen angeschnitten werden. Westermayr geht sogar so weit zu sagen, dass der Slammer seinen Status als Person reflektiert (Mann, Frau, Slammer, Kellner, Student, Pazifist).[100]

Auch wenn die Feststellung klischeehaft wirkt, ist es Fakt, dass die persönlichen, gefühlsbetonten und selbstreflektierenden Themen häufiger von Slammerinnen angesprochen werden als von ihren männlichen Mitstreitern:

- Persönliche Themen und Selbstreflexion:

Franziska Holzheimer: Früchtetee

»Eigentlich müsste ich auf Stelzen schreiten und so Abstand gewinnen zu dem, was mich runterzieht.

98 Marc-Uwe Kling: Generation Praktikum. Online verfügbar unter: http://www.goethe.de/ges/soz/dos/arb/gpr/de 1973735.htm [Datum der Recherche: 25.09.2009].
99 Peh: Kapiert. Online verfügbar unter: http://www.arte.tv/de/suche/1994556.html [Datum der Recherche: 25.09.2009].
100 Vgl. Westermayr 2004, S. 62.

Eigentlich müsste mein Hirn wie ein Sieb funktionieren, stets wissend, was zu vergessen ist, was zu konservieren.«

Ana Ryue: Ich nehm kein Blatt vor den Mund

»Ich nehm kein Blatt vor den Mund, sondern schreib drauf: Gedanken, Gefühle in Worte gefasst, ich fass' sie zusammen und schreib sie auf [...]
Schreib auf, dass ich dir nicht alles in Worten vor die Füße werfen will, dass ich dich nicht merken lassen will, wie es meinem Herzen geht und dass ich dir keine Geschichte erzählen will, von einem Mädchen, dass nicht mehr wusste, was sie sagen soll.«[101]

Slam-Poeten lassen auch gern einmal der Fantasie freien Lauf, übertreiben maßlos, erwecken Gegenstände und Tiere zum Leben und personifizieren Stimmungen. Sie tauchen ein in fremde und skurrile Welten, berichten von den seltsamsten Begebenheiten und verrückt gewordenen Personen aus dem eigenen Bekanntenkreis. Es werden neue Dinge erschaffen und vor allem maßlos übertrieben. Um eine Geschichte spannend und humorvoll zu gestalten, bedienen sie sich der

- Fiktion (Science-Fiction, Krimi, Fantasie).

Tobias Heyel: Trübsal und Selbstmitleid

»Trübsal kommt rein und ich dann so: ›Oh, du hier. Setz dich, mach's dir bequem.‹ Trübsal dann so ›Dankeschön. Willst du mich blasen‹. Ich dann ›Klar, warum nicht. Kann ja nicht schaden‹ und so sitzen wir dann gemeinsam da, ich blase Trübsal und wir haben eine Menge Spaß miteinander. Später am Tag schellt Selbstmitleid und gesellt sich zu uns.«[102]

Marc-Uwe Kling: Kleinkunst

»Poch Poch. Es klopft. Wer mag das sein zu dieser Zeit? Ich gehe zur Tür und öffne.
›Ah. Sie sind's‹, sage ich.

---

101 Ana Ryue: Ich nehm kein Blatt vor den Mund. Online verfügbar unter: http://myslam.de/slam-poet/751/Ana%20Ryue [Datum der Recherche: 25.09.2009].

102 Tobias Heyel: Trübsal. Online verfügbar unter: http://www.youtube.com/watch?v=-ycBHtlN3sI [Datum der Recherche: 25.09.2009].

›Hallo‹, sagt das Känguru. ›Darf ich reinkommen?‹
›Bitte‹, sage ich.
Es hüpft an mir vorbei ins Wohnzimmer.
›Mögen Sie Nirvana?‹, fragt es und fläzt sich in den Sessel.
›Die Band?‹, frage ich und lasse mich aufs Sofa fallen.
›Nein, das Jenseits!‹, sagt es. ›Natürlich die Band! Sie stellen wohl gern unnötige Fragen…‹«[103]

Christian Ritter: Das leise Wimmern des Küchentischs

»›Mann, Mann, Mann, was siehst du heute wieder scheiße aus, Alter!‹, sagt mein Spiegel zu mir […].
›Kannst du mir dann vielleicht mal sagen, wann ich nach Hause gekommen bin?‹, frage ich ihn […].
›Da solltest du vielleicht lieber mal den Kühlschrank fragen […]. Der ist auch viel cooler als du.‹
›Hahaha! Der Kühlschrank, viel cooler!‹, wiederholt das Klo hinter mir und klappert mit seinem Deckel Applaus.
›Chapeau!‹, kommentiert die Waschmaschine.«[104]

Ähnlich der eben erwähnten Kategorie berichten Slammer gern auch aus dem Leben von anderen Personen oder Figuren. Entweder schlüpft der Poet dann in die Rolle dieser Person und liest den Text dann auch in entsprechender Stimmlage oder mit entsprechendem Akzent oder der Slammer berichtet als auktorialer Erzähler über diese Figur:

- Erzählungen über das Leben eines bestimmten Typs[105]:

Grohacke: Ballon-Fahrer Jean und Flieger-Horst

»Es fuhr ganz nach ruhiger leis' schwebénder Facon
den Himmel entlang der Ballon-Fahrer Jean
Und der Himmel ist bleu,
und der Jean, mon dieu,
der zündet sich eine Gauloise an.«[106]

Hanz: Der schlimmste Fehler meines Lebens

103 Marc-Uwe Kling: Kleinkunst. Online verfügbar unter: http://www.vorablesen.de/files/leseproben/Kling_Kaenguru_Leseprobe.pdf [Datum der Recherche: 25.09.2009].
104 Christian Ritter: halb neu. Würzburg: Hellmund Verlag, 2007, S. 49.
105 Vgl. Westermayr 2004, S. 62.
106 Anders 2008, S. 36.

»›Gut, ich nehme einen Tag Frau‹, unterbreche ich die Fee.
›Wenn du morgen aufwachst, wirst du für 24 Stunden eine Frau sein‹, sagt sie […].
Verschlafen reibe ich mir die Augen als ich aufwache. […] Aufgeregt hebe ich die Decke: Tatsächlich. Die Fee hatte nicht gelogen. Ich bin eine Frau. […]
Ich gehe ins Schlafzimmer und überlege mir, was ich anziehen soll: ›Mmmh, soll schon gut aussehen, aber nicht ausstrahlen, dass ich leicht zu haben bin‹, denke ich mir.«[107]

Der letzte inhaltliche Aspekt, der immer wieder in Slam-Texten auftaucht, ist schon fast mehr ein Stilmittel als ein eigentliches Thema. Es geht um Intertextualität. Diese kann aber so dominierend und für den Text gar bestimmend sein, dass die Intertextualität den Ablauf und den Inhalt eines Werkes vorgibt, sodass die Intertextualität hier den Themen zugeordnet werden soll. Mal wird sie ganz dezent verwendet, indem man sich auf andere Texte und bekannte Aussagen bezieht, mal werden viele Redewendungen aus einem Oberthema in einem Text verstreut, mal werden ganze Klassiker umgedichtet und mal entsteht ein Gedicht auf Grundlage einer Figur oder eines Geschehens aus einem Intertext. Die Vielfalt ist auch hier genauso groß wie bei vielen anderen Merkmalen der Slam Poetry. So ist auch das dominierende Merkmal in den folgenden Beispielen die

- Intertextualität.

Pauline Füg: Justus Jonas Liebesgedicht

»Justus Jonas, ich liebe dich.
Held meiner Kindheit. Held überhaupt.
Du bist der Erste.
Der erste Detektiv
Der Erste, den ich heiraten will,
für den ich mich freihalten will […]
Justus Jonas, ich liebe dich,
bis der Seitenhieb kam […]
in Band 58 hast du eine Freundin plötzlich.«[108]

---

107 Hanz: Der schlimmste Fehler meines Lebens. Online verfügbar unter: http://www.youtube.com/watch?v=ljTuS2KOM2I [Datum der Recherche: 25.09. 2009].

108 Pauline Füg: Justus Jonas Liebesgedicht. Online verfügbar unter:

KuK: Der Täucher

»Und es wallet und siedet und brauset und zischt,
als täuchster der Täucher verließ ich die Gischt.
Trieb auf, von des Meeres tief unterstem Grund
aus dem sprudelnden, strudelnden Höllenschlund.
War eingetäucht in Nacht und Grauen,
begehr dies nie mehr anzuschauen.
Ein Täucher bin ich. Nur scheint's besser,
ich bin's fortan im Binn'gewässer.«[109]

Philipp Scharrenberg: Dichterweihe

»Hier lernt der Poet seine Deutschlektion,
hat Freud'sche Visionen wie Woyzeck schon.
Von Literaturagenten, die flehen:
›Willst feiner Knabe, du mit uns gehen?‹
Bis irgendwann auch das gewitzte Genie
in literarischer Schizophrenie
Erzähler und Autor der Textwelt verwechselt
Und später sich selbst für ein fettes Insekt hält.
Nicht lang und der Dichter zerbricht an der Marter,
schreibt präventiv einen Brief an den Vater.«[110]

Aber auch die Slam-Poeten beziehen sich untereinander auf ihre Texte. So wird Felix Römer in dem Text »3 Wunden« von Moritz Neumeier zitiert:

Moritz Neumeier: 3 Wunden

»Felix sagt: ›Herzschlag. Atemzug. Herzschlag. Atemzug.‹
Doch mein Herz schlägt nicht, es tritt. […]
Aber ich stell mir vor, alle Schatten seien klar,
die Sonne kitzelt im Nacken und streichelt mein Haar
und ich werde drei Wunden los, in zwei Stunden bloß«[111]

---

http://www.myvideo.de/watch/2361519/Pauline_Fueg_Justus_Jonas_Liebesgedicht [Datum der Recherche: 25.09.2009].

109 KuK: Der Täucher. Online verfügbar unter: http://www.youtube.com/watch?v=I8j5GlvDL0U [Datum der Recherche: 25.09.2009].

110 Philipp Scharrenberg: Dichterweihe. Online verfügbar unter: http://www.youtube.com/watch?v=3rLoDUaT8T0 [Datum der Recherche: 25.09. 2009].

Dieser Text wiederum wurde später von Björn Högsdal adaptiert und trägt den Titel »3 Kunden«.

Björn Högsdal: 3 Kunden

»Der Markt sagt: Kaufen, verkaufen, kaufen, verkaufen
Aber mein Haus verkauft nichts, nein es geht pleite [...]
Und ich stelle mir vor alle Zahlen seien rot
Die Kundschaft kauft schon woanders, mein Laden ist tot,
denn ich wurde 2 Kunden los, in 3 Stunden bloß.«

Mit diesen aufgeführten Kriterien für die Textgattungen und die typischen Inhalte in Slam-Poetry-Texten kann man nun zu jedem beliebigen Text eine Art Gleichung aufstellen, um ihn zu kategorisieren, indem man sich der oben beschriebenen Merkmale bedient:

Textgattung 1 (+ Textgattung 2 + ...) + Thema 1 (+ Thema 2 + ...)
= beliebiger Slam-Text

Abschließend sollte noch festgehalten werden, dass sich die deutsche Slam-Szene inhaltlich sehr stark von der englischsprachigen Slam-Szene unterscheidet:
»Während die ersten Slam-Wettbewerbe noch mit Wortgewalt beeindruckten, hat sich nun anscheinend der Trend zur Volksbelustigung durchgesetzt«.[112] Während man in den USA eher versucht, soziale Probleme aufzugreifen, besteht in Deutschland eine tendenzielle Nähe zum Kabarett[113], was sich auch darin zeigt, dass viele Kabarettisten auf Slam-Bühnen angefangen haben, wie z. B. Sebastian Krämer und Nils Heinrich. Auch lässt sich feststellen, dass in den USA Poetry Slam ein Sprachrohr für Außenseiter und ethnische Minderheiten ist, während in Deutschland vorwiegend Akademiker und Bürger aus der Mittelschicht auf diesen Medium zurückgreifen.[114] Das Ziel von Poetry Slam, dass die Bühne wirklich offen für jeden ist und dass man die Grenzen von klassischen Lesungen überschreitet, indem Poesie wieder erlebbar für Jedermann wird, konnte sich in Deutschland nicht erfüllen. Zwar wurde über

111 Moritz Neumeier: 3 Wunden. Online verfügbar unter: http://www.youtube.com/watch?v=WP_XjhJxelg [Datum der Recherche: 28.06.2010].
112 Westermayr 2004, S. 65.
113 Ebd.
114 Vgl. ebd., S. 61.

Poetry Slam Literatur plötzlich für mehr Jugendliche und junge Erwachsene interessant und es wurden dadurch auch alte Grenzen durchbrochen, aber sozial schwächere Schichten und ethnische Minderheiten konnte der Poetry Slam in Deutschland bisher nur begrenzt erreichen. Sowohl Poeten wie auch Rezipienten stammen zumeist aus dem Bildungsbürgertum.

4.3 Stilmittel

Bedingt durch die unterschiedlichen Textgattungen, werden entsprechend auch verschiedenste Stilmittel genutzt. Einige der häufigsten Stilmittel sollen hier erwähnt werden.

- Anmoderation:
  Nicht unbedingt offenbart sich die Anmoderation eines Slam-Poeten zu seinem Text als Stilmittel, doch eine Anmoderation im Poetry Slam ist wichtig. Die Anmoderation bereitet das Publikum auf den nächsten – evtl. komplett konträren – Text vor, sie gibt Zeit, die Stimmung im Saal etwas aufzulockern oder die letzten Lacher verebben zu lassen und eine andere, ruhigere Tonart anzuschlagen. Man stelle sich vor, dass eben noch ein Poet auf der Bühne stand, der über die Kriegserlebnisse seines Urgroßvaters berichtete, und nun möchte der nächste Slammer eine Pointe nach der anderen abfeuern, obwohl eine nachdenkliche Stimmung in der Luft liegt, oder umgekehrt.
  Mit der Anmoderation kann man Hintergründe oder den Schreibanlass erläutern, einen persönlichen Bezug zu dem Text herstellen oder einen ersten Lacher provozieren, um das Publikum aufzulockern.
  Eine gute Anmoderation ist so gestrickt, dass das Publikum glaubt, sie entstünde aus dem Stehgreif. So ist sie z. B. *wie zufällig* pointiert, erzeugt Spannung oder Neugier. Da man jeden Text in der Regel nur einmal pro Stadt liest, wird niemand merken, dass man die Anmoderation wie ein Gedicht auswendig beherrscht und sie nahezu immer ähnlich oder sogar gleich ist.
  Viele Poeten überlegen sich vor ihrem Auftritt eine Ankündigung, probieren vielleicht auch verschiedene Anmoderationen bei

einem neuen Text aus, wandeln ab oder verändern sie. Da sie häufig wohl kalkuliert ist und sie sowohl für Poeten wie Publikum einen wichtigen Zweck erfüllt, sollte sie als Stilmittel angesehen werden.

- Performance:
  Ähnlich kalkuliert setzt manch ein Poet sein schelmisches und spitzbübisches Grinsen ein, um die Herzen des Publikums zu gewinnen, ein anderer mimt den Schüchternen und wieder ein anderer lacht über seinen eigenen Text und freut sich gemeinsam mit dem Publikum über seine Pointen, was den Poeten menschlich und sympathisch wirken lässt. Nur das zerrissene Textblatt lässt auf den zweiten Blick erkennen, dass der Text eigentlich schon unzählige Male gelesen wurde und häufig jedes Lachen des Poeten zu seiner Performance gehört.
  Doch nicht nur Mimik ist Teil der Performance, auch gestikulieren, lautes cholerisches Schreien oder Flüstern gehören zu den Stilmitteln bei Slam Poetry. Auf diese Art und Weise weckt man das Interesse der Zuschauer, sorgt dafür, dass sie mit den Gedanken nicht abwandern. Ein weiterer Vorteil ist, dass Gestiken und schauspielerische Elemente den Vortrag nicht nur lebendiger machen, sondern den Inhalt auch verbildlichen. Viele Textzeilen kann sich das Publikum so besser vorstellen oder man verleiht auf diese Weise einem Satz mehr Nachdruck. Auch ist es von Vorteil, wenn der Text auswendig vorgetragen wird außer, wenn es sich um ›klassische‹ Short Stories handelt. Wenn man sich dennoch für das Ablesen entscheidet, so sollte man zumindest den Text so sicher vorlesen können, dass man nicht ständig auf das Blatt schauen muss.
  Das »A&O« einer überzeugenden Performance[115] ist laut Schütz die Authentizität des Vortrags. Zwar kann und darf man bei der Performance in eine Rolle schlüpfen, aber wie bei der Wahl der Kleidung gilt auch hier: Man muss sich darin wohlfühlen.
  Doch trotz aller Planung und einer eingeübten Performance gönnen sich die meisten Poeten auch Spontaneität auf der Bühne. Man würde Sympathiepunkte bei dem Publikum verschenken,

115 Vgl. Schütz 2009, S. 69.

reagierte man z. B. nicht auf Zurufe aus dem Saal. Mit den Zuschauern zu flirten, gehört genauso dazu wie schlagfertiges Kontern oder das Einbauen von abendlichen Running Gags oder unvorhergesehener Situationen (Gläser, die an der Bar herunterfallen) in den eigenen Vortrag.
In jedem Fall ist die Wichtigkeit der Performance nicht zu unterschätzen. Manche Poeten haben trotz schwächerer Texte und nur allein durch ihre starke Bühnenpräsenz schon Siege auf Poetry Slams einfahren können.

- Alltagssprache:
  Dieses Stilmittel kommt in den meisten, wenn auch nicht in allen Texten vor. Die Alltagssprache gibt dem Zuhörer überhaupt erst die Möglichkeit, dem Text während des ersten und letzten Mal Hörens folgen zu können. Eine ausgefeilte Sprache mit vielen Nebensätzen würde das Textverständnis für den Rezipienten und die damit verbundene Jury-Wertung für den Poeten negativ beeinflussen. Die Alltagssprache auf Slams geht sogar so weit, dass Fäkalsprache häufig auf diesen Bühnen zu finden ist und sogar die Grenzen des guten Geschmacks erreicht bzw. überschritten werden.
  Slam-Texte unterliegen demnach einer *medialen Mündlichkeit, konzeptionell sind sie jedoch schriftlich.*

- Reime:
  Auch wenn Slam Poetry nicht ausschließlich aus Lyrik besteht, so werden Reime in viele Slam-Texte im deutschsprachigen Raum eingebaut. Sie werden in allen Formen verwandt: im Paarreim (aabb), im Kreuzreim (abab) und im umarmenden Reim (abba).
  Wenig verwunderlich ist auch, dass die Reimformen sehr variabel sind. So reicht die Spannweite vom einsilbigen über den zwei- und dreisilbigen bis hin zum Mehrfachreim, wobei Letzterer unter Slam-Poeten besonders beliebt ist, denn der Mehrfachreim (auch: vielsilbiger Reim, Combo-Reim, gespaltener Reim; im Rap auch: Double- bzw. Triple-Rhyme) ist für die Rezipienten wesentlich interessanter und bringt den Poeten davon weg, Reime zu benutzen, die jeder kennt (»Herz« und »Schmerz«).

»Entsteht der Poet an der *Mutterbrust*
Oder *unbewusst* schon im *Uterus*?
Wo er *stiftlos* und *schriftlos*, per *Schnabel nur*,
sein Frühwerk diktiert durch die *Nabelschnur*?«[116]
[Hervorhebung A. W.]

Auch findet man End- und Stabreime (Alliterationen) genauso wie Schüttel- und Binnenreime (siehe Beispiel). Diese Reime können sowohl rein als auch unrein sein, wobei auch die Assonanz als Form des unreinen Reimes eine wichtige Rolle in der Slam Poetry spielt. Hier besitzen die betonten Stammsilben den gleichen vokalischen Laut (unbewusst – Uterus). Gerade Slam-Poeten und Rapper benutzen die Assonanz sehr oft, weil hier der Reim durch die Aussprache, die Betonung und mittels der Oralität deutlich wird. Da Slam Poetry und Rap auf dem Prinzip der Mündlichkeit basieren und ausschließlich für den Live-Vortrag konzipiert sind, kann die Assonanz eine wesentlich stärkere Wirkung erzielen als in der Literalität.
Auch viele andere Reimformen wie Zwillingsreime, grammatikalische Reime und gebrochene Reime finden sich auf Poetry Slams, tauchen allerdings sehr viel seltener auf.

- Onomatopöie:
  Auch wenn das Thema Lautmalerei schon in den Gattungen sowie auch bei den Themen und Inhalten benannt wurde, so muss die Onomatopöie auch noch einmal an dieser Stelle erwähnt werden, denn die Produktion von Lauten zählt zu dem wichtigsten Stilmittel der Lautgedichte. Der Inhalt wird bei Lautgedichten gar erst durch die Lautmalerei geschaffen. Der Laut dient hier dem Selbstzweck.

»Ich kann jetzt 10-Finger-Tippen.
Kann zehn mal mehr tipidi tatata Tastaturklimpertasten
durch sanften Flinkfingertanz klimpern lassen.
Und das schnell.
Jetzt klappts. Klappert das. Kladderadatsch.
Zieht der Zug der Zeit vorbei

116 Philipp Scharrenberg: Dichterweihe. Mit freundlicher Genehmigung des Autors.

auf Schreibmaschinen. RATSCH!
Einzugsschienen. DATSCH!«[117]

Lautmalereien werden in Slam Poetry sowohl wortbildend verwendet (z. B. rauschen, knarren, hupen, knistern, knacken) als auch lautnachahmend bzw. als Interjektion (z. B. Kikeriki, Klipp-Klapp, Aua, Wau Wau, Haha).
Eine etwas jüngere Unterart der Onomatopöie sind die Geräusche in der Comic-Sprache, die sich auch vereinzelt in Slam-Texten finden (BADABOOM, KRRRZZZZ, BANG, ZAP).

- Intertextualität
  Als dominierendes Stilmittel wurde die Intertextualität auch schon als eigene Gattung in der Slam Poetry benannt (siehe 4.1.). Wenn sich ein Slam-Poet auf Intertexte bezieht, kann er davon ausgehen, dass ihm das Publikum Aufmerksamkeit schenken wird, weil es gespannt ist, wie der Text neu verfasst wurde. Wird dieser plötzlich eingebaut, so bewirkt er bei dem Rezipienten Freude, weil er als Intertext erkannt wurde. Das sorgt für gesteigerte Aufmerksamkeit beim Zuschauer, da nach weiteren Zitaten oder Querverweisen im Text gesucht wird. Auf diese Art und Weise kann der Slam-Poet die Rezipienten überraschen und dafür sorgen, dass sie dem Vortrag weiterhin folgen werden. Auch löst der Slam-Poet vielleicht bei einem Großteil starke positive oder negative Gefühle aus, wenn er z. B. aus einer beliebten TV-Serie oder aus der Literatur eine prägnante Stelle zitiert, die ein großer Teil im Publikum kennt. Da das Publikum auf Poetry Slams sehr homogen ist, was Alters- und Bildungsschicht angeht (85 % besuchen oder besuchten ein Gymnasium, eine Fachhochschule oder eine Universität[118]), kann der Slam-Poet davon ausgehen, dass ein Großteil der Rezipienten ähnliche Interessensgebiete wie er selbst besitzt und die Intertexte kennt, die er verwendet.

117 Matze B.: 10-Finger-Tippen-Fick. Online verfügbar unter: http://www.wdr.de/tv/poetryslam/sendungsbeitraege/20070401/200700401_detail_matthias_brenner.jsp [Datum der Recherche: 25.09.2009].

118 Seminarunterlagen der Eberhard Karls Universität Tübingen. Seminar für allgemeine Rhetorik. Hauptseminar: Poetry Slam. Befragung: Gülsüm Serdaroglu, Laura Kelsch. Dozent: Dr. des. Olaf Kramer.

So bezog sich Julian Heun in seinem Text *Seifenblasenphrasen* bspw. auf ein Zitat von *Edmund Stoiber* zum *Transrapid* und kritisierte auf diese Weise die Kommunikationssituationen, in denen zwar gesprochen, aber nichts gesagt wird:

> »›*Wenn Sie am Hauptbahnhof in München ... mit zehn Minuten, ohne, dass Sie noch einchecken müssen, dann starten Sie praktisch im Flughafen am Hauptbahnhof Franz Josef Strauß in München ihren Flug. Da können Sie praktisch...*‹ reden und nichts sagen.«[119]

Auch hier kann der Performance-Poet aufgrund der Zuhörerschaft mit großer Zustimmung rechnen, da auch die politischen Interessen relativ homogen sind, so ist das Slam-Publikum politisch sehr stark sozialdemokratisch, links und anarchistisch orientiert.
Intertextualität besitzt in der Slam Poetry m. E. eine große Bedeutung und bedient sich aus allen gängigen Medien, sei es aus dem Internet, aus dem Fernsehen oder aus der Literatur.

- Interaktion und Anrede des Publikums
  Um den Kontakt zu den Rezipienten zu ermöglichen und das Interesse dieser zu gewährleisten, nutzen viele Slam-Poeten die Interaktion, indem das Publikum Teile des Textes mitspricht. Ein Beispiel ist Moritz Neumeier[120], der das Publikum mit einem kurzen Gedicht begrüßt, das Publikum bittet abzuschalten und »Unistress, Liebeskummer und Sexfantasien« zu vergessen und ihm ein *Handzeichen* zu geben, wenn das jeder getan hat. Das ist die erste Möglichkeit, mit dem Publikum zu interagieren.
  Ebenfalls sehr typisch für Poetry Slams ist die Anrede des Publikums. Nahezu jeder Poet verwendet sie in seiner Anmoderation, einige Poeten auch in ihren Texten:

---

119 Julian Heun: Seifeblasenphrasen. Online verfügbar unter: http://www.youtube.com/watch?v=BA-g9Irk6Lo [Datum der Recherche: 1.10.2009].

120 Moritz Neumeier: Eichhörnchen. Online verfügbar unter: http://www.youtube.com/watch?v=aqIhN3uxQeQ [Datum der Recherche: 21.10. 2009].

Moritz Neumeier bittet in einer Kurzgeschichte das Publikum, immer »Hörnchen« zu schreien, wenn er »Eich« ruft. So ergibt sich das Wort »Eichhörnchen« und um das geht es in der Geschichte auch. Es möchte die Wildschweine ausrotten, die ihm Eicheln geklaut haben. Moritz Neumeier schreit seine Hörer mit dem Wort »Eich« regelrecht an, entsprechend laut ist dann auch die Reaktion des Publikums. Am Ende sagt er ganz ruhig »Sieg« und die Reaktion in den Köpfen des Publikums ist darauf natürlich »Heil«. Jedoch spricht es niemand aus. Nach einer kurzen Stille kommentiert Moritz Neumeier mit »Und jetzt seht ihr mal, wie einfach das damals war«.

- Metapher
  Auch die Metapher – als eines der gängigsten Stilmittel in Lyrik und Prosa – wird natürlich auch in der Slam Poetry häufig verwendet, um Gesagtes zu verbildlichen.

  > »Es ist schön, wenn man sich den Weg vermint, der Rückschritt bedeutet.«[121]

- Personifikation
  Dinge zu personifizieren verbildlicht bestimmte Sachverhalte, auch kann es Humor erzeugen. Mit diesem Wissen setzen auch Slam-Poeten die Personifikation in ihren Texten ein. Sie findet gleichermaßen in Lyrik und Prosa Anwendung.

  > »Dort, wo der klapprige Lattenrost quietschen sollte […], erfreuten sich höchstens Schrauben und Holz eines fröhlichen Ineinanders.«[122]

---

121 Felix Römer: Es ist schön. Online verfügbar unter: http://www.youtube.com/watch?v=U8JTtcbf6F0 [Datum der Recherche: 21.10. 2009].

122 Dorian Steinhoff: Das Mittel zum Zweck. Online verfügbar unter: http://www.youtube.com/watch?v=GW9GlcBXntQ [Datum der Recherche: 21.10. 2009].

- Hyperbel
  Übertreibungen verdeutlichen Prozesse, Situationen, Sachverhalte und Personen. In der Slam Poetry wird oft sehr stark übertrieben, sodass es regelrecht abstrus wirkt, aber auf diese Weise sichern sich die Slam-Poeten Lacher aus dem Publikum und steigern Gefühle. Der Grund hierfür ist evtl. vergleichbar mit der Werbeindustrie, die die Wäsche immer noch weißer werden lässt und die die Eigenschaften ihrer Produkte ständig steigert. Ähnlich geht es vielleicht auch vielen Poeten mit der Sprache und der Suche nach etwas Neuem. Oft haben sie das Gefühl, dass es vieles schon einmal gab und schon einmal von jemand anderem gesagt wurde. Durch die modernen Medien ist auch der Konsum von Texten (nach einem erweiterten Textbegriff) gestiegen, der dieses Gefühl noch weiter verstärkt. So versuchen Slam-Poeten, neue Vergleiche zu schaffen, und über eine maßlose Übertreibung ist dies möglich, da dadurch der Fundus und die Kombinationsmöglichkeiten unerschöpflich sind.

  > »Ich darf kein Kaffee! Denn wenn ich Kaffee trinke, dann schnellt mein Puls in unendliche Weiten. Ich bekomm' Pupillen wie Fliegerbrillen und Halsschlagadern wie Pipelines durch die sibirische Steppe. Wenn ich Kaffee trinke, wird meine Atemfrequenz schneller als der Flügelschlag eines hyperaktiven Kolibris auf Koks! Wenn ich Kaffee trinke, klingt Vogelgezwitscher für mich wie Walgesänge. Wenn ich Kaffee trinke, tanz' ich halbnackt im Handstand Samba zum Rhythmus eines Ford V8 Motors bei 8000 Umdrehungen in der Minute, während eine Hand voll [...] Mafiosi mich mit Maschinengewehren beschießt und langweile mich dabei. Wenn ich Kaffee trinke, mal ich Daumenkinos in Echtzeit! Wenn ich Kaffee trinke, neige ich nicht zu Übertreibungen! Übertreibungen neigen sich zu mir.«[123]

- Repetition/Refrain
  Der *Refrain* ist ein Mittel, das vorwiegend in lyrischen Slam-Texten aufgegriffen wird, die *Repetition* hingegen ist gleichermaßen in Lyrik und Prosa zu finden. Beide Stilmittel haben den Vorteil, dass sie »dem Ohr schmeicheln, bestenfalls eine für den

123 Sebastian 23: Rapide Rapante. Online verfügbar unter: http://www.youtube.com/watch?v=YmTdTAhgFgY [Datum der Recherche: 21.10. 2009].

Text wichtige Aussage wieder aufgreifen und dem Publikum zugleich eine Konzentrationspause gönnen«.[124] Auch können sie einen Text strukturieren und den Rezipienten die Möglichkeit bieten, sich mit dem Vortrag zu identifizieren, da sie den Refrain leise oder ggf. laut mitsprechen können (Vgl. 4.3. – Interaktion und Anrede des Publikums).
Im Fall von Pauline Füg wurde ein lyrischer Refrain in einen Prosa-Text eingefügt und ist somit noch auffälliger, da er die stilistische Form des restlichen Textes durchbricht. Insgesamt wird der Refrain sechs Mal gelesen, wobei die letzten zwei Wiederholungen im Vergleich zu den ersten leicht verändert werden.

> »Zwei Morgen wach und keine Nacht dazwischen
> 'nen Morgen Land zurückgelegt.
> Wir wollten wach, wir wollten weg sein
> und blieben doch an einem Ort.«[125]

- Ironie, Sarkasmus, Zynismus
  Ebenfalls zu den traditionellen Stilmitteln gehören die Ironie, der Sarkasmus und der Zynismus. Durch die Verkehrung der Realität kann man so recht einfach auf Probleme oder seltsame Situationen aufmerksam machen und ggf. auch Humor erzeugen, wie es Nico Semsrott in seinem Text »Was ich gut finde« tut.

> »Was ich an meiner Uni am meisten mag, sind die hervorragende Ausstattung, das hochqualifizierte Lehrpersonal, die vorbildliche Verwaltungsstruktur, der lebendige Campus und die vielen interessanten Denkansätze, die ich aus jeder Veranstaltung mitnehme.«[126]

---

124 Schütz 2009, S. 57.
125 Pauline Füg: Zwei Morgen. Online verfügbar unter: http://www.youtube.com/watch?v=qqaFBEPkZaY [Datum der Recherche: 21.10. 2009].
126 Nico Semsrott: Was ich gut finde. Online verfügbar unter: http://www.youtube.com/watch?v=gpbRYQGtV3s [Datum der Recherche: 21.10. 2009].

- Klischees

Es ist gibt viele Vorurteile und Klischees in unserer heutigen Gesellschaft. Diese aufzugreifen und aufzudecken, erfolgt in Slam-Texten häufig. Oft werden auch alle erdenklichen Klischees in die Texte eingebaut, um auf diese Weise Humor zu erzeugen. Zur Steigerung dieses Mittels werden die Vorurteile auch gern übertrieben. Ein Beispiel dafür ist Sulaiman Masomis Text »Ein Kanake sieht rot«. Der Ich-Erzähler mit afghanischen Wurzeln wird darin von einem älteren deutschen Mann angeschrien, als er die Fußgängerampel bei Rot überquert, darauf beginnt eine Diskussion über Türken, Afghanen und Deutsche, die sich aller existierenden Vorurteile bedient. Als dem Ich-Erzähler vorgeworfen wird, dass er sich nicht integrieren kann, entgegnet er dem Mann auf der Straße Folgendes:

> »Wer will sich denn bitte hier integrieren? Ich hab' mal für einen Monat versucht mich zu integrieren um eine Kartoffel zu werden: Ich war extra schlecht im Bett, war pünktlich und hab Frauen wie Menschen behandelt. Es hat mir gar nichts gebracht. [...]
> Auch die Pünktlichkeit hat mir nichts gebracht. Wenn ich mich mit Kanaken verabredet hab' und pünktlich war, musste ich immer 'ne halbe Stunde auf die warten.«[127]

Auf der Homepage des Goethe-Instituts, wo dieser Text als Audio-Datei abrufbar war, gingen viele kritische E-Mails ein, sodass der Autor Sulaiman Masomi dazu Stellung bezog. Auch in seinem Kommentar zu seinem Text wird die Anwendung dieses Stilmittels noch einmal explizit angesprochen:

> »Dieser Text gehört zur Textgattung „Satire". Eigentlich richtet er sich gegen jede Art von Rassismen. Vor allem greift er auch die rassistischen Einstellungen der Ausländer gegenüber den Deutschen auf. Ich spreche bei dem Text nicht für mich oder drücke meine persönlichen Ansichten aus, sondern schlüpfe in die Rolle eines faschistischen Ausländers, der einem „Naziopa" mit seiner eigenen „Nazilogik" begegnet. Daraus resultiert der Witz und das Spiel mit Klischees.

---

127 Sulaiman Masomi: Ein Kanake sieht rot. Online verfügbar unter: http://www.forumgermanicum.net/forum/showthread.php?t=852 [Datum der Recherche: 21.10.2009].

> Dass die Dinge und Ressentiments, die in dem Text genannt werden, nicht ernst gemeint und überaus übertrieben sind, sollte in diesem Zusammenhang eigentlich jedem Leser auffallen.«[128]

- Rhythmik (u. a. Rap)
  Rhythmik ist eines der wichtigsten Stilmittel in der Slam-Poesie, zu der auch der Rap gehört. In der amerikanischen Slam-Szene haben Rhythmik und Rap jedoch eine wesentlich größere Bedeutung als in Deutschland. Eine »treibende Rhythmik des Textes [kann] ihren Inhalt verstärken«.[129] Durch eine wechselnde Rhythmik kann man unterschiedliche Positionen verdeutlichen oder verschiedene Situationen stimmlich darstellen.[130] Aber auch der musikalische Charakter, den Poesie dadurch bekommt, erleichtert die Zugänglichkeit zu den Texten für viele Menschen. Manche Texte sind in einer dermaßen taktvollen Rhythmik aufgebaut, dass man dazu im Takt mit dem Fuß wippen kann. Ein Beispiel dafür ist Nina Sonnenberg alias *Fiva MC* mit ihrem Text »Beziehungsweise«[131], die vor ihrer Karriere im Poetry Slam zu den erfolgreichsten Rapperinnen im deutschsprachigen Raum gehörte. Da über den Abdruck des Textes die Rhythmik nicht deutlich wird, können als Beweis lediglich die Kommentare unter ihrem Youtube-Video herangezogen werden, die eine Diskussion aufzeigen, in der es darum ging, ob ihr Text nun Poesie oder Rap sei.
  So schrieb *Unh83* an alle, die dieses Video kommentiert haben: »leute, das ist poesie. kein rap. nicht acapella«[132] und der User *Tagesmenu* antwortete darauf: »Es ist aber auch gleichzeitig acapella Rap... Fiva Mc ist eben ein Mc, wie der Name schon sagt. Dass es Poesie ist, bestreite ich nicht, aber so vorgetragen fällt es (unter anderem) unter acapella Rap.«[133]

---

128 http://www.goethe.de/ins/eg/prj/jgd/the/sla/de2553017.htm [Datum der Recherche: 21.10.2009].

129 Schütz 2009, S. 58.

130 Vgl. ebd.

131 Nina Sonnenberg: Beziehungsweise. Online verfügbar unter: http://www.youtube.com/watch?v=m06naAiTRUk&feature=related [Datum der Recherche: 21.10.2009].

132 Ebd.

133 Ebd.

- Satzbau
  Dass Slam Poetry der Alltagssprache nah ist, impliziert prinzipiell schon, dass der Satzbau bei Slam-Texten sehr einfach gehalten ist und verschachtelte Sätze so gut wie nicht existieren, außer man spielt damit. Dies hat einen simplen Grund:
  Kurze und klare Sätze machen »es dem Publikum leicht [...], dem Text zu folgen und sehr direkt zu wirken.«[134] Der Inhalt eines Slam-Textes muss von dem Rezipienten beim ersten Hören erschließbar sein, und da man auf die Gunst des Publikums angewiesen ist, muss man diesem natürlichentgegen kommen und dafür Sorge tragen, dass es dem Text bis zum Ende folgen kann. Deshalb bedient sich der Slam-Poet der konzeptionellen Mündlichkeit.

- Dialekte und Dialoge aus dem Alltag
  Ein gern verwandtes und der Alltagssprache sehr nahes Stilmittel, sind Dialekte. Wer viele Dialekte beherrscht, schafft es recht leicht, das Publikum zu begeistern. Man kann dadurch sehr gut einen beschränkten Horizont ausdrücken oder man kritisiert die Phrasen, die man in ganz Deutschland in allen Dialekten zu hören bekommt, überall dort, wo Menschen »reden und nichts sagen«.[135]

- Beatbox
  Ebenso schnelle Begeisterung schwappt dem Poeten entgegen, wenn er Geräusche mit seinem Mund produzieren kann oder er ganze Musikstücke wiedergibt, indem er *beatboxt*. Oft werden die Beatbox-Elemente als Beiwerk hinzugefügt, sie sind nicht wichtig für den Inhalt, sie unterhalten und faszinieren lediglich das Publikum, was sich oftmals und schlussendlich in einer positiven Bewertung niederschlägt.

---

134 Schütz 2009, S. 58.
135 Julian Heun: Seifenblasenphrasen. Online verfügbar unter: http://www.youtube.com/watch?v=BA-g9Irk6Lo [Datum der Recherche: 1.10.2009].

- Erzählperspektive
  Zum Abschluss soll noch die Erzählperspektive erwähnt werden, die man zwar nicht unbedingt als Stilmittel bezeichnen kann, die aber dennoch hier angeführt wird, da sie zumindest den formellen Stil eines Slam-Textes mitbestimmt. Überproportional hoch ist der Anteil der Slam-Texte, die aus der Ich-Perspektive geschrieben sind. Dabei kann der Slam-Poet auf der Bühne in verschiedenste Rollen schlüpfen und aus diesen heraus erzählen. Bei wenig abstrusen Geschichten läuft er stets Gefahr, dass das Publikum den Ich-Erzähler mit dem Autor verwechselt. Immer wieder werden Slam-Poeten nach ihren Auftritten gefragt, ob ihnen das Erzählte wirklich so passiert ist oder was davon der Wahrheit entspricht. Diese Situation wird natürlich dadurch erst ermöglicht, dass die Autoren bei der Präsentation ihrer Texte stets vor Ort sind und durch die Rezipienten in den Pausen angesprochen werden können.
  Die Ich-Perspektive wird auch deshalb oft gewählt, weil sie den direktesten Zugang zu dem Publikum ermöglicht und die Kommunikationssituation zu den Adressaten auf diesem Weg am besten umsetzbar ist. Der Poet erspart sich ein langes Einführen des Protagonisten und die Rezipienten haben sofort ein Bild von selbigem vor Augen, da Protagonist und Autor eben gleichgesetzt werden, außer der Slam-Poet schlüpft in eine andere Rolle und kündigt dies vorher explizit an.
  Natürlich werden auch alle anderen Erzählperspektiven im Poetry Slam genutzt (lyrisches Subjekt, auktorialer und personaler Erzähler), aber das lyrische Ich bzw. der Ich-Erzähler sind mit Abstand am häufigsten vertreten.

5 Aktuelle Entwicklungen des Poetry Slams im deutschsprachigen Raum

Wie bereits dargestellt wurde, ist das Interesse an Poetry Slam bisher stetig gestiegen (Vgl. 2.2. Die Geschichte des Poetry Slams): Die Anzahl an Poetry Slams in Deutschland hat zugenommen, das öffentliche Interesse daran ist größer geworden und auch immer mehr Poeten erklimmen die deutschen Slam-Bühnen.

Dieser rasanten Entwicklung im Poetry Slam konnten die wenigen wissenschaftlichen Veröffentlichungen zu diesem Thema nicht folgen. Viele der existierenden wissenschaftlichen Arbeiten[136] repräsentieren die derzeitige Szene nur noch unzureichend, und so kann man Preckwitz' editorische Notiz auch auf andere Publikationen übertragen:

> »Die hier erstmals veröffentlichte Magisterarbeit aus dem Jahre 1997 war ein erster Versuch, die Entwicklungslinien des Slams zu beschreiben [...]. Seither haben viele neue Aktivisten und Poets ihre Lorbeerkränze gewunden. Manche Slam-Veranstalter aus den frühen Jahren haben gewechselt, manche zogen in andere Clubs, neue lokale Veranstalter machten ihre Städte zu Slam-Hochburgen. Grundsätzlich muss man wissen, dass sich allein im deutschsprachigen Raum von 1997 bis 2002 die Zahl der Slam-Veranstaltungsorte verzehnfachte.«[137]

5.1 Die Küken verlassen das Nest

Die Poetry-Slam-Szene ist äußerst schnelllebig. »Wer länger als ein Jahr von einem Slam zum nächsten tingelt, gehört schon fast zu den alten Hasen der Szene.«[138]

Viele Poeten, die in den existierenden Aufsätzen erwähnt werden, haben sich aus der Slam-Szene jedoch zurückgezogen, besitzen oftmals aber noch eine Art ›Expertenstatus‹ und veröffentlichen Bücher und Hefte *über* Poetry Slam.

---

136 Vgl. z. B. Hager 2006, Anders 2007, Preckwitz 2002.
137 Preckwitz 2002, S. 5.
138 Vgl. Constantin 2009.

Andere haben den Sprung in die ›Hochkultur‹ geschafft oder sie sind als Solokünstler mit eigenen Kabarettprogrammen unterwegs. Die derzeit existierenden wissenschaftlichen Beiträge sind daher nicht mehr auf dem aktuellen Stand der deutschsprachigen Poetry-Slam-Szene und sind lediglich für allgemeine, unveränderliche Informationen wie die Geschichte des Slams, die Gestaltung der Texte und inhaltliche Aspekte brauchbar, da die einstigen Wortführer[139], auf die in den Aufsätzen Bezug genommen wird, nur noch selten oder gar nicht mehr im regelmäßigen Slam-Geschehen anzutreffen sind.

Der veraltete Stand der Literatur hat zur Folge, dass auch heutzutage an Schulen und Hochschulen noch Texte von Slam-Poeten analysiert und thematisiert werden, die nicht mehr zeitgemäß sind und den neuen ›Aktivisten‹ in der Poetry-Slam-Szene nicht gerecht werden.[140]

Im Folgenden sollen einige Beispiele für Slam-Poeten genannt werden, auf die in der Literatur, in Schulstunden und Hochschulseminaren immer wieder Bezug genommen wird, obwohl sie längst nicht mehr zu den aktiven Slam-Poeten zählen:

Zu nennen wären hier der erste deutschsprachige Meister Bas Böttcher[141], der nur noch sehr selten auf regulären Slams auftritt. Deutlich häufiger trifft man ihn bei großen Slam-Veranstaltungen als »Special-Act« an. Ansonsten ist er im Auftrag des Goethe-Instituts und mit seiner Textbox, einer gläsernen, schallisolierten Sprecherkabine, auf Messen unterwegs, in der ein Literat seine Texte präsentiert, während sich das Publikum rund um die Textbox versammelt und dem vortragenden Poeten per Kopfhörer lauscht.

Xóchil A. Schütz[142] zählt zu den Expertinnen im Poetry Slam. Sie gibt noch immer Workshops und veröffentlichte Übungsmaterial zum Schreiben eigener Slam-Texte. Auch wenn sie selbst nicht mehr oft auf Poetry Slams auftritt, beobachtet sie die Szene noch sehr genau und steht mit ihr in Verbindung. Schütz betont, dass sie offen für andere Kunstformen sei

---

139 Vgl. Thadeusz 2009.

140 Die Erfahrungen stammen aus der Kooperation mit Lehrern und Lehrerinnen an Schulen sowie aus Berichten und Kooperationen von und mit Universitäten in Bamberg (Otto-Friedrich-Universität) und Tübingen (Eberhard Karls Universität).

141 Vgl. Anders 2008, S. 15; Böttcher 2009; Anders 2007, S. 84 f.; Anders 2007, CD; Treml 2007, S. 138.

142 Vgl. Anders 2007, S. 96 ff.; Anders 2007, CD; Anders 2008, S. 32; Praxis Deutsch 2008, S. 10; Schütz 2009; Westermayr 2004, S. 73 ff.; Treml 2007, S. 114.

und sich damit beschäftigt, ohne dass sie damit der Poetry-Slam-Szene den Rücken kehren wolle, da der Poetry Slam ihr »inneres Zuhause«[143] sei.

Bei Nora E. Gomringer, die bis heute noch oft in wissenschaftlichen Veröffentlichungen zum Thema Poetry Slam erwähnt wird[144], kann man einen nahezu vollständigen Rückzug aus der Szene feststellen. Sie hat den Sprung in den regulären Literaturbetrieb vollzogen. Mit ihrer Lyrik ist sie auf der ganzen Welt unterwegs. Bedingt durch ihre vielen Tätigkeiten und Reisen ist Nora E. Gomringer auf dem Bamberger Poetry Slam *Bamberg ist Slamberg,* den sie 2001 ins Leben rief, nur noch gelegentlich zu Gast. Hauptverantwortlich zeigen sich für diesen Slam derzeit Christian Ritter und Nils Rusche.

Bis Februar 2008 moderierte auch der deutschsprachige Meister im Poetry Slam der Jahre 2001 und 2003 Sebastian Krämer noch seinen eigenen Poetry Slam in Berlin. Heute ist er fast ausschließlich als Kabarettist mit seinen Solo-Programmen auf Kleinkunstbühnen zu sehen und hat sich gänzlich aus dem Bereich der Performance Poetry verabschiedet, doch auch sein Poetry Clip mit dem Titel »Bonn« aus dem Jahre 2002 wird auch sechs Jahre später noch einer Sonderausgabe der Praxis Deutsch als DVD beigelegt.[145]

Ebenfalls im Jahr 2008 verabschiedete sich auch der Stuttgarter Timo Brunke[146] aus der deutschsprachigen Slam-Szene. Er begründete den Stuttgarter Poetry Slam, richtete die deutschsprachige Meisterschaft 2004 in Stuttgart aus und gründete den U20-Verein, um junge Poetry-Slam-Talente zu fördern. Seit 2008 konzentriert sich Timo Brunke auf Solo-Programme und seine Publikationen.

Für andere ist der Poetry Slam lediglich eine Probebühne oder eine kurze Abwechslung: So beschäftigte sich der Comedian Helge Thun ab 2003 auch einmal kurzzeitig mit dem Poetry Slam, gewann 2004 den Team-Wettbewerb bei der deutschsprachigen Meisterschaft und verließ kurz darauf die Poetry-Slam-Bühnen wieder. Auch Bodo Wartke trat im

---

143 Schütz am 08.04.2009 in der Yahoo-Group *Slamily* zu einem Spiegel-Artikel. Siehe http://de.groups.yahoo.com/group/slamily [Datum der Recherche: 10.11.2009].

144 Vgl. Anders 2007, S. 77 und 121; Anders 2008, S. 39; Praxis Deutsch 2008, DVD; Praxis Deutsch, S. 49, 53; Treml 2007, S. 77.

145 Praxis Deutsch 2008, DVD; Anders 2007, S. 80 ff.; Anders 2008, S. 43; Westermayr 2004, S. 69 ff.

146 Anders 2007, CD; Anders 2008, S. 27 ff.; Treml 2007, S. 102.

Jahr 2004 bei dem *German International Poetry Slam* auf und ist jetzt ein erfolgreicher Musik-Kabarettist.

Teilweise werden die Slam-Bühnen auch als ›Sprungbrett‹ genutzt, denn es gibt keinen vergleichbaren Kulturbereich, in dem man so einfach an Auftritte in ganz Deutschland herankommt wie im Poetry Slam. Tourneen über mehrere Wochen sind bei den professionellen Slammern keine Seltenheit. Dass man sich auf diese Weise dann schnell einen Namen im Bereich der Kleinkunst machen kann, ist nur ein logischer Schluss. Mit der Absicht, als Kabarettist bekannt zu werden, nutzt auch der Finalist der deutschsprachigen Meisterschaft 2009 Nico Semsrott den Poetry Slam. Im August 2008 dokumentierte er seinen ersten Auftritt bei einem Poetry Slam auf Spiegel Online.[147] Ein reichliches Jahr später gewann er den *NDR Comedy Contest* und bekam Angebote für weitere Solo-Auftritte.

Bei den Poeten, die von ihrer Kunst leben wollen, ist oft ein zielgerichtetes Vorgehen zu beobachten, das nach Erfolgsmechanismen arbeitet, und das ist auch nicht verwunderlich, wenn man auf eine Käuferschaft oder eine Fan-Gemeinde angewiesen ist.

Doch neben diesen professionellen Poeten finden sich Auftretende ein, die sich nicht um Erfolge sorgen, sondern sich mit Thematiken beschäftigen, die sie bewegen. Diese Poeten sind entweder Ortsansässige, die immer wieder für das eigene private Vergnügen das Rampenlicht suchen und die sonst einem anderen Beruf nachgehen, oder es sind Poeten, die auch für Auftritte reisen (entweder fragen sie bei dem Veranstalter an oder sie werden angefragt) und denen es schlichtweg egal ist, ob sie gewinnen oder nicht. Sie haben entweder eine klare Botschaft, die sie vermitteln wollen oder sie möchten das Publikum aus der Reserve locken, indem sie bewusst ›anders‹ als die anderen sind und sich in ihrem Stil und ihren Texten nicht den gängigen Normen des Poetry Slams anpassen, sondern sich selbst und ihre Texte erproben. Auch diese Art der Poeten ist ein fester Teil der deutschsprachigen Szene, auch wenn sie textlich etwas eigenwilliger ist. Diese Art der Poeten verdient aber meist kein Geld mit Poetry Slam und das ist auch nicht ihre Intention.

Einige Poeten hält es nicht lange in der Slam-Szene, denn im Poetry Slam kann man sich künstlerisch schnell eingeengt und auf einen Stil festgelegt fühlen. Wenn man bei Poetry Slams gut abschneiden möchte,

147 http://www.spiegel.de/schulspiegel/leben/0,1518,573237,00.html [Datum der Recherche: 10.11.2009].

bleibt kein Spielraum für literarische Experimente, auch das Reglement kann einengend wirken, wenn man gern mit einer Gitarre und eigenen Liedern vor ein Publikum treten möchte.

> »Der Wettbewerb ist vom Ehrgeiz auch schon angetrieben, aber man wächst da auch wieder raus, weil man merkt, diese Texte, die ich da vortrage, die müssen immer das gleiche Strickmuster haben für den Wettbewerb, aber ich schreib auch noch andere Texte und dann sucht man sich dann halt so sein Abendprogramm zusammen, [...] das man den ganzen Abend bestreitet, da, wo man dann alle Texte, die man hat, vortragen kann, die dann nicht von dem Siegzwang so getrieben sind.«[148]

Sobald sich mit einem bestimmten Bekanntheitsgrad andere Möglichkeiten für eine künstlerische Entfaltung anbieten, nutzen die meisten Slam-Poeten diese Chance. Dies können eigene Solo-Programme, Lesebühnen oder musikalische Gruppierungen sein wie bei dem Slam-Poeten Julius Fischer, der zusammen mit Christian Meyer »The Fuck Hornisschen Orchestra« gegründet hat und seither große Erfolge in der Kleinkunstszene feiert. Auch ist der Übergang zu Kabarett-Bühnen oft bei Slam-Poeten zu erkennen, wie beispielsweise bei Marc-Uwe Kling und Nils Heinrich. Nicht zwangsläufig verlassen die Slam-Poeten dann aber komplett die Poetry-Slam-Bühnen.

Doch auch im Rahmen des Poetry Slams versuchen einige Poeten, sich ein neues Standbein zu suchen, indem sie ihre Lyrik mit Musik hinterlegen. Führend in diesem Bereich sind die Beatpoeten, Großraumdichten und Xóchil A. Schütz.

Aber auch immer mehr Poeten kommen bei großen Printverlagen unter und erweitern durch Buchveröffentlichungen ihren Radius und ihr Betätigungsfeld.

Derartige Hintertüren zu nutzen ist ein logischer Schluss, denn im Poetry Slam gibt es kaum Geld zu verdienen und eine hohe Zahl der professionellen Poeten möchte von der eigenen Kunst leben können. Aber wer wochenlang auf eine kräftezehrende Tour geht und am Ende vielleicht die Spesen noch selbst zahlen muss, der wird die Augen offen halten, wie er seine Kunst zu Geld machen kann. Denn die einzigen Mög-

148 Frank Klötgen im Interview mit dem ZDF. Online verfügbar unter: http://www.zdf.de/ZDFmediathek/hauptnavigation/startseite#/beitrag/video/877604/Dichterwettstreit-auf-der-grossen-Buehne/ [Datum der Recherche: 12.11.2009].

lichkeiten, im Poetry Slam Geld zu verdienen, bestehen in Workshops, Solo-Programmen, bezahlten Auftritten und Lesungen oder finanzierten Literaturprojekten bzw. als Veranstalter. So kommt es den Slammern natürlich gelegen, dass sich große

> ›Verlage und Literaturhäuser […] inzwischen sehr genau an[schauen; A.W.], was im Slam passiert. Es ist gut, wenn viele Menschen aus ihrem Hobby Slam einen richtigen Job machen können‹, sagt Geyer. Gleichzeitig beschleunigt diese Entwicklung den Ausverkauf der Szene: ›Mit dem Erfolg distanzieren sich viele Künstler und wollen nicht mehr mit Poetry Slam in Verbindung gebracht werden. Das ist so wie bei jeder Subkultur: Sobald die Talente gereift sind, verlassen sie das Nest und schauen sich nach etwas Größerem um.‹[149]

5.2 Von Slam Poetry und dem Vorwurf, Comedy zu betreiben

Doch nicht nur die Rahmenbedingungen für die Slammer haben sich verändert. »Poetry Slam wird immer größer und dadurch stärker wahrgenommen. Die Szene bewegt sich inzwischen im Grenzbereich zur totalen Kommerzialisierung«[150], konstatiert Sebastian Rabsahl aka Sebastian 23 auf Spiegel Online. Auch Wolf Hogekamp, der deutsche ›Slam-Papi‹, hält fest, dass Poetry Slams kein Underground mehr seien, stattdessen zu normaler Abendunterhaltung würden.[151]

Dies klingt nach Kritik von allen Seiten der Slam-Poeten, doch wenn sich der Blick auf Poetry Slam nicht gewandelt hätte, dann würden die Slams heute immer noch vor einer kleinen Zahl interessierter Literaturfans stattfinden. Poetry Slam ist ein Stück Popkultur geworden und möglich machte dies unter anderem die Zunahme an unterhaltsamen Texten. Über den Humor erreichte man Jugendliche und Menschen, die zuvor kein Interesse an Literatur besaßen. Plötzlich ist es keine Seltenheit mehr, dass die Clubs mit 200 Gästen und mehr gefüllt sind.

149 Vgl. Constantin 2009.
150 Vgl. Constantin 2009.
151 Vgl. ebd.

Dieses steigende Interesse an einer Subkultur führt schlussendlich und zwangsläufig zu einer Kommerzialisierung und sie büßt somit auch etwas von ihrem anarchischen Charakter ein.

Doch genau diese Popularität macht es den Slam-Poeten und Slam-Veranstaltern erst möglich, von ihrer Kunst bzw. ihrer Arbeit zu leben. Nur durch dieses hohe Interesse sind die Poetry Slams gefüllt und die Veranstalter in der Lage, mehreren Poeten ihre Fahrtkosten zu zahlen, nur so finden die Slammer Interessenten für ihre Workshops und Käufer für ihre Bücher.

Nicht verwunderlich ist es m. E., dass Slam-Poeten tendenziell eher lustige Texte vortragen: Die Gäste stimmen mit ihrem Applaus über die Vorträge ab und tatsächlich ist es so, dass verhältnismäßig oft lustige Texte gewinnen. Mit diesem Wissen über Poetry Slam ist es durchaus nachvollziehbar, dass sich viele Poeten für witzige Vorträge entscheiden, um das Publikum für sich zu gewinnen. Das Publikum bestimmt sozusagen, mit welcher Art von Texten man gewinnen kann, und die Poeten fügen sich diesem Wunsch. Würde das Publikum plötzlich ernste Texte hören wollen, würden viele Poeten umsatteln oder es würden sich andere Autoren finden, die diese Inhalte besser bedienen könnten. Es liegt in der Natur der Sache, dass man in einem Wettbewerb versucht die Erwartungen der Jury zu erfüllen. Nichts anderes ist es auch beim Poetry Slam.

Auch die Ansicht, dass es unwichtig sei, wer gewinnt, ist ein Relikt aus den Anfangszeiten. Der Poetry Slam ist deutlich professioneller geworden und hat schon längst sein amateurhaftes Image abgelegt. Auf große Poetry Slams trauen sich oft nur noch wenige Neulinge, weil das Niveau auf der Bühne zu hoch ist, und auf manchen Slams wie dem Münchener *Substanz* Slam bekommt man nur schwer einen Startplatz, wenn man keinen Namen in der Slam-Szene besitzt. Hier laden ausschließlich die Veranstalter Slam-Poeten ein und nur diese dürfen an der Veranstaltung teilnehmen.

Es kann also durchaus bedeutungsvoll sein, dass man auf Poetry Slams als Sieger die Bühne verlässt. Slammer, die auch Slams gewinnen oder zumindest ins Finale gelangen, finden Beachtung und bekommen Einladungen in andere Städte, können auf sich aufmerksam machen und gegebenenfalls (bezahlte) Folgeaufträge erhalten. Heute blickt man weniger auf die gesamte Szene als auf einzelne Slam-Poeten. Nur dadurch schaffen es Slammer wie Lars Ruppel, Sebastian 23, Julius Fischer und andere über Wochen auf Tour zu sein, um auf Slams aufzutreten, Solo-Shows zu spielen, Bücher und CDs zu verkaufen.

Unter diesen Aspekten bekommt auch der Kommentar von Thomas Geyer, Veranstalter des Poetry Slams in Stuttgart und Mitinhaber des Sprechstation Verlags, eine andere Bedeutung und sollte differenzierter gesehen werden:

> »›Als ich anfing, war es egal, wer gewinnt. Die Punktewertung bei einem Slam war eher so eine Parodie der ernsten Literaturwettbewerbe‹, sagt Geyer. Doch heute gebe es viele Slammer, die ihre Texte so schreiben, dass sie gewinnen. Und in der Regel gewinnt der Text mit den meisten Lachern. Viele Poetry Slams entwickeln sich deshalb immer mehr zu Stand-up-Comedy-Bühnen. Ernste Themen, früher einmal zentral bei Slams, suche man oft vergebens.«

Betont werden muss aber an dieser Stelle, dass oft auch ernste Texte gewinnen können, solange sie interessant und neu für die Rezipienten sind. Wenn man das Thema Liebeskummer beschreibt, wie es schon viele vor dem Poeten beschrieben haben, wird sich das Publikum dafür nicht interessieren. Ist es aber neu bearbeitet und spricht andere Facetten an, hat der ernsthafte Text den Vorteil, dass er aus der Reihe fällt und die Hörerschaft berührt. Nur sind solche Slam-Texte ohne Pathos, ohne erhobenen Zeigefinger und ohne Kitsch tendenziell schwieriger zu schreiben. Wenn sie aber glücken, bleiben sie stärker bei den Rezipienten hängen als eine kurzweilige und unterhaltsame Geschichte, von der es am Abend viele weitere gibt.

Derzeit sind besonders die Texte erfolgreich, die eine Verbindung eingehen zwischen Lyrik, die gefühlsstark ist oder ein hohes Maß an Wortspielen besitzt, auf der einen Seite und Humor auf der anderen Seite. Hier geht es nicht mehr darum, ein Pointen-Gewitter auf die Hörerschaft loszulassen gemäß dem Satz »Wer die meisten Lacher erreicht, gewinnt den Slam«, sondern zu berühren und zu amüsieren. Mit Lyrik, die nach diesem Prinzip aufgebaut ist, konnte Philipp Scharrenberg 2009 den Titel des deutschsprachigen Meisters gewinnen.

Auch soll festgehalten werden, dass zwischen den Slam-Poeten in der Regel keine Rivalitäten bestehen. Natürlich ist jeder glücklich, wenn er gewinnt, aber die Atmosphäre auf Poetry Slams ist deshalb nicht durch ein Konkurrenzdenken geprägt, sondern stets freundschaftlich. Hinzu kommt, dass nicht jeder Teilnehmer auf einem Poetry Slam den Anspruch hat, professionell zu sein oder das Schreiben zu seinem Beruf zu machen. Entsprechend entspannt gehen diese Personen dann auch an ihren Auftritt heran. Wieder andere schöpfen ihre Bestätigung aus gänzlich anderen Situationen. Theresa Hahl, eine junge Slam-Poetin, die mit gefühlvollen Texten äußerst erfolgreich ist, sagte einmal auf einem Slam, dass sie ihre Motivation nicht aus den Siegen schöpft, sondern aus den Momenten, in denen Besucher nach dem Slam zu ihr kommen und ihr sagen, dass sie durch ihren Text berührt wurden.

Es ist also längst nicht so, dass nur die lustigen Texte gewinnen oder überhandnehmen. Auch wird in dieser Kritik gegen literarische Comedy oft übersehen, dass die ›Storyteller‹ nicht immer und zwangsläufig auf einfache Witze setzen, und so schreibt Xóchil A. Schütz zu der Thematik ›Comedy im Poetry Slam‹, dass

> »gesellschaftskritische Texte und Texte, die Kritik an Politik beinhalten in der deutschsprachigen Szene oftmals gerade von den Storytellern (und Comediens) vorgetragen werden – dass sie mit Witz als Stilmittel arbeiten, macht sie deshalb [...] nicht schlechter.«[152]

Und auch Kassner äußert sich zu dem Vorwurf der Comedy:

> »Gute Comedy ist an sich auch eine Kunst, die nicht viele beherrschen. Doch Slam lässt sich garantiert nicht auf flache Gags reduzieren. Es stimmt schon, dass viele der Beiträge von Humor oder auch bissiger Ironie getragen werden. Das kommt beim Publikum immer an, und schließlich entscheiden die Leute im Saal über Top oder Flop.«[153]

Durch das kollektive Lachen, die starken Reaktionen und die Euphorie, die mit Humor ausgelöst werden kann, lässt sich das Publikum aber auch oft hinreißen, eben diese Euphorie aus dem Text mit in die Wertung hineinzunehmen, sofern der Vortrag nah an der Abstimmung liegt. Gerade wenn der Auftritt und die Bewertung zeitlich auseinander liegen, verpufft oft das Hochgefühl des Publikums. Anders ist es bei einem ernsten oder

152 Schütz am 08.04.2009 in der Yahoo-Group *Slamily* zu einem Spiegel-Artikel. Siehe http://de.groups.yahoo.com/group/slamily [Datum der Recherche: 10.11.2009].

153 Kassner 2007, S. 2.

berührenden Text, denn Emotionen oder starke Gefühle haben in den Köpfen der Rezipienten deutlich länger Bestand als eine einfache Pointe.

5.3 Der Erfolg des Poetry Slams und kein Ende in Sicht?

Es ist Tatsache, dass es der Poetry Slam geschafft hat, eine große Masse von Jugendlichen wieder für Literatur zu begeistern und die Zahl der Slams noch stetig steigt (Vgl. 2.2.). Auch ist es Fakt, dass an der Hochkultur interessierte Besucher einen Poetry Slam mitunter kopfschüttelnd verlassen, weil die vorgetragenen Texte mit deren Verständnis von Literatur nichts gemein haben. Doch genau das ist der Grund, warum Schüler und Studenten dieses Veranstaltungsformat interessant finden. Der biedere Charme einer Literatenlesung wird abgeschüttelt und stattdessen ist man Teil einer Sub- und nicht der Hochkultur.

> »Im Prinzip ist Poetry Slam für mich Rock'n'Roll ohne Band. Die Tatsache, dass man ein Publikum nur mit Worten zum Ausrasten bringen kann, zu Beifallsstürmen hinreißen kann, das ist schon sehr faszinierend.«[154]

> »Die Stimmung im übervollen Saal ähnelte jedenfalls mehr einem Rockfestival als einer Lesung. Genau diese emotional aufgeladene Atmosphäre machen Kritiker, zumeist einer tradierten Literaturauffassung verhaftet, den Poetry Slams zum Vorwurf.«[155]

Und nicht nur die Stimmung entspricht einem Rock-Konzert, auch das Ambiente ist so gewählt. Poetry Slams finden in besetzten Häusern, in urigen Kneipen, Jugendhäusern oder Clubs statt und der klischeehafte Rotwein wird durch Bier ersetzt. Eine solche Umgebung verleiht dem Poetry Slam dann auch den Charme einer Jugendsubkultur.

Aus dieser Entwicklung im Poetry Slam entstand ein bildungsbürgerlicher »Angst-Neid-Komplex vor dem Erfolg von vorgeblicher ›Alltags‹-

154 Wehwalt Koslovsky im Interview mit dem ZDF. Online verfügbar unter: http://www.zdf.de/ZDFmediathek/hauptnavigation/startseite#/beitrag/video/877604/Dichterwettstreit-auf-der-grossen-Buehne/ [Datum der Recherche: 12.11.2009].

155 Kassner 2007, S. 2.

Literatur«[156], der sich im Feuilleton der Berliner Zeitung im Jahr 2003 noch wie folgt lesen ließ:

> »Slam-Poetry-Varietees [seien] laute Massenveranstaltungen, Musikantenstadl für Studenten – das der Literatur gewöhnlich eigene kontemplative Element wird in Lärm aufgelöst«[157]

Mittlerweile ist Poetry Slam über diese Form der Anfeindungen hinaus und fast in ›der Mitte der Gesellschaft‹ angekommen. Mittlerweile füllt ein Poetry Slam große Theater- und Festspielhäuser, was nicht heißt, dass die Slam-Poeten dies immer gut finden. Zu einem Poetry Slam, der im ZDF-Theaterkanal übertragen wurde und in der Akademie der darstellenden Künste Ludwigsburg stattfand, schrieb der Slam-Poet Grohacke Folgendes:

> »irgendwie hatte die Kulisse und überhaupt das ganze Ambiente was von "Star Trek auf Sagrotan" (ja, ich meine das Desinfektionsmittel). Allein diese Wasserkannen!! Gab's da auch Replikatoren, vor die man sich stellen konnte, um zu bestellen "Tea, Earl Grey!"?
> Hätte mich nicht gewundert, wenn sich im Verlauf der Sendung alle ihrer Körper entledigt hätten, um fortan als reine Geistwesen zu existieren - endlich befreit von den Unreinheiten lebensnotwendiger Körperfunktionen...
> Ich musste dann auch leider irgendwann wegschalten und mich schmutzigen Phantasien über schmuddelige Slam-Lokale hingeben. Sonst könnte ich jetzt dem Sieger gratulieren, was ich auch würde, aber diese extreme Sauberkeit war einfach zu viel für mich.«[158]

Wenn Poetry Slams in festlichere Lokalitäten abwandern, so bleibt auch dort zumindest die Stimmung die eines Rock-Konzertes: Es werden Zwischenrufe gegeben, es wird geschrien, mit den Füßen gestampft und laut applaudiert. M. E. sind die Stammgäste eines Poetry Slams in Theatern und Festspielhäusern noch deutlich lauter, um die Spießigkeit, die für sie in diesen Häusern innewohnt, zu zerstören und um den anderen Besu-

---

156 Schulze-Tammena 2007, S. 4.

157 Martin Schröder: Zweites Internationales Literaturfestival, In: Berliner Zeitung, 18.09.2003. Zit. n. Schulze-Tammena 2007, S. 4.

158 Grohacke am 5.11.2009 in der Yahoo-Group *Slamily*. Siehe http://de.groups.yahoo.com/group/slamily [Datum der Recherche: 12.11.2009].

chern zu verdeutlichen, wie lebendig und interaktiv Poetry Slam sein kann.

Die Interaktivität ist ein wichtiger Faktor, warum Poetry Slam so populär geworden ist. Plötzlich fühlt man sich nicht mehr nur als Zuschauer, sondern ist eingebunden und Teil des Abends. Auch in den Pausen und nach einem Poetry Slam kann man mit den Teilnehmern ins Gespräch kommen, da sie nicht in einem Backstage-Raum verschwinden, sondern mitten im Publikum sitzen. So ist es auch keine Seltenheit, dass Slam-Poeten am Abend noch etwas mit den Besuchern des Slams vor Ort unternehmen oder dass die ›Stars‹ der Slam-Szene von dem anderen Geschlecht angehimmelt und zu einer Art ›Popstar‹ innerhalb ihrer Subkultur erhoben werden. Es lässt sich demnach feststellen, dass nur eine geringe Distanz zwischen Auftretenden und Rezipienten besteht. Beide Gruppen sind nahezu gleichgestellt und gleichermaßen Teil eines Poetry Slams.

Dies ist natürlich auch dadurch möglich, weil Slam-Poeten und Zuschauer im Regelfall einer Generation angehören und häufig im gleichen Alter sind. Auch das macht Poetry Slam interessant für viele junge Menschen. Es steht gewissermaßen ›einer von ihnen‹ auf der Bühne oder aber es nimmt jemand aus dem Freundeskreis an dem örtlichen Poetry Slam teil und bringt als Unterstützung seinen gesamten Freundeskreis mit, was die Verbundenheit zu dem auftretenden Slam-Poeten umso mehr erhöht. Doch so ›normal‹ der Slam-Poet als Mensch auch sein mag, so sind seine Texte noch hervorstechend und oft bewundernswert, denn wären sie das nicht, wäre auch ein Poetry Slam nicht interessant für das Publikum. Normalität trifft hier also auf ein besonderes Talent. Dieser Spagat wirkt auf Jugendliche und junge Erwachsene m. E. anziehend.

Schulze-Tammena beschreibt die Popularität von Poetry Slam mit folgenden Worten:

> »Wegen des balancierten Verhältnisses von Anonymität und Bekanntheit sind die regionalen Slam Poetry Veranstaltungen Orte ohne Exklusivität. Diese Veranstaltungen sind öffentlich für jedermann und jedefrau zugänglich. Aber der Slampoet steht in der Regel nicht vor einem vollkommen anonymen Publikum, sondern

> er wird heimlich oder offen unterstützt von Freunden, Bekannten oder Fans.«[159]

Dadurch, dass Poeten und Rezipienten einer Generation angehören, ist die Lebenswelt beider Gruppen sehr ähnlich und weil die Texte der Slam-Poeten oft aus deren Lebenswelt stammen, können sich die Rezipienten in den Texten wiederfinden. Das löst die Euphorie und die Stimmung bei Poetry Slams aus. Das Publikum bestätigt den Slam-Poeten, in dem, was er sagt, weil die Masse diese Situation und seine Aussage nachvollziehen kann. Auch steht das in Verbindung mit der – bereits erwähnten – ähnlichen politischen Haltung, die das Publikum und die Auftretenden besitzen. Konservativ denkende Zuhörer sind auf einem Poetry Slam beispielsweise eine Seltenheit, das wissen auch die politischen Parteien – und diese Ähnlichkeit im politischen Denken der Poetry-Slam-Besucher haben sich die sozialen und grünen Parteien auch zu Nutzen gemacht und den Poetry Slam für ihren Wahlkampf im Jahr 2009 eingesetzt:

> »Im September laden die bayerischen Grünen zu einer Grünen Slam-Tournee in den Städten München, Starnberg, Fürth und Augsburg zu einer Poetry-Slam-Reihe ein. Frei nach dem Motto „GRÜN Slamt" werden hochkarätige Vertreter der deutschsprachigen Slam-Szene zusammen mit lokalen Slammern GRÜNE Themen wie Umwelt, Gleichberechtigung und Energie aber natürlich auch Zwischenmenschliches aufgreifen und in ihren Gedichten verarbeiten.«[160]

> »ich wende mich heute an Sie, um Sie für eine Veranstaltung der Jusos in meinem Wahlkreis zu gewinnen.
> Die Veranstaltung findet am Donnerstag, 10.09.2009 im Provisorium in Nürtingen statt. Die Bundesvorsitzende der Jusos, Franziska Drohsel hat ihr Kommen für diesen Termin zugesagt und steht für eine politische Diskussionsrunde zur Verfügung. Die Idee hinter der Veranstaltung ist jedoch, keine reine politische Diskussionsrunde auf die Füße zu stellen […]
> Ich wurde nun gebeten mich an Sie zu wenden, um bei Ihnen für die Veranstaltung zu werben und Sie für einen Poetry Slam Auftritt im Rahmen dieser Veranstaltung zu gewinnen.«[161]

---

159 Schulze-Tammena 2007, S. 4.

160 http://www.gruene-bayern.de/nc/presse/pressemitteilungen/press/article/gruene-poetry-slam-tour.html [Datum der Recherche: 12.11.2009].

161 Private E-Mail eines Bundestagsabgeordneten der SPD.

Doch nicht nur die Tatsache, dass Poetry Slam im Wahlkampf genutzt wurde, spricht für die Popularität des Poetry Slams. Auch das Fernsehen bediente sich dieser Subkultur und so strahlte der *WDR* als erster Fernsehsender wöchentlich einen Poetry Slam aus. Aber auch *ARTE* mit seinem *Webslam*, *SAT1-Comedy*, *der ZDF-Theaterkanal* und *3Sat* griffen dieses Phänomen in ihren Programmen auf.

Die von Sarah Kuttner moderierte *Slam Tour mit Kuttner* auf *SAT1-Comedy* ließ den Poetry Slam automatisch noch ein Stück näher in die Richtung Comedy und näher in die Richtung Popkultur rücken, da Sarah Kuttner von 2001 bis 2006 als Moderatorin bei den Musiksendern *VIVA* und *MTV* tätig war und über diese Sender bekannt wurde. Doch weil diese Sendung auf einem Pay-TV-Kanal ausgestrahlt wurde und für eine große Masse nicht zugänglich war, wurde das Image vom Poetry Slam keineswegs beschädigt, wie es vorher in der Szene erwartet wurde. Schlussendlich wurde die Sendung jedoch von der Slam-Szene überwiegend sehr positiv aufgenommen.

Ein neues Selbstbewusstsein hat sich schließlich auch im Poetry Slam entwickelt, was die Zusammenarbeit mit großen Verlagen angeht, wenn beispielsweise durch die Akteure festgestellt wird, dass sich der etablierte Literaturbetrieb nun den Slam-Poeten und »den neuen Zeiten anpassen« muss, da er sonst »eine ganze Generation Literaturbegeisterter, die mit Slams aufgewachsen ist und diese Lebendigkeit liebt«[162], verliert.

So gelang es auch vielen Slam-Poeten, bei renommierten Verlagen wie Reclam (Bas Böttcher), Carlsen (Mischa-Sarim Vérollet) oder Ullstein (Marc-Uwe Kling) unterzukommen.

Neben den großen Verlagen gründete sich 1998 »Der gesunde Menschenversand« und 2003 der »Sprechstation Verlag«. Beide Verlage stehen dem Spoken-Word- und Poetry-Slam-Umfeld sehr nah und konzentrieren sich primär auch auf Audio-Medien in diesem Bereich.

Im Bereich der Printmedien ist neben »Voland & Quist« der Paderborner Verlag »Lektora« durch den Slam-Poeten Karsten Strack und seinen Kompagnon Ludger Stücke entstanden. Fast ausschließlich veröffentlichen hier Performance-Poeten ihre Werke. Als kleiner Verlag, der in enger Verbindung zur Slam-Szene steht, bietet er vielen Slammern, die im regulären Literaturbetrieb vielleicht nicht untergekommen wären, die Möglichkeit, ihr Erstlingswerk zu veröffentlichen.

---

162 Vgl. Constantin 2009.

Auch die Deutschdidaktik hat die Zeichen der Zeit erkannt und so brachte *Praxis Deutsch* im Jahr 2008 ein Sonderheft zu Poetry Slam heraus. Workshops zu dem Thema sind derzeit an Schulen sehr gern gesehen und oft existiert bei den Lehrern auch ein Vorwissen zu dieser Thematik. Die U20-Slams für Schüler füllen ebenfalls Theaterhäuser und immer mehr junge Slam-Poeten wachsen durch die U20-Arbeit nach. Die Qualität bei den jungen Poeten ist sehr gestiegen, sodass sie sich auf einem regulären Slam durchaus erfolgreich gegen die ›erwachsenen‹ Poeten durchsetzen können.

Ob das Interesse weiterhin steigen oder ob es in naher Zukunft verpuffen wird, kann derzeit niemand sagen. Dadurch, dass die Slam-Szene aber über keinerlei feste Strukturen verfügt, kann sie sich stetig weiter entwickeln und lässt sich auch auf neue Konzepte ein, wie Kapitel 5.5. zeigen wird. Deshalb bleibt abzuwarten, in welche Richtung der Poetry Slam in den nächsten Jahren gehen wird.

5.4 Poetry Clip

Als eigenständige Kunstform entwickelte sich im Poetry Slam der Poetry Clip, der in Deutschland durch Bas Böttcher und Wolf Hogekamp begründet wurde. Im Jahr 2005 veröffentlichten sie zusammen eine DVD mit den ersten Poetry Clips der deutschsprachigen Slam Szene. Vorbild für Poetry Clips sind Musik-Videos, wie sie auf den Musiksendern laufen und wie sie die MTV-Generation kennt. Durch diesen medialen Zugang erhoffen die Begründer, dass auch die Personen Zugang zur Literatur finden, die »bisher wenig mit Büchern am Hut«[163] hatten.

> »Im Unterschied zum Buch oder der Audio CD bieten Poetry Clips ein umfassenderes Erlebnis gesprochener Texte. Über die geschriebene oder gesprochene Version hinaus kann auch die Performance, also Mimik, Gestik und Körperbewegungen der Autorin oder des Autors, wahrgenommen werden. In Poetry Clips wird der Text speziell für die Kamera inszeniert. Es handelt sich dabei also nicht um abgefilmte Lesungen. Durch den Einsatz des Mediums

163 http://www.epoet.de/poetryclips/clip/clips.htm [Datum der Recherche: 07.12.2009].

> DVD kann bei der Betrachtung ähnlich wie bei einem Gedichtband von Gedicht zu Gedicht ›geblättert‹ werden.«[164]

Mit Sicherheit zählt Hogekamps Veröffentlichung »Poetry Clips I« als das Referenz-Medium schlechthin für Poetry Clips, doch nur noch ein Bruchteil der darauf vertretenen Poeten sind tatsächlich noch aktiv. Zudem sind mancherlei Poetry Clips noch weitere Jahre vor der Veröffentlichung der DVD entstanden. Sebastian Krämers Poetry Clip zu »Bonn« wurde so 2002 fertig gestellt, »Poetry Clips I« jedoch erst weitere drei Jahre später veröffentlicht. Seither fand sowohl eine große Veränderung der technischen Möglichkeiten als auch in der Gestaltung von Slam Poetry statt.

So schreibt Hager 2006 noch: »Der Einsatz dieser Clips im Unterricht ist sinnvoll und dürfte die Jugendlichen, die im Zeitalter der Videoclips aufwachsen, sicherlich ansprechen.«[165]

Dabei ignoriert Hager einen Fakt gänzlich: Denn die Poetry Clips auf dieser DVD vereint »eine Art Improvisationsästhetik. Mal wackelt die Kamera, mal ist der Ton nicht perfekt, das ist kein Fehler, das ist erwünscht.«[166]

Jugendliche, die sich jedoch an ›Hochglanzvideos‹ und an eine MTV-Schnitt-Ästhetik gewöhnt haben, werden bei diesen Videos auf befremdliche Produktionen treffen, da es sich hier meistens um Low-Budget-Produktionen handelt. Das heißt nicht, dass man Jugendliche nicht mit diesen Videos konfrontieren sollte, doch sollte nicht übersehen werden, dass sie noch einmal eine ganz eigene Form der Kunst darstellen und dass sie eben nicht so leicht zugänglich sind und sofort ansprechend wirken, wie gerne postuliert wird. Daher sollte mit Schülern unbedingt eine Auseinandersetzung mit diesen Videos und deren Ästhetik stattfinden.

Eine deutlich ansprechendere Alternative als die DVD »Poetry Clips I« bietet da das Internet. Wenn es auch mit einer anstrengenderen Suche verbunden ist, so findet man auf Youtube jedoch deutlich hochwertigere Produktionen, die auch eine Schülerschaft sehr viel mehr ansprechen.

---

164 http://de.wikipedia.org/wiki/Poetry_Slam#Poetry_Clips [Datum der Recherche: 07. 12.2009].

165 Hager 2006, S. 23.

166 http://www.ratschlag24.com/index.php/poetry-clips-der-deutschsprachigen-spoken-poetry-szene_000007460/ [Datum der Recherche: 07.12.2009].

Wenn behauptet wird, dass man das Betrachten einer DVD als »blättern«[167] bezeichnen kann, so sollte auch das Ansehen von Videos auf Youtube als »blättern« beschrieben werden, da die Navigation dort ähnlich der eines DVD-Menüs ist. Der einzige Unterschied ist, dass man bei einer DVD eben diese als Medium zum Betrachten benötigt und Youtube den Datenträger durch ein Schlüsselwort wie »Poetry Clip« ersetzt.

Das Internet bietet eine Reihe aktueller und ansprechender Poetry Clips, die es wert sind gesehen zu werden, und die nicht über einen Vertrieb explizit unter diesem Titel vertrieben wurden.[168] Als besonders gelungene Werke seien hier *Die Rose* von Laurin Buser[169] und die preisgekrönten Poetry Clips *Spiegel* von *Großraumdichten*[170] und Gabriel Vetters *Der Conny ihr Pony*[171] erwähnt.

Mit »Poetry Clips Volume 2« hat aber auch Wolf Hogekamp die ›Hochglanzproduktionen‹ von *Großraumdichten* und *Gabriel Vetter* mit auf seiner DVD veröffentlicht, sodass in der Fortsetzung dieser Reihe improvisationsästhetische Poetry Clips gemeinsam mit den aufwändigeren Produktionen vereint sind und die Bandbreite erheblich vergrößert wird.

Laut Eigenaussage Hogekamps zeichnet sich der Poetry Clip durch folgende Eigenschaften aus:

> »›Poetry Clips‹ machen die Live-Literatur ›transportabel‹. – Wer Bühnen-Literatur erleben möchte, muss sich nicht mehr nachts in verrauchte Clubs begeben. - Unabhängig von Ort und Zeit kann nun der ‚lyrische Augenblick' der Sprech-Dichtung genossen werden. […]
>
> ›Poetry Clips‹ ermöglichen den Einstieg. - Wer mit Büchern bisher wenig am Hut hatte, der kann sich nun vom Sofa aus völlig schmerzfrei mit kurzweiliger Literatur beschäftigen. […]

---

167 http://de.wikipedia.org/wiki/Poetry_Slam#Poetry_Clips [Datum der Recherche: 07. 12. 2009].

168 Eine unsortierte Auswahl findet sich auf http://www.poetryclips.org/all-clips [Datum der Recherche: 07.12.2009].

169 Laurin Buser: Die Rose. Online. http://www.youtube.com/watch?v=0kyRIjLgnMg [Datum der Recherche: 07.12.2009].

170 Großraumdichten: Spiegel. Online. http://www.youtube.com/watch?v=4qBm_PiOmAY [Datum der Recherche: 07.12.2009].

171 Gabriel Vetter: Der Conny ihr Pony. Online. http://www.derconnyihrpony.de/ [Datum der Recherche: 07.12.2009].

›Poetry Clips‹ setzen Live-Dichtung authentisch um. - Sprechtexte brauchen ein auditiv-visuelles Medium. Der Autor spricht sein Publikum direkt an. Die Klanglichkeit und Performance der Texte wird optimal vermittelt.«[172]

Die Ziele, die der Poetry Clip erfüllen soll, sollten kritisch hinterfragt werden. M. E. sind Poetry Clips eher eine eigene Kunstform, die dem Poetry Slam zugehörig ist, als *die* Umsetzungsform von Slam-Poesie schlechthin sollte sie jedoch nicht betrachtet werden.

Poetry Clips als ein *transportables Mittel* der *Live*-Literatur zu bezeichnen, stellt einen Widerspruch dar, denn das Live-Moment – wie die Bezeichnung verrät – ist ein zentraler Bestandteil von Performance-Poesie. Es ist nicht möglich, Slam Poetry in irgendeiner Art und Weise zu konservieren, da das Publikum elementarer Bestandteil bei Textvorträgen ist.

Dem Poetry Clip fehlt die Reaktion des Publikums, die entscheidend auf die Stimmung eines Textes einwirkt. Slam Poetry ist *Live*-Dichtung und kann nicht durch einen Poetry Clip eingefangen werden. Eine deutlich bessere, wenn auch nicht optimale Form der Konservierung, ist die Video-Aufnahme während eines Auftrittes auf einem Poetry Slam. Hier werden die Bühne, der Poet sowie das Publikum samt Reaktionen aufgezeichnet. Sicher hat Hogekamp Recht, wenn er behauptet:

»Buch und CD-Veröffentlichungen werden der neuen Live-Dichtung nur eingeschränkt gerecht. – Dem Buch fehlt die akustische Dimension der Texte. Der CD fehlt die Mimik und Gestik des Autors und Performers.«[173]

Doch all diese Dimensionen bieten Bühnenpoeten ohnehin während ihres Auftrittes. Mehr noch: Die Performance wird von den Slam-Poeten einstudiert und konzipiert, um dem Publikum eine visuelle Dimension zu bieten. Hier könnte gefragt werden, ob die wechselnden Settings, die Schnitte und die Requisiten in einem Poetry Clip nicht gar von dem zentralen Aspekt, dem Text und seinem Inhalt, ablenken. In jedem Fall kann die »Klanglichkeit und Performance« in einer Live-Aufnahme ebenso gut

---

172 http://www.epoet.de/poetryclips/clip/clips.htm [Datum der Recherche: 07.12.2009].

173 Hager 2006, S. 23.

umgesetzt werden und die direkte Ansprache an das Publikum ist wesentlich eindrücklicher als in einem produzierten Poetry Clip.

Auch soll bezweifelt werden, ob der Ansatz richtig ist, dass man den Einstieg zur Slam Poetry vom »Sofa aus«[174] erlangt, und ob jemand, der mit Büchern »vorher wenig am Hut hatte«[175], nun eben zu einer literarischen DVD greift. Slam Poetry entstand in Clubs und die Stimmung ist elementarer Bestandteil. Auch Besucher von Poetry Slams sprechen sich stets dafür aus, dass Videos auf Youtube kein adäquater Ersatz sind, sondern dass man es »live gesehen haben«[176] muss.

Zu Gute sollte man dem Poetry Clip halten, dass er in einer Zeit entstanden ist, in der es noch keine Digitalkameras und Mobiltelefone mit einer brauchbaren Videofunktion gab und man einen Camcorder benötigte, um Videos aufzunehmen. Da liegt es nah, nicht einfach bei einem Poetry Slam »draufzuhalten«, sondern einen Auftritt wie einen Video-Clip zu inszenieren.

Keinesfalls aber soll der künstlerische Wert durch diese kritische Auseinandersetzung mit dem Poetry Clip geschmälert werden. Durch Hogekamps Idee ist eine neue Kunstform entstanden und das kreative Betätigungsfeld der Slam-Poeten konnte somit entscheidend erweitert werden. Ein inszenierter Poetry Clip lässt den Text eines Poeten noch einmal in einem neuen Blickwinkel erscheinen und erweitert diesen, auch wenn er eben nicht als *das* primäre »transportable« Mittel für Slam-Poesie gesehen werden sollte. Vetters *animierter* Poetry Clip zu »Der Conny ihr Pony« lässt jedoch die Performanz komplett und den Autor selbst nahezu vollständig in den Hintergrund rücken. Dies widerspricht sowohl den Zielsetzungen von Smith als auch denen von Hogekamp. Dennoch entstand damit ein ganz eigenes Kunstwerk, das die Grenzen zwischen Filmemachern und Slam-Poeten überschreitet, um ein komplett neues Kunstwerk zu kreieren.

174 http://www.epoet.de/poetryclips/clip/clips.htm [Datum der Recherche: 07.12.2009].
175 Ebd.
176 Gespräch auf einem Poetry Slam in Ulm.

5.5 Abgewandelte Formen des Poetry Slams

Slam-Poeten sind experimentierfreudig. Doch nicht nur die Poeten selbst sind es, auch die Veranstalter lassen sich Neues einfallen. Diese Experimentierfreude in Bezug auf den Poetry Slam zeigt sich auch darin, dass vereinzelt immer neue »Special Slams« erfunden werden, die sich von den ursprünglichen Regeln lösen und durch diese Abwandlung für das Publikum einen neuen, interessanten Slam kreieren. Aber auch ganz andere Veranstaltungskonzepte haben sich am Grundprinzip eines Poetry Slams orientiert und ihr eigenes Format und künstlerisches Genre an dieses Abstimmungsverfahren und Reglement angelehnt oder existieren schon deutlich länger, haben aber viele Ähnlichkeiten zum Poetry Slam.

Im Folgenden möchte ich einige dieser »Special Slams« und »Poetry Slam ähnlichen Konzepte« sammeln und auflisten, die sich in den letzten Jahren in Deutschland herauskristallisiert haben.

Unter die Kategorie »Special Slams« fallen alle Veranstaltungen, bei denen sich als Teilnehmer in der Regel Slam-Poeten auf der Bühne präsentieren. All diejenigen Konzepte, die sich an andere Künstler wenden oder offen für jedermann sind, subsumiere ich demnach unter »Poetry Slam ähnliche Konzepte der Gegenwart«.

5.5.1 Special Slams

- U20-Slam
  Der U20-Slam funktioniert nach den gleichen Regeln wie ein regulärer Slam, nur dass die Poeten alle jünger als 20 Jahre sind. Auf diese Weise möchte man auch den Nachwuchstalenten einen würdigen Rahmen bieten, um ihre Texte zu präsentieren und sich nicht im direkten Wettkampf mit den ›großen Namen‹ der Szene messen zu müssen. Oft gehen den U20-Slams Workshops in den jeweiligen Städten voraus, um auf den U20-Slam aufmerksam zu machen und die Schüler entsprechend vorzubereiten.

- Dead or Alive Slam
  Bei einem Dead or Alive Slam treten vier bis sechs Slam-Poeten gegen je vier bis sechs Schauspieler im Eins-gegen-Eins-Modus an.
  Die Schauspieler lesen und verkörpern dabei Werke eines verstorbenen Dichters (Dead), während die lebendigen Poetry Slammer ihre eigenen Texte performen (Alive). Das Publikum entscheidet nach dem Vortrag eines toten und eines lebendigen Schriftstellers, wer die Runde gewonnen hat und dieser Autor gewinnt dann entsprechend Punkte für das Team der toten oder lebenden Dichter. Am Ende des Abends feiert dann eine Mannschaft ihren Gruppensieg. Im Anschluss wird auch der beste Einzel-Dichter gekürt, der aber nicht zwangsläufig aus der Siegergruppe stammen muss.

- Kampf der Geschlechter
  Dieser Special-Slam funktioniert ähnlich wie der Dead Or Alive Slam, nur dass hier zwischen Männern und Frauen unterschieden wird. Hierbei tritt die gleiche Anzahl an Poeten beider Geschlechter im Eins-gegen-Eins-Modus gegeneinander an. Hier sammelt der Poet oder die Poetin Punkte für ihr Team, um am Ende des Abends den Sieg für das eigene Geschlecht einzufahren.
  Im Idealfall wird der Slam in einer Doppelmoderation von Mann und Frau präsentiert, damit sich das Motto des Abends auch außerhalb der Runden abzeichnen kann.

- Städte-Slam / Städte-Battle
  Auch hier wiederholt sich das Prinzip der zwei Teams im Eins-gegen-Eins-Modus wieder. Poeten aus einer Stadt werden in die andere eingeladen, um mit den dort ansässigen Poeten die Frage zu klären, in welcher Stadt die besseren Slammer wohnen. Natürlich haben dabei die Poeten der Gastgeberstadt einen Heimvorteil. Dies fördert aber den Spaß beim Publikum und unter den Slam-Poeten bei einem solchen Städte-Slam. Im Idealfall gibt es eine Rückrunde in der anderen Stadt.

- Themen-Slam (Erotik-Slam)
  Oft und gern werden auch Themen-Slams veranstaltet. Besonders häufig werden Themen-Slams von Polit- und Bildungsinstitutionen veranstaltet, die regionale Veranstalter fördern und ihre Arbeitsschwerpunkte auf dem Slam repräsentiert sehen wollen oder die als direkter Veranstalter auftreten, um eine Subkultur als Sprachrohr zu nutzen.
  So veranstaltete die sueddeutsche.de einen Polit-Poetry-Slam mit dem Titel »Slam die Wahl«. Thematisch grenzte sueddeutsche.de die Inhalte wie folgt ein:

  > »Es geht dir um Minderheiten oder Mehrheiten, um Neoliberalismus oder Sozialismus - das ist egal. Nur politisch musst du sein«[177]

  Von manchen Poeten werden derartige Slams gern angenommen, andere distanzieren sich bewusst von solchen Veranstaltungen, weil sie sich textlich auf keine Vorgaben einlassen wollen und sie nicht für die Zwecke einer Institution, die eigentlich dem Poetry Slam fern ist, ›benutzt‹ werden möchten.
  Als feste Institution in den Themen-Slams und fernab von (bildungs-)politischen Interessen fungiert der Erotik-Slam. Hier werden Slam-Texte vorgetragen, die sich um Sex, Leidenschaft und Erotik drehen. Bei derartigen Themen-Slams finden sich schnell Poeten ein, da viele sowieso Texte in ihrem Repertoire haben, die sich um diese Themen drehen.

- Cover-Slam (auch: Random-Slam)
  Bei diesem Format dürfen die Teilnehmer *keine* eigenen Texte lesen. Die Texte müssen von Fremdautoren stammen (Lieblingsautoren, verstorbene Dichter, Werbetexte, Filmzitate). Auch existiert die Version eines Cover-Slams, dass alle teilnehmenden Poeten einen eigenen Text in eine Lostrommel werfen und die Texte vor dem Auftritt willkürlich gezogen werden, sodass jeder ei-

177 http://www.sueddeutsche.de/politik/449/479934/text/ [Datum der Recherche: 24.11.09].

nen Fremdtext eines Poeten vortragen muss, der selbst vor Ort ist.

- Mundart-Slam
  Hierbei handelt es sich um einen wie üblich reglementierten Poetry Slam, bei dem jedoch alle Texte nur in einem frei gewählten Dialekt vorgetragen werden dürfen.

- Prop-Slam
  Bei dieser Form des Slams sind Hilfsmittel in Form von Requisiten sowie musikalische Begleitung erlaubt.

- Beschleunigungs-Slam
  Hier treten 14 Poeten gegeneinander an, die je vier Minuten für ihren Text Zeit haben. Nach dieser ersten Runde bleiben nur noch sieben Poeten übrig. Ab nun werden die Zeitlimits für die Texte immer kürzer und nach jeder Runde fällt ein weiterer Poet heraus. Die Zeit und die Teilnehmerzahl schlüsseln sich wie folgt auf:

  7 Poeten mit je 3 Minuten
  6 Poeten mit je 1 Minute und 30 Sekunden
  5 Poeten mit je 1 Minute
  4 Poeten mit je 30 Sekunden
  3 Poeten mit je 20 Sekunden
  2 Poeten mit je einem zur Verfügung stehenden Satz im Finale

- Kurzfilm-Slam
  Bei einem Kurzfilm-Slam treten geladene Slam-Poeten gegeneinander an, die im Voraus einen Kurzfilm per Post zugeschickt bekommen haben und passend zu diesem Film einen Slam-Text verfassen müssen, den sie später auf dem Kurzfilm-Slam vortragen werden.
  An dem Abend selbst wird dem Publikum immer erst der Kurzfilm gezeigt und im Anschluss tritt der Slam-Poet mit seinem dazu passenden Text auf. In einer zweiten, offenen Runde dürfen

die Poeten einen Text aus ihrem Repertoire vortragen, der sich an keine speziellen Vorgaben halten muss.[178]
Oftmals ist das Teilnehmerfeld hier deutlich kleiner als bei einem regulären Poetry Slam. Durch das Hinzukommen der Kurzfilme, die ungefähr die gleiche Länge haben wie ein Auftritt eines Slam-Poeten, treten hier vier bis sechs Poeten an einem Abend auf.

- Jazz-Slam
  Eine weitere Sonderform des Poetry Slams ist der Jazz-Slam. An diesem Abend werden alle Poeten von einer Jazz-Band begleitet, um die Texte musikalisch untermalen zu lassen. Dabei sind die Stücke nicht eingeübt, sondern es handelt sich um *Free Jazz*. Die Poeten bekommen dennoch die Möglichkeit, vorher mit den Musikern zu sprechen, die Grundstimmung und die Stimmungswechsel im Text zu klären, damit das Werk insgesamt harmonisch und stimmig klingt.
  Eine weitere Steigerung des Jazz-Slams führte Thomas Jurisch in Dresden ein, indem er den »Limit Jazz Slam« ins Leben rief. Auch hier untermalt eine Jazz-Band den Text des Poeten, doch wird hier das Zeitlimit gegen ein Wortlimit von 555 Worten ersetzt, das der Vortragende nicht überschreiten darf.

- Slam-Revue
  Die Slam-Revue unterscheidet sich von einem normalen Slam eher in der Atmosphäre als im eigentlichen Reglement. Eine Slam-Revue ist eine größere, feierlichere Veranstaltung als ein Poetry Slam. Hierzu wechselt der Veranstalter auch mal seinen sonstigen Veranstaltungsort und tauscht seine sonst legere Bekleidung gegen einen Anzug.
  Zu einer Slam-Revue werden ausschließlich Slam-Poeten geladen, d. h. es gibt keine Offene Liste. Dadurch hebt der Veranstalter automatisch das Niveau des Abends. Auch das Zeitlimit

178 Natürlich müssen die allgemeinen Poetry-Slam-Regeln berücksichtigt werden: So muss sich der Poet an das vorgeschriebene Zeit-Limit halten, einen selbst verfassten Text vortragen, darf keine Requisiten benutzen und kein Gesangsstück vortragen.

wird im Regelfall erweitert bzw. komplett aufgehoben, um den Poeten mehr Zeit und Raum für ihre Texte zu geben.
Je nach Slam-Revue kann der Wettbewerbscharakter auch komplett unter den Tisch fallen. In jedem Fall aber spielt der Wettkampf hier nur eine untergeordnete Rolle. Primär geht es dem Veranstalter um einen gelungenen Abend auf hohem Niveau mit erfahrenen Bühnen-Poeten. Ein diesem Slam nahe stehendes Format ist die Lesebühne.[179]

5.5.2 Poetry Slam ähnliche Konzepte der Gegenwart

An dieser Stelle könnten in Bezug auf Vorformen auch die Antike, das Mittelalter und die Weimarer Klassik erwähnt werden, die sich schon der Dichter- und Sängerwettstreite bedienten: von den musischen Agonen in Griechenland[180] über den mittelhochdeutschen Sängerstreit[181] bis hin zu dem Balladenjahr von Goethe und Schiller 1797.

Der Fokus soll aber an dieser Stelle auf die gegenwärtigen Kunstformen gelegt werden, die entweder dem Poetry Slam entsprangen oder die sich unabhängig von Poetry Slam entwickelt haben, aber ähnliche Ausprägungen angenommen haben.

- Shortfilm-Slam bzw. Cineslam
  Der Cineslam ist sehr nah an den Poetry Slam angesiedelt. Hier treten zehn Filme an, die je maximal zehn Minuten lang sein dür-

179 Bei einer Lesebühne gibt es in jedem Fall keinen Wettkampf. Diese Form der Autorenlesung entstand 1989 in Berlin, dabei schließen sich zwei und mehr Autoren aus einer Stadt oder Region zusammen und tragen in regelmäßigen Abständen und in einer ungezwungenen Atmosphäre ihre Texte vor. Das Publikum fungiert hier lediglich als Zuhörer. Die lesenden Autoren bleiben dabei immer gleich. Manche Lesebühnen laden sich aber auch zusätzliche Poeten ein, die sich von Veranstaltung zu Veranstaltung unterscheiden und für Abwechslung sorgen sollen.
Im Gegensatz zum Poetry Slam probieren die Poeten hier ihre neuen Gedichte und Geschichten aus. Auch können hier mal ruhigere Töne angestimmt oder Texte gelesen werden, die auf einem Poetry Slam nie erfolgreich sein würden. Das Wegfallen des Wettbewerbs befreit die Poeten von dem Siegesdruck und erleichtert ihnen das Experimentieren. Zudem ist es ein zusätzliches Druckmittel für den Poeten, mindestens einmal im Monat einen neuen Text zu produzieren.

180 Vgl. Gans 2008, S. 24.

181 Vgl. Würtemberger 2009, S. 51 ff.

fen. Über den Gewinner entscheidet auch hier eine Publikums-Jury. So frei wie die Textgattung im Poetry Slam ist auch im Cineslam das Genre – antreten dürfen nahezu alle Formate: »Vom Hochglanz-Studentenstreifen bis zur Wohnzimmer-Socken-Animation, vom Liebesdrama bis zum Psychothriller, vom Zeichentrickfilm bis zur Experimentalkunst. Ausgezeichnete Profifilme treten an gegen No-Budget-Nebenbei-Produktionen.«[182]

- Singer- / Songwriter Slam
  Mal heißt diese Veranstaltung »Singer- oder Songwriter Slam«, mal »Singer Slam« und in Köln und Dresden läuft sie unter dem Namen »Song Slam«. Gemeint ist aber stets das Gleiche: Hier treten Liedermacher mit selbstgeschriebenen Songs gegeneinander an, die sie mit ihren mitgebrachten Instrumenten einem Publikum vorstellen. Je nach Teilnehmerzahl haben die Musiker dann Zeit, ein bis vier Lieder zu präsentieren. Auch fungieren die Zuschauer als Jury und wählen ihren Sieger des Abends.
  Je nach Slam dürfen maximal zwei Musiker gemeinsam auf der Bühne als Duett spielen. Der Hamburger Singer-Songwriter-Slam erlaubt sogar nur einen Liedermacher auf der Bühne. Laut den Regeln dort gibt es keinen Soundcheck und kein »Warmspielen«.[183]

- Science-Slam
  Bei einem Science-Slam haben die Teilnehmer zehn Minuten Zeit, dem Publikum »ein Forschungsthema smart und unterhaltsam [zu] erklären«.[184] Die Forschungsergebnisse hierbei müssen jedoch selbst erarbeitet sein.
  Bei einem Science-Slam sind alle Hilfsmittel erlaubt, die man bei einem wissenschaftlichen Vortrag auch als Hilfsmittel verwenden kann (Modelle, Powerpoint-Präsentationen, Fotos, Schemata, Filme). Auch der wissenschaftliche Bereich spielt keine Rolle. Die

182 http://www.myspace.com/dershortfilmslamimfilmhauslbeck [Datum der Recherche: 24.11.2009].

183 http://www.singersongwriterslam.de/index.php?option=com_content&view=article&id=2&Itemid=2 [Datum der Recherche: 01.12.2009].

184 Ince 2009. Online: http://www.spiegel.de/unispiegel/wunderbar/0,1518,druck-625410, 00.html.

Vorträge können der Sozial- oder Naturwissenschaft genauso entspringen wie der Ingenieurs- oder Geisteswissenschaft oder den Bereichen Recht und Medizin.
»Das Publikum bildet die Jury und bestimmt, wer am Ende des Abends zum Science-Slam-Sieger gekürt wird. Bei der Bewertung geht es allerdings nicht vorrangig um den wissenschaftlichen Wert der Arbeit. Vielmehr entscheidet eine informative und unterhaltsame Darstellung des Forschungsthemas.«[185]

- Powerpoint-Karaoke
  Diese Form der Karaoke wurde durch die *Zentrale Intelligenz Agentur* 2006 erfunden. Im Internet finden sich reihenweise Präsentationen, die einen ganz eigenen Humor entwickeln, wenn man sie sich anschaut. »Powerpoint diene oft dazu, Dinge ›aufzusexen‹ […]. Schmale Inhalte sollten so besser aussehen, als sie tatsächlich seien.«[186]
  Diesen Mangel macht sich Powerpoint-Karaoke zu Nutze, wenn die Teilnehmer eine Präsentation zugelost bekommen, die sie dem Publikum vorstellen müssen. Die Komik entsteht dadurch, dass die Teilnehmer die Präsentationen selbst nie zuvor gesehen haben. Aus diesem Grund erfordert Powerpoint-Karaoke Spontaneität und rhetorisches Geschick.
  Was die Powerpoint-Karaoke wiederum nah an den Poetry Slam heranbringt, ist die Dominanz des gesprochenen Wortes und die Publikums-Jury, die auch hier den Sieger des Abends kürt.

- Book-Slam
  Stephanie Jentgens entwickelte diese Methode zur Leseförderung bei Jugendlichen. Der Book-Slam soll die sterilen Buchvorstellungen ersetzen und die Schüler und Schülerinnen dazu anregen, die vorgestellten Bücher zu lesen.

  > »Als ich sechzehn Jahre alt war, fand ich Buchvorstellungen in der Schule zum Gähnen langweilig. Wir mussten den Inhalt zusam-

---

185 http://www.scienceslam-hamburg.de/ [Datum der Recherche: 01.12.2009].
186 Dambeck, Holger, 2006. Online verfügbar unter: http://www.spiegel.de/netzwelt/web/0,1518,398488,00.html [Datum der Recherche: 01.12.2009].

menfassen, einige Sätze zum Stil sagen und unsere Mitschüler über den Autor informieren. [...] Bei einem Wuppertaler Poetry Slam kam mir dann die Idee, die Veranstaltungsform auf Buchpräsentationen zu übertragen.«[187]

Bei einem Book-Slam in der Jugendarbeit sieht Jentgens den Vorteil darin, dass man an schlechten Bewertungen nicht zwangsläufig selbst schuld ist, sondern dass das Buch eventuell nicht ansprechend genug war, sodass sich der Vortragende nicht persönlich angegriffen fühlen muss, wenn er eine schlechte Bewertung bekommt.[188]

Für die Buchvorstellung bekommen die Teilnehmer drei Minuten Zeit und die Publikums-Jury stimmt über jeden Vortrag mit Punktetafeln von 1 – 10 ab.

Wichtig ist der Erfinderin des Book-Slams, dass die Bücher nach dem Slam für die Schüler verfügbar sind, damit nicht ausschließlich der Vortrag, sondern auch das Buch bewertet wird.[189] Ebenfalls soll nach dem Slam Zeit zur Begutachtung der Bücher bleiben, damit der Book-Slam eine nachhaltige Wirkung erzeugt.[190]

Die Präsentationsform ist bei Jentgens sehr frei und vielfältig.

»Man kann einen Auszug aus dem Buch frei erzählen oder natürlich auch vorlesen. Zum Buch passende Atmosphären können durch kleine Elemente, z. B. die Einspielung von Geräuschen oder von Musik, gestaltet werden. Es können Dialoge aus einem Buch inszeniert oder ein Interview über ein Buch geführt werden. Publikumsprovokationen sind ebenfalls ein bewährtes Mittel. Die Präsentation kann als Werbespot gestaltet sein. Man kann einen Zaubertrick in seine Buchvorstellung einbinden, etwas singen oder rappen. Es gibt viele Variationen, mit denen das Interesse gelockt werden kann: mit Pointen, Witz, Sprachklang, Themen, Schlagworten oder visuellen Akzenten (Bilder, Positionen, Bewegungen). Wichtig ist, dass in der Präsentation ein wesentliches Element des Buchs deutlich wird.«[191]

187 Jentgens, Paper.
188 Ebd.
189 Ebd.
190 http://www.bookslam.de/durchfuehrung3.htm [Datum der Recherche: 03.12.2009].
191 Jentgens, Paper.

- Theatersport
  Dieses Improvisationsformat, das von Keith Johnstone in den 1970er Jahren erfunden wurde, ist deutlich vor dem Poetry Slam entstanden und doch soll es seine Erwähnung finden, da einige Parallelen existieren. Im Theatersport treten zwei Teams mit je drei bis fünf Mitgliedern gegeneinander an. Sie bekommen über das Publikum Rahmenbedingungen wie Personen, Ort, Stimmung oder Handlung vorgegeben und müssen dazu spontan ein kurzes Theaterstück gemeinsam oder vergleichend gegeneinander spielen. Theatersport ist daher eine Form des Improvisationstheaters.
  Auch hier findet – wie im Poetry Slam – eine Interaktion mit dem Publikum statt. Im Gegensatz zu einer Lesung oder einer Theatervorstellung sind Slam und Theatersport demnach deutlich interaktiver. Ebenfalls existiert im Theatersport eine Publikumsjury, die die zwei konkurrierenden Teams bewertet. Diese Konkurrenz-Situation im Theatersport ist jedoch relativ bedeutungslos, da die zwei gegnerischen Teams meist derselben Theatergruppe entstammen, d. h. hier ist ebenfalls der freundschaftliche Gedanke dominierend.
  Genau wie Poetry Slam wurde Theatersport in den vergangenen Jahren immer beliebter und einer immer breiteren Masse zugänglich, was zu ähnlichen Vorwürfen wie im Poetry Slam führte: Im Theatersport »wird aktuell praktisch ausschließlich Improvisations-Comedy dargeboten. Johnstone hingegen gibt an, dass er ursprünglich ein Format beabsichtigt hatte, das sowohl komische als auch ernste Darbietungen umfassen sollte.«[192]
  Auch sind die ›Arbeitsgeräte‹ im Poetry Slam sehr ähnlich der im Theatersport: Sprache, Mimik, Gestik und kreative Ideen. So ist es wenig verwunderlich, dass viele bekannte Größen im Poetry Slam auch auf Theaterbühnen zu finden sind oder waren.[193]

- Freestyle-Battles
  Freestyle-Battles sind eine besondere Form der Rap-Musik, sie gehören zu der Musikrichtung und zu der Jugend(sub-)kultur Hip-Hop. Bei diesem Wettbewerb treten zwei Rapper gegenein-

192 http://de.wikipedia.org/wiki/Theatersport [Datum der Recherche: 03.12.2009].
193 Z. B. Jakob Nacken, Michael Jakob, Helge Thun, Andy Strauß, Timo Brunke.

ander an und tragen spontan ihre Texte vor. Durch einen DJ, der Instrumentales von Rap-Liedern einspielt, oder durch einen Beatboxer werden die Battles musikalisch untermalt, sie können aber auch ohne musikalische Begleitung stattfinden.

Es existieren zwei Hauptausprägungen, wie ein Freestyle-Battle ablaufen kann:

Entweder funktioniert es als eine Art Dialog, in dem jeder Teilnehmer immer im Wechsel eine bestimmte Anzahl an Zeilen rappen darf (in der Regel vier Zeilen). Dabei sollte möglichst adäquat auf das Gesagte des Kontrahenten eingegangen werden, um dem Publikum zu verdeutlichen, dass die eigenen Zeilen nicht im Voraus geschrieben wurden, sondern spontan auf der Bühne entstehen.

Die zweite Form ist, dass beide Konkurrenten eine bestimmte Zeitvorgabe bekommen (ein bis zwei Minuten) und über diese Dauer ›freestylen‹ dürfen. Hier ist es natürlich sehr viel besser möglich, Versatzstücke aus selbst geschriebenen Rap-Texten einzubauen, um sich selbst in ein besseres Licht zu rücken, denn die Reime, die eingebaut werden, sollten technisch möglichst ausgefeilt und komplex (Mehrfachreim, siehe dazu: 4.3.) sein, um das Publikum von sich zu überzeugen.

Ziel in einem Freestyle-Battle ist es, den Gegner mit möglichst originellen und fantasievollen ›Punchlines‹[194] zu deklassieren.

Thematisiert werden im Battle-Rap die »angeblich oder tatsächlich fehlenden Rapfähigkeiten (Skills) des Kontrahenten, seine Integrität und Glaubwürdigkeit innerhalb der Szene (Realness, Credibility) und sind oft sexuell konnotiert«[195], insbesondere in Bezug auf die eigene Potenz oder auf sexuelle Praktiken mit weiblichen Familienmitgliedern (Mutter, Freundin, Schwester) des Gegners. Auch gehören Gewaltmetaphern und das Lob der eigenen Person (Representen) zum Battle-Rap.

Mittels Applaus und Zwischenrufen kann das Publikum schon während des laufenden Battles Zustimmung und Ablehnung gegenüber dem Rapper signalisieren. Am Ende des Battles findet

---

194 Sehr kurze, auf den Punkt gebrachte, witzige oder boshafte Bemerkungen, um sich selbst zu loben oder jemand anderen zu beleidigen.

195 http://de.wikipedia.org/wiki/Battle-Rap [Datum der Recherche: 03.12.2009].

aber noch eine Applaus-Abstimmung durch den Moderator statt. Der Gewinner zieht dann – wie im Poetry Slam – ins Finale ein. Seit den 1970er Jahren »wird der Battle auch als eine Möglichkeit betrachtet, Konflikte gewaltfrei zu lösen. [...] Im Gegensatz zu sportlichen Wettkämpfen geht es beim Battle nicht um Rekorde und Medaillen, sondern um Ehre, Anerkennung und Respekt.«[196]

- Open-Mic-Session
  Ohne jeglichen Wettkampfcharakter existiert im Rap neben dem Freestyle-Battle noch die Open-Mic-Session. Meist bildet sie den Abschluss von Hip-Hop-Jams. Nach dem letzten Auftritt präsentieren sich die Künstler des Konzertes neben Rappern aus dem Publikum. Diese spontane Teilnahme ist im Poetry Slam über eine offene Liste möglich, auch präsentieren sich auf Poetry Slams hin und wieder Freestyle-Rapper, die dann – genau wie bei einer Open-Mic-Session – auf den Slam-Bühnen rappen, nur mit dem Unterschied, dass bei Poetry Slams die Rap-Texte a capella präsentiert werden müssen, damit man nicht gegen das Reglement verstößt.
  Eine Open-Mic-Session ist also eine Art Jam-Session auf der Ebene der Sprache bzw. des Raps, da sie nicht eingeübt ist und jeder dann rappt und so lange rappt, wie er Lust darauf hat.

- Open Mic
  Hierbei handelt es sich um die literarische Form des ›offenen Mikros‹. Das Open Mic ist sehr ähnlich der Lesebühne, nur mit dem Unterschied, dass dort lediglich ein festes Teilnehmerfeld existiert. Bei einem Open Mic darf – wie auch bei der Open-Mic-Session – jeder seine Texte lesen und sie einem Publikum vorstellen. Prinzipiell darf sich hier auch das Publikum zu den Vorträgen äußern und Anmerkungen anbringen. Jedoch ist eine Bewertung keine Pflicht, daher wird auch kein Gewinner ermittelt.
  Wie im Poetry Slam gibt es aber ein Zeitlimit, welches jedoch erweitert ist und sich meist auf zehn bis 15 Minuten beläuft.

196 Würtemberger 2009, S. 41.

- Open Stage
  Bei einer Open Stage ist die Bühne für jede Form der Kleinkunst offen. Ähnlich wie beim Open Mic und der Open-Mic-Session erfolgt hier keine Bewertung durch das Publikum oder eine sonstige Jury. Der Abend dient lediglich der Unterhaltung des Publikums und dem Erproben neuer Stücke oder Tricks durch den Künstler. Das Repertoire reicht bei einer Open Stage daher von Musikstücken (Gesang und/oder Instrumental) und Lesungen über Jonglage und Artistik bis hin zu Zaubertricks und Stand-Up-Comedy.
  Teilnehmen darf jeder an einer Open Stage. Oftmals werden jedoch auch ein paar Gäste geladen, um eine gewisse Qualität für die Veranstaltung sicher zu stellen.

6 Poetry Slam und wie man die Werbetrommel für sich rührt

Ein Poetry Slam bewegt sich zwischen Laientum und Professionalität. Die Masse der reisenden Poeten würde sich selbst allerdings nie als Laien bezeichnen. Bei den aktiv reisenden Poeten besteht im Regelfall zumindest ein Selbstanspruch auf Qualität und Professionalität. So beschreibt Martin Wolter, der Begründer des Dresdener *livelyriX e. V.*, die Namensfindung des Vereins wie folgt:

> »Zuerst nannten wir uns Laienlyrix, doch es gab Vorbehalte gegen diesen Namen. Viele der Aktiven in der Spokenword-Szene haben schon lange ein professionelles Niveau und versuchen auch, ihren Lebensunterhalt mit den Auftritten zu bestreiten. Sie sehen sich nicht gern als Amateure. [...]
> ›Für viele Autoren ist der Poetry Slam nur ein Durchgangsstadium, in dem man sich ausprobieren kann.‹, meint Martin Wolter. ›Die Lesebühnen tragen zu einer Kontinuität des Schreibens bei. Früher oder später folgt das erste Buch.‹«[197]

So ist es auch wenig verwunderlich, dass sich für einige Poeten der »Prominentenstatus am Horizont«[198] abzeichnet, »wenn man wie Sebastian Rabsahl durch das abendliche Lübeck schlendert und plötzlich aus der Dunkelheit eine hübsche 18-Jährige auftaucht, die um ein Autogramm bittet.«[199] Jedoch würde kaum ein Poet laut äußern, dass er eine kleine oder auch nur eine lokale Berühmtheit ist. Sub- und Popkultur sind traditionell unvereinbare Antagonisten einer kulturellen Bewegung. Traditionsbewusst versuchen die meisten der Slam-Poeten daher eine rebellische Fahne für den Poetry Slam hochzuhalten, um sich zumindest gedanklich von dem Mainstream zu distanzieren: »Geld und Groupies? Lächerlich!«[200]

---

197 Kassner 2007, S. 1 f.
198 Thadeusz 2009.
199 Ebd.
200 Ebd.

6.1 Präsentation der eigenen Person im Internet

Mit Slogans wie »*Broadcast Yourself*« oder »*Express yourself*« werben Internetportale wie *Youtube* und *Wordpress* ihre Nutzer. Dabei drücken sie den Grundgedanken des Web 2.0 schon aus: das Internet als ›Mitmach-Netz‹. Ziel des Web 2.0 ist die Ermöglichung eines »›ungehinderten‹ Austausches von Informationen, einer ›schrankenlosen‹ Partizipation und einer ›hierarchiefreien‹ Kollaboration«.[201]

Die Anwendungen des Web 2.0 heißen soziale Netzwerke (*Facebook, Myspace, Xing*), Blogs (*Wordpress, Blogger*), Wikis (*Wikipedia*), Social Bookmarkmanager (*del.icio.us, Mister Wong*), Foto-Sharing-Portale (*Picasa, Flickr, Photobucket*), Video-Sharing-Portale (*Youtube, Vimeo*), Podcasting, Mikroblogging (*Twitter*), Soziale Bibliotheksverwaltung für Bücher oder Musik (*Goodreads, Last.fm*), Office Suites für »collaborative writing« (*Google Docs, Textflow*) und personalisierte Startseiten (*My.Yahoo, iGoogle*).

Durch vereinfachte Softwarelösungen können nun auch Laien mit einfachen Mitteln eigene Webinhalte erstellen, ohne sich dafür ein Expertenwissen aneignen zu müssen. Auf diese Weise werden Konsumenten zu Produzenten. »Möglich werden diese Entwicklungen aber nicht nur durch die vereinfachte Technik der Publikation und des Austausches im Netz, sondern auch durch die immer häufigere Verfügbarkeit schneller Breitbandzugänge, ohne die das Leben und Arbeiten im Web 2.0 nicht funktioniert.«[202]

Immer mehr Nutzer findet das ›Mitmach-Internet‹, wie die Online-Studie von ARD und ZDF beweist. So war es eine logische Konsequenz, dass auch Slam-Poeten das Web 2.0 für sich entdecken, um sich eine Plattform zu schaffen.

201 Reichert 2008, S. 8.
202 Gräßer 2007, S. 7.

Tab. 3: web2.0: gelegentliche und regelmäßige Nutzung 14- bis 19jähriger[203]

Angaben in Prozent

	gelegentlich (zumindest selten)			regelmäßig (zumindest wöchentlich)		
Jahr	**2007**	**2008**	**2009**	**2007**	**2008**	**2009**
Videoportale	69	90	93	49	60	79
private Netzwerke	40	68	81	24	54*	69*
Fotosammlungen	26	38	42	10	15	18
Weblogs	18	9	12	9	3	4

Basis: Onlinenutzer ab 14 Jahre in Deutschland (2009: n=1212, 2008: n=1186, 2007: n=1142)
Teilgruppe 14- bis 19-Jährige (2007: n=138, 2008: n=141, 2009: n=139).
Quelle: ARD/ZDF-Onlinestudie 2007-2009
*Nutzer mit eigenem Profil

Über die Hälfte aller Menschen bis 39 Jahren nutzen das Internet und auch das Web 2.0 für sich selbst und die Recherche von Informationen. Das ist zu Großteilen auch die Altersgruppe, die auf Poetry Slams zu finden ist. Daher können Slam-Poeten zielgerichtet für sich selbst und ihre Anliegen im Internet werben.

Tab. 4: Genutzte Web 2.0-Angebote 2009[204]
zumindest selten genutzt

Angaben in Prozent

	14-19 J.	**20-29 J.**	**30-39 J.**	**40-49 J.**	**50-59 J.**
Videoportale	93	79	55	45	27
Private Netzwerke	81	67	29	14	12
Fotosammlungen	42	41	20	19	19
Weblogs	12	16	10	5	4

Basis: Onlinenutzer ab 14 Jahre in Deutschland (2009: n=1212)
Quelle: ARD/ZDF-Onlinestudie 2009

Dass die Nutzung von Fotosammlungen und Weblogs entsprechend niedrig ausfällt, liegt darin begründet, dass in der Studie danach gefragt wurde, wer selbst Fotos online stellt und wer *bloggt*. Jedoch sind dies

203 ARD und ZDF 2009.

204 Ebd.

Formen des Web 2.0, die eher zum Konsumieren einladen, und so stellt auch Gräßer fest:

> »Extrovertierte ›Selbstdarsteller‹, denen es in erster Linie um die Darstellung der eigenen Person geht, [...] sind mit 4 Prozent vergleichsweise gering vertreten. Ein Drittel (34 Prozent) nutzen die Web 2.0 Anwendungen, um deren Inhalte für die eigene Kommunikation zu verwenden. Sie liegen fast gleich auf mit den passiv partizipierenden Nutzern. Ein Drittel (34 Prozent) suchen Unterhaltung und fast ebenso viel (31 Prozent) gezielt nach Informationen.«[205]

Dies zeigt auch die Gegenüberstellung der Online-Studie hinsichtlich des Abrufes und des Einstellens von Informationen in das Internet.[206]

Abb. 1: Art der Nutzung von Web-2.0-Angeboten

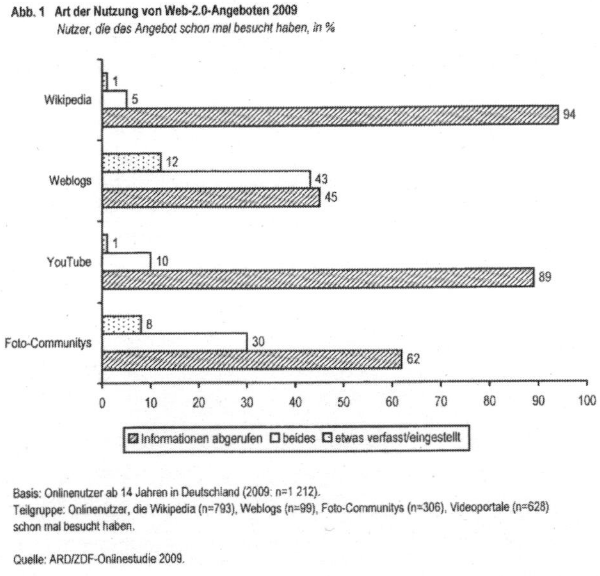

Der Abruf von Weblogs müsste m. E. noch deutlich höher sein. Es bleibt unklar, ob alle Befragten wirklich wussten, was einen Weblog von einer ›normalen‹ Internetseite unterscheidet und wann man sich auf einem

205 Gräßer 2007, S. 18.
206 ARD und ZDF 2009.

Weblog befindet und wann nicht. Viele Weblogs sehen heute so professionell aus, dass man oft nur noch an kurzen Informationssätzen wie »*Powered by WordPress*« erkennen kann, dass es sich bei der aufgerufenen Internetseite um einen Weblog handelt.

Die Veränderungen der letzten Jahre hinsichtlich der Nutzungsintensität und der Gestaltungsmöglichkeiten des Internets haben auch die Slam-Poeten erkannt und für sich nutzbar gemacht, zumal die meisten von ihnen zu den sogenannten ›Digital Natives‹ gehören und mit den neuen Medien aufgewachsen sind.

Vorwiegend nutzen Slam-Poeten die Möglichkeiten des Web 2.0 für folgende Vorgänge:

- User-generated-Content
  Erstellen und Einstellen von Texten, Audio- oder Videobeiträgen für eine Community bzw. für Abonnenten, die diese Inhalte bewerten und kommentieren. Aufmerksam auf diese Beiträge werden die Rezipienten durch Benachrichtigungssysteme wie *RSS-Reader*, *Podcatcher*, Rundmails, Massenbenachrichtigungen über *Statusmeldungen* und *Bulletins* oder andere Formen der Abonnements.
  Hierbei ist es nahezu irrelevant, wie viele Freunde man auf *Myspace, Facebook* und *StudiVZ* besitzt, wie viele Personen dem Künstler bei *Twitter* folgen und wie viele Abonnenten er auf *Youtube* hat. Wichtig ist die ›Qualität‹ dieser Freunde und deren Interesse an den Inhalten des Profilbesitzers: Möglichst viele Freunde, Follower und Abonnenten zu sammeln, nur damit die angezeigte Zahl selbiger möglichst hoch ist, nutzt nichts, wenn diese Personen nicht auf die Seite klicken oder sich nicht mit den eingestellten Inhalten auseinandersetzen.

- Kommunikation
  Soziale Netzwerke wie *Myspace, Facebook* und *StudiVZ* dienen dem Austausch von Informationen mittels Fotos, Videos, Nachrichten und die Erstellung eines eigenen Profils ähnlich einem Steckbrief. Hier sind viele der Slam-Poeten angemeldet und pflegen einen Kontakt untereinander oder auch zu den Fans.

- Daten und Anwendungen im Netz
  Das Internet wird zunehmend zu einer externen Festplatte. Selbst große Dateien können heute ohne Probleme in das World Wide Web hoch- und von anderen Nutzern heruntergeladen werden. Dies ermöglicht auch für Slam-Poeten den Austausch von Fotos und Videos, auch über große Entfernungen hinweg.

- Kooperationsplattformen
  Seit dem Web 2.0 gibt es viele Programme (z. B. Office Suites), die sich im Internet befinden und installierte Programme auf dem eigenen Computer prinzipiell überflüssig machen. Viele dieser Dienste ermöglichen auch ein gemeinschaftliches Arbeiten an einem Dokument in Echtzeit. So können bei kooperierenden Slam-Poeten Konzeptmappen, Planungen oder Team-Texte gemeinschaftlich erarbeitet und bearbeitet werden.
  Auch Internetforen, Wikis und Newsgroups ermöglichen den Austausch zu einem bestimmten Thema. Alle Nutzer, die sich beispielsweise in einer Newsgroup angemeldet haben, können Inhalte erstellen und lesen, ihre Meinung dazu abgeben und auch Dateien für alle zum Download bereit stellen.

Im Folgenden möchte ich die am häufigsten genutzten Portale von Slam-Poeten nennen und darstellen, warum gerade diese von selbigen genutzt werden und welche Chancen sie den Slam-Poeten bieten.

6.1.1 Myspace

Myspace wurde 2003 von Tom Anderson gegründet, zwei Jahre später wurde das Unternehmen für 580 Millionen US-Dollar durch Rupert Murdoch aufgekauft.

Ziel von Myspace war es, Musik-Bands und deren Fans eine Plattform der Präsentation und Kommunikation zu bieten. Anderson konnte viele amerikanische Künstler davon überzeugen, ein Profil bei Myspace einzurichten, und damit kam der Stein ins Rollen. Aktuell sollen bei Myspace 267.794.915 Nutzer angemeldet sein.[207]

207 http://de.wikipedia.org/wiki/Myspace [Datum der Recherche: 04.12.2009].

Die Vorteile einer Myspace-Seite für junge Künstler – seien es Musiker oder eben Slam-Poeten – sind zahlreich:

- Jeder Musiker oder auch Slam-Poet kann sich ein Künstler-Profil anlegen und bekommt dann automatisch einen Musik-Player in sein Profil eingestellt, durch den sich Gäste auf der Myspace-Seite die Musik oder die Slam-Texte anhören können.

- Die Künstler bekommen ihrem eigenen Profil eine individuelle Internetadresse zugeordnet, durch die man deren Profil-Seite aufrufen kann (www.myspace.com/*eigenerName*).

- Für Künstler gibt es einen Tour-Kalender, in den eigene Auftritte eingetragen werden können. Optional können der Name der Veranstaltung, Datum, Auftrittsort und die jeweilige Stadt hinzugefügt werden.

- Um eine Myspace-Seite ansprechend zu gestalten, braucht es kein Expertenwissen. Einfache Bedienelemente, fertige HTML-Codes, die Myspace und Zweitanbieter automatisch generieren, erlauben es, per Copy-and-Paste-Verfahren ein ansprechendes Profil zu erstellen. Was aber auch Myspace seinen Nutzern nicht abnehmen kann, ist eine geschmackvoll gestaltete Präsenz.

  > »Blinkende Überschriften, leuchtende Buttons, dunkelgraue Schrift auf schwarzem Hintergrund. Wer Werbung wie ein Etablissement auf der Reeperbahn macht, darf sich nicht wundern, wenn er das falsche Publikum anzieht oder die Zielgruppe einfach vorbeispaziert.«[208]

- Für die Kommunikation unter den Nutzern von Myspace können Nachrichten und Gästebucheinträge und so genannte Profil-Kommentare verschickt werden. Auf diese Weise können die Slam-Poeten im Internet gefunden und von Fans, Veranstaltern und anderen Slam-Poeten angeschrieben werden. Das stellt einen einfachen Weg dar – auch ohne dem Wissen von E-Mail-Adressen oder Telefonnummern –, als Slam-Poet für Außenstehende

208 San Segundo 2008: Die 6 größten Fehler auf Myspace.

erreichbar zu sein. Veranstalter können den Poeten zum eigenen Slam einladen und Fans können ein Feedback zu dem letzten Auftritt abgeben.

- Auch Videos und Fotos können bei Myspace hochgeladen werden, um sich – ähnlich einer Website – selbst zu präsentieren und den Besuchern ein Bild des eigenen künstlerischen Schaffens zu ermöglichen.

- Bulletins und Statusmeldungen sind weitere Funktionen von Myspace, die häufig genutzt werden. Bulletins sind dabei eine Form des Rundschreibens oder eines Newsletters, durch die man alle Myspace-Freunde erreichen kann.
  Statusmeldungen dienen der kurzen Benachrichtigung zur eigenen Stimmungslage oder zu aktuellen Aktivitäten. Natürlich kann man die Statusmeldungen auch dafür nutzen, Neuigkeiten zur eigenen Person zu verfassen wie »Mein neues Buch ist ab morgen im Handel erhältlich.«

- Eine weitere Form, alle Myspace-Freunde zu benachrichtigen, ist die Event-Einladung. Hiermit kann man die Nutzer zu einer Veranstaltung einladen und sie damit schnell und einfach informieren, wann z. B. der nächste Poetry Slam oder die eigene Solo-Show stattfindet. Nachdem in das Online-Formular alle Daten zur Veranstaltung eingetragen wurden, kann im Anschluss aus den Freunden ausgewählt werden, die man dazu einladen möchte. In der Regel werden einfach alle Freunde eingeladen, und so gelingt es dem Slam-Poeten oder dem Slam-Veranstalter binnen weniger Minuten bis zu fünfhundert Personen über einen Event in Kenntnis zu setzen.

Ein Myspace-Profil bringt also den Inhalt einer ganzen Homepage auf eine einzelne Profilseite. Videos und Fotos können auf untergeordneten Seiten einzeln aufgerufen werden, wenn die Besitzer der Myspace-Seite diese aber direkt in das Profil einbinden, muss der Besucher der Seite lediglich herunterscrollen, um alle Informationen über einen Künstler zu erhalten.

Der Funktionsumfang und der interaktive Charakter sind deutlich höher als bei einer eigenen Website. Mit einfachen Mitteln können alle Myspace-Freunde über Neuigkeiten zu der eigenen Person informiert werden. Wenn man für sich Eigenwerbung betreiben möchte, ist man also nicht mehr auf die Aktivität des Besuchers angewiesen und darauf, dass er sich in regelmäßigen Abständen selbst über Neuigkeiten informiert, sondern man kann selbst – als die Person, die etwas von den anderen Internetnutzern möchte (in der Regel Aufmerksamkeit zu einer bestimmten Sache) – auf die Nutzer zugehen und sie informieren. Das erleichtert die Eigenwerbung deutlich. Um die Werbung zielgerichtet voranzubringen, ist es Pflicht einen großen ›Freundeskreis‹ auf Myspace zu besitzen, um möglichst viele Menschen zu erreichen. Dabei sollte aber darauf geachtet werden, nur die Nutzer hinzuzufügen, für die man als Künstler relevant sein könnte.

Insgesamt lässt sich jedoch eine Abwanderung von Myspace feststellen. So titelte Spiegel Online im Juli 2009 mit der Überschrift »Das Internet als Klassengesellschaft«[209] und formulierte weiter: »MySpace für Doofe, Facebook für Akademiker, Xing fürs Geschäft?«.

Die Ergebnisse einer amerikanischen Studie fasst Stöcker für die USA wie folgt zusammen:

> »MySpace entwickle sich mehr und mehr zum Netzwerk der Unterprivilegierten, während Facebook die akademisch gebildete, überwiegend weiße Mittel- und Oberschicht der USA anspreche.«

»Auch das deutsche Netz ist übrigens weit davon entfernt, eine egalitäre Ansammlung von Freunden jenseits von Klasse, Bildungs- und sozialer Schicht zu sein.«[210] So lässt sich auch unter den Slam-Poeten eine geringere Nutzung von Myspace feststellen. Die Myspace-Seiten werden aber dennoch gepflegt, weil sie eben wie eine eigene Homepage schnelle und übersichtliche Informationen bieten. Als Kommunikationsportal tritt unter den Slam-Poeten Facebook zunehmend in den Vordergrund, da der kommunikative Aspekt dort wesentlich stärker betont wird. Dies bestätigt auch eine Umfrage bei »Welt Online«, an der 5753 Leser teilnahmen.[211]

---

209 Stöcker 2009.

210 Vgl. Ebd.

211 http://www.welt.de/webwelt/article5407003/Facebook-schickt-Post-vom-Zuckerberg.html#vote_4982783 [Datum der Recherche: 24.07.2010].

Man sollte hierbei aber bedenken, dass Myspace in Deutschland unter den Nutzern schon immer einen schwächeren Stand hatte.

Abb. 2: Umfrage

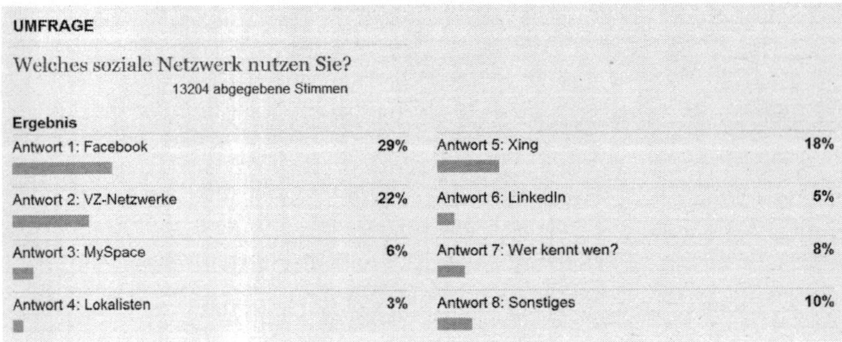

6.1.2 Facebook

Gründer und Vorstandsvorsitzender von Facebook ist Mark Zuckerberg, der das Unternehmen im Februar 2004 mit den Studenten Eduardo Saverin und Dustin Moskovitz an der Harvard University für die dortigen Studenten gründete. Nach der Freigabe in den USA begann der Erfolgszug des Portals. Seit Frühjahr 2008 wird Facebook auch in den Sprachen Deutsch, Spanisch und Französisch angeboten. Nach eigenen Angaben besitzt das Webportal weltweit 350 Millionen Nutzer[212] (Stand: 07.12. 2009).

Folgende Dienste stehen den registrierten Benutzern und damit auch den Slam-Poeten zur Verfügung[213]:

- Jede Person, die bei Facebook registriert ist, bekommt ein eigenes Profil mit einer individuellen Internetadresse zugewiesen, die aus einem zufälligen Zahlen- und Buchstaben-Code besteht. Über die Einstellungen kann man diese Adresse verändern und

212 http://www.facebook.com/press/info.php?statistics [Datum der Recherche: 07.12. 2009].

213 Die Angaben werden auf die Dienste beschränkt, die Slam-Poeten tendenziell für sich nutzen.

personalisieren (www.facebook.com/eigenerName). Das Profil kann mit Informationen zur eigenen Person gefüllt werden.

- Auf der Pinnwand können die Besucher des Profils öffentlich sichtbare Nachrichten hinterlassen ähnlich der Kommentar-Funktion bei Myspace. Auch der Versand privater Nachrichten ist möglich. Sowohl bei den Pinnwand-Kommentaren als auch bei den privaten Nachrichten ist es möglich, Fotos, Videos und Hyperlinks anzuhängen, die auf weitere Inhalte verweisen.

- Auch das Einladen von Freunden zu Veranstaltungen ist möglich. Die Event-Einladungen kann man mit Informationen sowie Videos und Bildern versehen. Die eingeladenen Personen haben bei dem Erhalt der Einladung dann die Möglichkeit, ihre Teilnahme zu- oder abzusagen bzw. als unsicher zu kennzeichnen. Auf der Informationsseite zu dem entsprechenden Event findet man dann die bestätigten oder nicht bestätigten Teilnahmen in Form einer Gästeliste.
  Dadurch bietet sich für die Slam-Poeten ein weiteres Netzwerk, in dem gezielt eigene Veranstaltungen beworben werden können.

- Facebook bietet auf der Startseite eine *Status- und Beobachtungsliste* für Neuigkeiten von Freunden. Hier informiert Facebook über neue Fotos und Videos von Freunden, die online gestellt wurden. Ebenfalls können Freunde Statusmeldungen zu aktuellen Stimmungen und Tätigkeiten erstellen oder Hyperlinks zu externen Quellen (*Youtube*-Videos, Artikel in Online-Zeitschriften oder Blogs) bekannt geben.

- Weiterhin können »Seiten« und »Gruppen« gegründet werden. Seiten dienen der Präsentation eines Gewerbes (Künstler, Dienstleistung, Institution etc.), während Gruppen sich um ein Interessengebiet oder eine Gemeinsamkeit drehen.
  Beide Funktionen sind auch ohne Registrierung einsehbar. Dies ermöglicht es, die Gruppe oder Seite als Internetpräsenz zu nutzen und darüber über den eigenen Poetry Slam oder sich selbst zu informieren.

Wenn man unter seinem Account des privaten Profils eine Seite bzw. Gruppe gründet, hat die Gruppe den Vorteil, dass man Rundmails bzw. Newsletter und Event-Einladungen an alle Mitglieder schicken kann, ähnlich einer News-Group.

- Facebook bietet ebenfalls die Möglichkeit, Statusmeldungen an alle Freunde zu verschicken. Hier kann man über Kleinigkeiten berichten, die einen gerade beschäftigen. Auch ist es möglich, Links über vermeintlich interessante Fundstücke im Internet (Websites, Artikel in Blogs oder Online-Zeitschriften etc.) zu posten sowie Videos und Fotos an die Meldung anzuhängen, die dann alle oder ein benutzerdefinierter Freundeskreis erhalten bzw. erhält.
  Über diese Statusmeldungen können Slam-Poeten sich und ihr Tun bewerben und auch untereinander kommunizieren, z. B. wenn ein Slammer noch dringend Teilnehmer für seinen eigenen Poetry Slam braucht oder wenn er ein neues Video gedreht hat, das er der Szene zeigen möchte.

6.1.3 Weblog

Ein Weblog (Kurzform: Blog) ist ein Neologismus aus den Wörtern »World Wide Web« und »Log« für »Logbuch«. Bei einem Blog handelt es sich um eine öffentliche und kontinuierlich aktualisierte Webseite, »deren Beiträge rückwärts chronologisch dargestellt sind und in der Regel von anderen Nutzern kommentiert werden können. Ein Weblog dient bekanntlich der Dokumentation und Archivierung von persönlichem Wissen und kann die Form eines Tagesbuches, eines Journals, einer What's-New-Page oder einer Linksammlung zu anderen Webseiten annehmen.«[214]

Die bekanntesten Anbieter für Blogs sind *Blogger*.com (auch: *Blogspot*.com) von *Google* und *Wordpress*. In jedem Weblog ist es möglich, Einträge (Posts) zu erstellen. Diese können durch die Leser kommentiert werden. Auf diesem Weg erhält der Blogger Meinungen seiner

214 Reichert 2008, S. 50.

Leser, aber auch Hinweise zu offenen Fragen oder unklaren Darstellungen, die noch einmal vertieft werden sollten.

Jeder Weblog ermöglicht es zudem so genannte *Gadgets* bzw. *Widgets* hinzuzufügen. Hierbei handelt es sich um kleine Applikationen mit Zusatzinformationen oder -funktionen, die der Nutzer nach seinem eigenen Interessengebiet optional hinzufügen kann.

Wordpress wird – im Gegensatz zu *Blogger* – im professionellen Bereich wesentlich häufiger genutzt. *Blogger* ist zwar deutlich einfacher zu handhaben, aber auch beschränkter, was den Funktionsumfang angeht. So bietet *Wordpress* z. B. eine ausführliche Statistik über die Aufrufe einzelner Beiträge, die Aufrufe des Blogs insgesamt und auf welchem Weg verschiedene Besucher auf den Blog kamen (welche Suchanfragen bei *Google* angegeben wurden oder welcher Link auf welcher Website betätigt wurde). Weiterhin ermöglicht *Wordpress* das Anlegen von »Seiten«. Diese Seiten sind im Gegensatz zum Blog statisch und existieren außerhalb der Bloghierarchie. Sie können von einem Slam-Poeten genutzt werden, um Fakten anzuzeigen, die eine ständige und übergeordnete Relevanz für die Besucher besitzen wie zum Beispiel die Tour-Daten, die Biografie, Kontaktmöglichkeiten, Buchveröffentlichungen sowie Audio- und Videobeispiele. Diese Funktion lässt den Weblog einen durchaus brauchbaren Ersatz für eine Homepage werden, da dort all die Informationen untergebracht werden können, die eine eigene Homepage ohnehin bietet.

Besonders für *Wordpress*, aber auch für *Blogger* gibt es zahlreiche so genannte *Layouts* oder *Themes*, die den Blog optisch umgestalten. Diese können kostenpflichtig oder frei verfügbar sein. Einige dieser *Themes* strukturieren den Blog so stark um, dass er danach wie eine professionelle Website aussieht und nicht mehr wie ein Blog (meist zwei- bis dreispaltige, abwärts chronologisch sortierte Liste von Einträgen). Solch ein Layout, das mit einer eigenen Domain (www.eigenerName.de) verbunden wird, die dann auf den Weblog weiterleitet, erweckt bei vielen Internetnutzern dann den Eindruck, dass sie sich auf einer normalen Website befänden (Vgl. 6.1. Online-Studie des *ARD/ZDF* »Art der Nutzung von Web-2.0-Angeboten 2009«).

Abb. 3: Blog-Beispiele

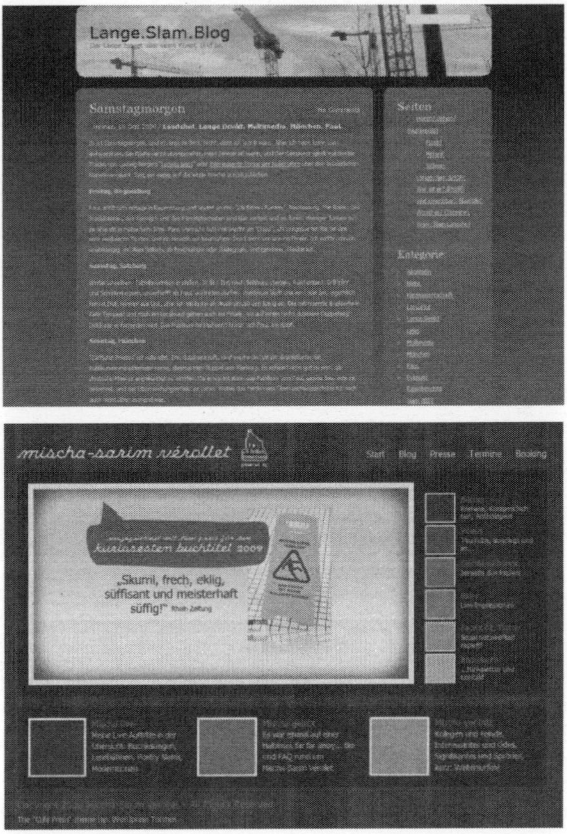

Klassisches Wordpress-Layout
von Heiner Lange
www.dichterlange.de/blog
[Datum der Recherche: 09.01.2010]

Wordpress-Layout als eigene
Homepage
von Mischa-Sarim Vérollet
www.verollet.de
[Datum der Recherche:
09.01.2010]

6.1.4 Youtube

Youtube ist ein Online-Videoportal, bei dem Videos kostenlos hochgeladen und angesehen werden können. Die Internetseite wurde im Februar 2005 gegründet und im Oktober 2006 von Google übernommen. Nach Eigenaussage handelt es sich bei Youtube um das führende und populärste Online-Videoportal im Internet.[215] Dort finden sich Ausschnitte aus Film und Fernsehen, Musik-Videos und selbst gedrehte Filme aller Art.

Nach dem Erfolg von Youtube gründeten sich vielerlei andere Videoportale wie *Sevenload, Myvideo, Vimeo, Dailymotion* und *Myspace Video*.

Da es sich bei Youtube auch um ein Soziales Netzwerk handelt, verfügen die registrierten Nutzer auch über eine eigene Profilseite, auf der sie Informationen über sich, aber vor allem die selbst hochgeladenen Videos sowie favorisierte Videos preisgeben können. Natürlich können sich die Nutzer auch Nachrichten schicken und die Videos der anderen bewerten. Dafür gibt es eine Kommentarfunktion, mittels der man Eindrücke zu dem entsprechenden Video kundtun kann, oder man bewertet die Videos über den Button »Mag ich« bzw. »Mag ich nicht«. Diese Formen der Bewertung sowie die Anzahl der Aufrufe, die ebenfalls angezeigt und statistisch ausgewertet wird, geben dem Besitzer des Videos Aufschluss, wie beliebt sein Video ist.

Der große Vorteil von Youtube und vergleichbaren Video-Portalen ergibt sich aber besonders durch die Möglichkeit des Einbettens von Videos auf anderen Websiten wie z. B. *Myspace*, dem eigenen Blog oder der eigenen Homepage. Hierfür muss entweder nur der Link (URL) zu dem Video angegeben oder ein HTML-Code kopiert werden. Beide Informationen befinden sich immer rechts neben dem Video, dessen Inhalt man in eine andere Internetpräsenz einbauen möchte. Dadurch müssen Besucher der *Myspace*-Seite beispielsweise nicht zu Youtube wechseln, um Videos von dem Slam-Poeten sehen zu können, sondern können dies direkt von einem anderen Anbieter betrachten.

Weiterhin unterstützt Youtube Funktionen, um Videos spezieller Nutzer zu abonnieren, wenn man informiert werden möchte, sobald dieser neue Videos online stellt.

Der beliebteste Slam-Poet auf Youtube ist wahrscheinlich Andy Strauß, der mit 146 hochgeladenen Videos, 691 Abonnenten und bis zu 85.000 Aufrufen seiner Videos (Stand: 28.05.2010) äußerst aktiv ist und dieses Medium nutzt wie kaum ein anderer Slam-Poet, um sich selbst zu vermarkten.[216]

---

215 Vgl. http://www.youtube.com/t/about [Datum der Recherche: 09.01.2010].
216 Online: http://www.youtube.com/user/Netpunk [Datum der Recherche: 09.01.2010].

Mittels Youtube kann man sich gezielt mit Videos im Internet präsentieren. Gerade für Slam-Poeten, die auf einer visuellen und auditiven Ebene arbeiten, ist dieses Medium am besten geeignet, um die eigene Person zu bewerben.

Natürlich werden auch Videos von Besuchern eines Poetry Slams gefilmt und bei Youtube hochgeladen. Auch das trägt zur Popularität bei, wenn der Poet bei seinem Auftritt aufgezeichnet und die Aufnahme später in das Internet geladen wird.

Mit Youtube wurde außerdem eine Plattform geschaffen, um auch ohne eigenen Vertrieb *Poetry Clips* (Vgl. 5.4.) einer breiten, wenn nicht gar deutlich größeren Masse zugänglich zu machen. Durch die fortschreitende Digitalisierung und die immer benutzerfreundlichere Bedienung von Videobearbeitungssoftware, die beim Kauf eines Computers bereits mitgeliefert wird (z. B. Windows Movie Maker), wird das Schneiden und Bearbeiten von eigenen Filmen deutlich erleichtert. Auch Aufnahmegeräte sind verhältnismäßig günstig zu erwerben bzw. in nahezu jedem Haushalt in Form von Digitalkameras, Handys mit Videofunktion oder Camcordern vorhanden.

So kann prinzipiell jeder Slam-Poet mit einfachen Mitteln einen eigenen Poetry Clip produzieren und veröffentlichen. Dadurch erstellt dieser ein eigenes Unterhaltungsangebot im Internet und vergrößert – sofern die Videos gezielt eingesetzt werden – seinen eigenen Bekanntheitsgrad.

6.2 Kommunikation innerhalb der Poetry-Slam-Szene

> »Wir sind eine Gemeinschaft, wir sehen uns auch so und mit Slam-Mastern und Slammern und Slam-Fans, Slam-Integrierte und Slam-Wissenschaftlern, wir sind eine kulturelle `subgroup`.«[217]

Die deutsche Slam-Szene nutzt neben den oben genannten sozialen Netzwerken weitere Formen zur Kommunikation innerhalb der »Gemeinschaft«. Soziale Netzwerke werden primär dafür genutzt, mit einzelnen Poeten oder mit einer kleineren Gruppe in Kontakt zu treten, während die folgenden Informationskanäle für die gesamte deutschsprachige Szene

217 Boris Preckwitz zit. n. Hildebrandt 2006, S. 47.

oder zumindest eine größere Region im deutschsprachigen Raum genutzt werden.

6.2.1 Slamily

Hierbei handelt es sich um eine News-Group von *Yahoo*, die am 16. November 1999 ins Leben gerufen wurde.[218] Die Slamily ist ein Neologismus aus den Wörtern »Slam« und »Family« und soll den Zusammenhalt innerhalb der Szene zum Ausdruck bringen. Über diese Yahoo-Group kann man Rundschreiben an alle angemeldeten Benutzer schicken, welche wiederum das Schreiben direkt in ihrem E-Mail-Posteingang empfangen und auf diese Art und Weise auch wieder an die gesamte Slamily antworten können.

> »Als Mitglieder bestimmen sie gleichberechtigt über zukünftige Projekte und diskutieren die Regeln und Prozesse des Slam. Vom persönlichen Austausch und gegenseitigen Sympathiezuweisungen lebt die Szene selbstverständlich auch, wodurch ein `Wir-Gefühl` entsteht.«[219]

Alles, was für die gesamte Szene interessant sein könnte, wird hier kundgetan. Seien es Medienberichte über Poetry Slam, Veranstaltungen, die noch dringend Teilnehmer benötigen, oder Anfragen von Slam-Poeten, die die Kontaktadresse eines anderen Slammers benötigen.

Die Slamily ist mit ihrem zehnjährigen Bestehen eine der ältesten Instanzen innerhalb der Szene und auch diejenige, die fast ausschließlich von Mitgliedern der Szene genutzt wird. Während sich auf anderen Portalen auch Außenstehende, Fans oder Interessierte einfinden, um auf ihre Fragen Antworten von Slam-Poeten zu erhalten, ist die Slamily ein verhältnismäßig geschlossener Raum, deren Inhalte man ohne Anmeldung auch nicht lesen kann.

---

218 Vgl. http://de.groups.yahoo.com/group/slamily/message/1 [Datum der Recherche: 09.01.2010].

219 Hildebrandt 2006, S. 41.

6.2.2 Myslam

Im Jahr 2007 wurde von dem Slam-Poeten Wolfgang Dinkel und dem Slam Master Simon Engel die Internetseite *www.poetry-slam-portal.de* gegründet, da die beiden in der Yahoo-Group *Slamily* kein zeitgemäßes Medium mehr sahen. Durch Differenzen in Bezug auf Simon Engels innerhalb der Slam-Szene schied dieser ein Jahr später aus dem Projekt aus, als die gesamte Internetpräsenz komplett überarbeitet werden sollte. Wolfgang Dinkel begann von vorn und wählte einen neuen Namen. Im Mai 2008 ging dann *www.myslam.de* online. Im Mai 2009 wurde das Design der Seite erneut überarbeitet, um die Internetseite zeitgemäßer zu gestalten und sich funktional wie auch optisch an soziale Netzwerke des Web 2.0 anzunähern (Vgl. 6.1). Im Oktober 2009 änderte Myslam die Domain in *www.myslam.net* und ging als internationale Version in mehreren Sprachen online.

Seither können Slam-Poeten ihre Platzierungen aus vergangenen Slams angeben und andere Slam-Poeten bewerten. Auch bietet Myslam eine oft kritisierte Statistik-Funktion, die die aktivsten Slam-Poeten in verschiedenen ›Disziplinen‹ platziert wie z. B. »zur Zeit unterwegs«, »die meisten Profilaufrufe«, »die meisten Medien«, »Forenaktivität«, »die meisten Auftritte« oder »am meisten gereist«.[220] Diese Statistik, so die Kritik, fördert das Konkurrenzdenken, ist manipulierbar und ungerecht denen gegenüber, die viel unterwegs sind, ihre Auftritte bei Myslam jedoch nicht eintragen und somit auch nicht von der Statistik erfasst werden.

Weiterhin bietet Myslam ein Forum, dessen Inhalte an die E-Mail-Adressen aller Mitglieder geschickt werden und somit ähnlich funktioniert wie die *Slamily*. Ebenfalls existiert ein Veranstaltungskalender, in den anstehende Poetry Slams eingetragen werden können. Über diese angekündigten Slams können die Poeten ihre Teilnahme an einer Veranstaltung markieren und diesen Termin direkt als »kommenden Auftritt« in ihr Profil übernehmen. Poetry Slams können außerdem auf einer Deutschlandkarte angezeigt werden. Slam Master sind in der Lage, aktuelle Termine und Veranstaltungsinformationen über diese Karte und eine eigene Profilseite für Besucher öffentlich darzustellen und zu bewerben.

---

220 Online. http://www.myslam.net/de/slam-poets [Datum der Recherche: 26.12.2009].

Myslam ist mit 40.000 Besuchen pro Monat und mit einem monatlichen Besucherzuwachs von 10 % die größte Plattform für Poetry Slam im deutschsprachigen Raum geworden und eine der ersten Anlaufstellen für Menschen, die sich mit dem Thema auseinandersetzen wollen.

Für die Zukunft soll Myslam besonders im europäischen Ausland bekannter werden, um dort die nötigen Strukturen für eine gemeinsame Poetry-Slam-Szene zu schaffen und die Kommunikation sowie die Informationsbeschaffung über andere Veranstaltungen und reisende Poeten zu erleichtern, da in vielen anderen europäischen Ländern, die Slam-Veranstalter eher miteinander konkurrieren und kaum eine Zusammenarbeit stattfindet.

Auch soll eine Schnittstelle zu bestehenden Social Networks wie *Facebook, Twitter* und *Myspace* geschaffen bzw. verbessert werden, um die Popularität sowie den Zugang zu den Informationen auf Myslam auch für Außenstehende und Interessierte zu erleichtern.

In einem weiteren Schritt soll Myslam redaktionell mit Videos, Live-Übertragungen, Radio und Textbeiträgen aufgearbeitet werden, damit die Beiträge auch für Poetry-Slam-Besucher interessanter werden, denn zum aktuellen Zeitpunkt wird Myslam fast ausschließlich für szene-spezifische und organisatorische Informationen genutzt, die für den normalen Besucher nicht von Belang sind.

6.2.3 Weitere Poetry-Slam-Portale

Auch wenn das deutsche Produkt *Myslam* ein Portal für die Slam-Szene in Deutschland, Österreich und Schweiz sein möchte, so haben die beiden letzteren Länder dennoch eigene Webseiten im Internet geschaffen, über die sich die dortigen Szenen organisieren.

Aber auch in Deutschland existieren weitere regionale Netzwerke im Internet, die die Organisation in einem kleineren Bezirk ermöglichen und es somit erlauben, Themen zu diskutieren, die für die gesamte deutschsprachige Szene irrelevant sind.

Für Österreich existiert die Website *www.poetryslam.at*, die ungefähr den gleichen Funktionsumfang wie *Myslam* besitzt. Es gibt Profile für Slam-Poeten, ein Forum und einen Veranstaltungskalender sowie eine Übersicht zu den verschiedenen Veranstaltern und Veranstaltungsorten.

Die Schweizer Plattform *www.poetryslam.ch* bietet keinerlei Möglichkeiten zur Kommunikation. Hier finden sich lediglich Informationen zu Veranstaltern und Slam-Poeten in Form von Hyperlinks sowie ein Veranstaltungskalender und ein Online-Shop.

Zur Kommunikation der Slam-Poeten und Veranstalter untereinander wurde die News-Group *Dichtungsring* geschaffen, über die sich die Schweizer Slam-Szene austauscht.

Im deutschen Raum gibt es als regionale Plattformen das Forum *www.frankenslam.de*, über das sich der fränkische Teil des Bundeslandes Bayern organisiert.

Ein Blog, der die Region Ostwestfalen-Lippe mit Informationen zu Poetry Slam versorgt, heißt *Slam OWL* (*www.slam-owl.de*). Dieser Blog deckt gebündelt die Slams in Bielefeld, Detmold, Lemgo, Gütersloh und Paderborn ab.

Die Sammlung der Termine und Veranstaltungsorte für Berlin übernimmt die Seite *Slammin' Poetry* (*www.slammin-poetry.de*). Besonders gern genutzt wird die Seite auch von Nutzern außerhalb Berlins, da die besten Beiträge der Berliner Poetry Slams auf Video mitgeschnitten und schließlich via *Youtube* in die Internetseite eingebunden werden. Mittlerweile ist die hauseigene Videothek auf 120 Videos angestiegen.[221]

221 http://www.youtube.com/user/SlamminPoetry [Datum der Recherche: 26.12.2009].

7 Resümee

Poetry Slam in Deutschland wurde durch vielerlei Einflüsse geprägt, sei es Hip-Hop und Rap, Social Beat, Dadaismus oder die Popliteratur. Diese vielen Strömungen ermöglichten es, dass eine Vielzahl an Stilmitteln, Textgattungen und Inhalten in den Poetry Slam eingehen konnten: Sei es die berührende Lyrikerin, die sich der Metaphern und der Lautmalerei als Stilmittel bedient, oder der Rap-Poet, der Wert auf technisch ausgefeilte Reime legt, oder der Storyteller, der mit Pointen und kuriosen Alltagsgeschichten das Publikum zum Lachen bringt. Jeder Slam-Poet findet seine Nische und bedient sich aus einem umfangreichen Fundus von Themen, Textarten und Stilmitteln, die beliebig miteinander kombiniert werden können. Die einzigen konstanten Größen auf einem Slam sind dabei eine Performance des Poeten zu einem selbstverfassten Text, der Moderator, der Austragungsort, die Zeitbegrenzung und das Publikum, das stets als Jury fungiert und die Poeten bewertet.

Seit dem Beginn des Poetry Slams in Deutschland ist ein stetiges Wachstum und eine zunehmende Professionalisierung seitens der Veranstalter und der Slam-Poeten zu verzeichnen. Poetry Slam ist zu einer Marke geworden, die sich verkaufen lässt und die vor allen Dingen junge Menschen anspricht. Verlage und Fernsehsender haben reagiert und vermarkten Poetry Slam seither als eine kreative Subkultur. Schnell kommt daher der Vorwurf der Kommerzialisierung seitens der Poeten auf, aber auch der Verfall der Kultur wird postuliert, da die vorgetragenen Texte schlichtweg der Unterhaltung dienen und oft mit Humor überzeugen statt mit sprachlicher Schönheit und Ernsthaftigkeit. Dass das Publikum jedoch die Poeten in diese Richtung drängt, da sie die Auftretenden bewerten, und dass die Poeten dennoch stets einen Anspruch an *ihre* eigene Kunst haben, wird dabei häufig übersehen.

Diese Aufmerksamkeit seitens der Medien konnten und können viele Slam-Poeten aber für sich nutzen, indem sie bei Verlagen unterkommen, erfolgreiche Kabarettisten werden oder in die Hochkultur einsteigen. Andere wiederum werden zu Experten auf dem Gebiet *Poetry Slam*, leiten Workshops, verfassen Arbeitsbücher oder wissenschaftliche Beiträge zu diesem Thema.

Stetig entwickelt sich die Szene auch intern weiter. Man findet neue Präsentationsformen für den Poetry Slam wie den Dead-Or-Alive- oder den Kurzfilm-Slam. Aus dem Konzept des Poetry Slams entwickelten sich auch Ableger wie der Cineslam und der Singer-/Songwriter-Slam.

Aber auch Hogekamps Poetry Clip, der ähnlich einem Musik-Videos auf MTV nun Slam-Poesie filmisch neu darstellt, zählt zu den besonders wichtigen Errungenschaften der deutschsprachigen Slam-Szene in den letzten Jahren.

Einhergehend mit dem Wachstum des Poetry Slams wurden neue Kommunikationskanäle notwendig, mittels derer die gesamte deutschsprachige Szene miteinander in Verbindung treten konnte. Der Gedanke einer übergeordneten Institution in Form eines Verbandes wäre jedoch wegen der anarchischen Grundhaltung im Poetry Slam und einem erheblichen Organisationsaufwand undenkbar gewesen. So entstanden Internetportale wie die *Slamily* und *Myslam,* über welche die Poeten und Veranstalter bis heute gleichberechtigt diskutieren und miteinander in Kontakt treten. Auch verschiedene soziale Netzwerke im Internet wie *Facebook* oder *Myspace* bieten den Aktivisten der Slam-Szene eine Möglichkeit, sich untereinander aber auch mit Poetry-Slam-Besuchern bzw. Fans auszutauschen. So sind die Poeten nicht nur auf dem Poetry Slam für die Rezipienten erreichbar, sondern auch in der digitalen Welt.

Die steigende Professionalisierung des Poetry Slams und die zunehmende Entwicklung des Internets bietet den Slam-Poeten eine optimale und kostengünstige Möglichkeit, sich selbst im Internet zu bewerben und die eigene Popularität zu steigern.

Dies nutzen die zumeist jungen Slam-Poeten, die mit digitalen Medien aufgewachsen sind und verbreiten Fotos, Videos und Textbeiträge in Form von Weblogs im Internet. Da für die Bedienung dieser Online-Angebote keinerlei Programmierkenntnisse notwendig sind, ist das Erstellen einer einfachen Homepage bei diversen Anbietern kein Hindernis mehr. Ein weiterer Vorteil für die Slam-Poeten ist es, dass man im Web 2.0 selbst aktiv werden muss, um Aufmerksamkeit zu erhalten. Der Künstler ist nicht mehr auf die Aktivität der Nutzer angewiesen, sondern kann diese mittels verschiedener Informationssysteme über neue Inhalte informieren, sodass die Konsumenten nur noch einen Klick ausführen müssen, um zu den eingestellten Inhalten zu gelangen.

Doch trotz steigender Internetaktivitäten ist und bleibt Slam Poetry vorrangig Bühnenpoesie und Live-Performance, die kein Poetry Clip, kein *Youtube*-Video und kein Weblog ersetzen kann. Der Charme eines Poetry Slams offenbart sich in seiner Gänze nur live in einem Club, wenn das Publikum die Macht über Erfolg und Niederlage eines Vortrags bekommt, wenn professionelle Poeten auf Neulinge stoßen und wenn die Stimmung in einer rauen Club-Atmosphäre eher der eines Rock-Konzertes ähnelt denn der einer Literaturlesung.

Rayl Patzak und Ko Bylanzky prognostizierten vor knapp zehn Jahren eine Entwicklung für den Poetry Slam, die auch heute noch genauso viel Gültigkeit besitzt wie damals bzw. sich zu Teilen bereits bewahrheitet hat:

> Die Slam Szene Deutschlands wird sich ohnehin in den nächsten Jahren wandeln. Einige der besten Slammer (...) werden den Einstieg in den Literaturbetrieb schaffen [...] Nur leben Slams auch von der Atmosphäre eines engen Clubs und sollten nach Möglichkeit dort stattfinden, wo sich junge Menschen naturgemäß hinbegeben. Wenn dann Slams, die eigentlich als Gegenbewegung zu den öden Veranstaltungen des Literaturbetriebs gedacht waren, wieder in den Mausoleen der Literatur stattfinden, wird vom ursprünglichen Charakter des ganzen wenig übrig bleiben.[222]

222 Bylanzky; Patzak 2000, S. 79. Zit. n. Hildebrandt 2006, S. 20.

8 Poetry Slam an der Schule

> »Wie wir es uns ganz unbekümmert so lustig machen mit den Künsten, so unelitär; dass wir behaupten, die Literatur gehört denen, die Spaß daran haben. [...] und synchron wettert der Literaturbestaller, Slam, das sei doch keine Literatur.«[223]

Wenn Slam-Poeten eigene Texte verfassen, ist es nicht deren Ziel, ein zweiter Goethe oder Schiller zu werden. Der Beweggrund dafür ist die Freude an Sprache und ein Mitteilungsbedürfnis über Dinge, die einen selbst bewegen. Eben weil Poetry Slam, wie auch das kreative Schreiben, an dem »Konzept der Selbsterfahrung ausgerichtet«[224] ist und das Subjekt betonen möchte, bietet es sich an, Poetry Slam an der Schule zu thematisieren. Die Themen, die bei diesem Genre möglich sind, sind sehr offen und werden in Workshops mittels Schreibaufgaben provoziert, die ausgefallen und nicht alltäglich sind, was Spinners Leitprinzip der Irritation[225] entspricht. Ausgehend von diesem Impuls bietet Slam Poesie die Möglichkeit der Expression, also des Ausdrucks eigener Vorstellungen und Gefühle sowie der Imagination, der »Ausgestaltung von Fantasien«.[226]

Im Gegensatz zu Rap-Texten, die verhältnismäßig häufig an Schulen verfasst werden und deren Grundlage ebenfalls die eigene Lebenswelt ist, engt Slam Poetry die Schüler formell jedoch nicht ein: So kann im Poetry Slam ein Rap-Text ebenso verfasst werden wie eine Erzählung oder ein Gedicht. Betrachtet man diesen Aspekt, gelangt Slam Poetry sehr nah an ein wichtiges Merkmal einer anderen Schreibdidaktik heran: der prozessorientierten Schreibdidaktik, die »die Reduktion auf einzelne Aspekte (z. B. Textsorten, Stilnormen) vermeiden«[227] möchte. Die prozessorientierte Schreibdidaktik stellt jedoch nicht die Subjektivität, sondern den individuellen Schreibprozess und deren Unterstützung in den Vordergrund. Ebenso sollen überschaubare Phasen geschaffen werden, die Fix in »Planen – Formulieren – Überarbeiten«[228] gliedert. Im Poetry Slam müsste hier eine vierte Stufe der *Präsentation* hinzugefügt werden. Auch wenn

223 Prospiech; Uebel 2003, S. 14.
224 Spinner 1993, S. 17.
225 Vgl. Spinner 2001, S. 108.
226 Ebd.
227 Fix 2006, S. 120.
228 Ebd.

dadurch auf den ersten Blick das Endprodukt hervorgehoben wird, was der prozessorientierten Schreibdidaktik widerspricht, ist Slam Poetry trotzdem mit dieser Didaktik des Schreibens zu vereinbaren, denn den ersten drei Phasen (Planen – Formulieren – Überarbeiten) wird eine ebenso große Bedeutung beigemessen wie der eigentlichen Präsentation. Weiterhin kann man den Vortrag als eine Form des Feedbacks ansehen, nach welchem der Text erneut betrachtet, auf seine Wirkung hin überprüft und gegebenenfalls überarbeitet wird. Auf diese Weise wird ein weiteres Merkmal erfüllt, denn dem »Überarbeiten kommt dabei eine besondere Bedeutung zu, weil hier eine intensive Auseinandersetzung mit dem eigenen kognitiven Konstrukt erfolgt«.[229] Slam-Texte sind so gut wie *niemals* nach dem ersten öffentlichen Vortrag fertig. Sie sind einem ständigen Wandel unterworfen. Nur aus dem gelungenen Zusammenspiel zwischen einer zündenden Idee (Planen), dem Verfassen eines Textes (Formulieren), dem Feinschliff (Überarbeiten), einer guten Performance (Präsentation) sowie der Verbesserung des Textes *nach* der Präsentation (Überarbeiten II) kann ein guter Slam-Text entstehen. Dabei können sich die letzten zwei Phasen (Präsentation und Überarbeiten II) beliebig oft wiederholen, so lange, bis der Autor selbst mit seinem Text zufrieden ist.

In dieser Verbindung zwischen Subjektorientiertheit, Strukturierung des Schreibprozesses bei inhaltlicher und stilistischer Freiheit, die Slam Poetry mit sich bringt, liegt die Chance für eine Schule. Jeder Schüler kann gemäß der eigenen Vorlieben ein Thema und eine Textform wählen und sich entweder an ein persönliches Thema wagen, das »latente psychische Inhalte aktiviert«[230] und schwieriger überarbeitet werden kann, da der Text die subjektiven Empfindungen widerspiegelt, oder über ein Thema schreiben, welches frei erfunden ist und deutlich stärker den Rezipienten und die Wirkung auf selbigen in den Blick nehmen muss. Hier kann im Sinne einer prozessorientierten Schreibdidaktik »Wissen in einem aktiven und selbständigen Konstruktionsprozess«[231] aufgebaut werden.

Im ersten Teil dieses Kapitels soll ein schulisches Poetry-Slam-Projekt dem Bildungsplan (Baden-Württemberg) zugeordnet und eine didaktische Analyse hinsichtlich der Gegenwarts-, Zukunfts- und exemplarischen Be-

229 Fix 2006, S. 120.
230 Spinner 1993, S. 19.
231 Fix 2006, S. 119.

deutung durchgeführt werden, um die Inhalte einer solchen Unterrichtseinheit zu legitimieren.

Im zweiten Teil sollen – unter Berücksichtigung der aktuellen fachdidaktischen Erkenntnisse – Überlegungen zum Lehr- und Lernprozess getätigt werden. Im Anschluss daran schließt sich ein Ausblick für eine mögliche Weiterarbeit an.

8.1 Bezug zu den Bildungsplänen Baden-Württembergs

8.1.1 Medienkompetenz und Internetrecherche

So beginnt die Einheit mit einer Internet-Recherche zum Thema *Poetry Slam*, um die Schüler selbständig arbeiten zu lassen. Da Slam-Poeten in der Regel selbst sehr aktive Internetnutzer sind (Vgl. Kapitel 6) und viele Inhalte ins Internet stellen, bietet es sich geradezu an, den Schülern die Möglichkeit zu geben, sich mittels Suchmaschinen selbsttätig erste Informationen zum Thema *Poetry Slam* zu beschaffen.

Gymnasium[232]

Deutsch – Lesen/Umgang mit Texten und Medien – Medienkompetenz – Klasse 8

Die Schülerinnen und Schüler können

- Möglichkeiten der verschiedenen Medien als Mittel der Information, Kommunikation, Meinungsbildung, Werbung und Unterhaltung nutzen;
- mit einfachen Hypertexten umgehen;
- sich sowohl analytisch als auch im Rahmen eigener Produktionsversuche mit dem Medienangebot für Jugendliche auseinandersetzen und es kritisch nutzen;
- produktiv und kreativ mit dem Computer (Textgestaltung, grafische Gestaltung) umgehen.

Deutsch – Lesen/Umgang mit Texten und Medien – Medienkompetenz – Klasse 10

232 Vgl. Bildungsplan Baden-Württemberg Gymnasium 2004, S. 82 ff.

Die Schülerinnen und Schüler können

- das Literatur- und Medienangebot nutzen und kritisch damit umgehen;
- mit den verschiedenen Medien als Mittel der Information, Kommunikation, Unterhaltung, Meinungsbildung, Werbung, Manipulation und ästhetischen Gestaltung sinnvoll umgehen.

Deutsch – Lesen/Umgang mit Texten und Medien – Medienkompetenz – Kursstufe
Die Schülerinnen und Schüler können

- die verschiedenen Medien als Mittel der Information, Meinungsbildung, Manipulation, Unterhaltung, Kommunikation und ästhetischen Gestaltung gezielt nutzen;
- spezifische Darstellungsmittel der traditionellen und neuen Medien, ihre spezifische Rezeptionsweise, Wirkung und Problematik darstellen und erläutern (auch Hypertexte, Hypermedien, virtuelle Welten).

Realschule[233]
Deutsch – Sprechen/Schreiben – Klasse 8 und 10
Die Schülerinnen und Schüler besitzen Methoden- und Medienkompetenz:

- Sie können Informationen zu vorgegebenen Themen zusammentragen,
- verschiedene Informationsquellen wie Nachschlagewerke und Bibliothek sowie Internet nutzen.

Hauptschule[234]
Deutsch – Lesen/Umgang mit Texten und Medien – Texte und Medien nutzen – Klasse 9
Die Schülerinnen und Schüler können

- Informationen suchen, entnehmen, vergleichen, auswählen und bewerten, zusammenfassen, präsentieren und kommentieren;
- bekannte von unbekannten Informationen unterscheiden;

---

233 Vgl. Bildungsplan Baden-Württemberg Realschule 2004, S. 52 ff.
234 Vgl. Bildungsplan Baden-Württemberg Hauptschule 2004, S. 61 ff.

- mithilfe entsprechender Werkzeuge das Internet zur Kommunikation und zum Datenaustausch nutzen;
- mit elektronischen Datenbeständen und Suchmaschinen umgehen und einfache Suchstrategien einsetzen (Navigationsstrukturen, Links, Hypertexte);
- die Informations- und Kommunikationstechnologien zum Lernen nutzen.

Förderschule[235]
Bildungsbereich: Leben in der Gesellschaft (Kompetenzfeld Medienkompetenz)
Die Schülerinnen und Schüler
- bedienen digitale Medien;
- benutzen digitale Medien für die tägliche Arbeit;
- beschaffen Informationen aus dem Internet;
- nutzen Datenbanken und Auskunftssysteme.

8.1.2 Sprachliche und inhaltliche Merkmale erarbeiten

Nach dieser ersten Recherche zum Thema können sprachliche, inhaltliche und gattungsspezifische Besonderheiten untersucht werden (Vgl. Kap 4). Dabei geht es nicht darum, große Interpretationsleistungen zu vollführen, sondern eher darum, eine Auseinandersetzung mit den Möglichkeiten der Sprache und der Stilmittel zu schaffen, um den Schülerinnen und Schülern schon zu Beginn mögliche Anregungen für die eigene Textgestaltung bereitzulegen. Bei Poetry Slam sollte es sich um ein anregendes und motivierendes Thema handeln, daher soll die Freude an der Textproduktion nicht schon in der Einführung genommen werden. Hier sollte die Regelung gelten: »Weniger ist mehr.«

235 Vgl. Bildungsplan Baden-Württemberg Förderschule 2008, S. 53 ff.

Gymnasium[236]

Deutsch – Schreiben – Klasse 8

Die Schülerinnen und Schüler können

- Inhalt und Aussage eines Textes erfassen. Sie erkennen Grundmuster von Verhalten und Erfahrung und setzen sich mit den dabei aufgeworfenen Problemen und Wertvorstellungen auseinander;
- Zusammenhänge zwischen Inhalt, Sprache und Form eines Textes herstellen;
- Grundbegriffe der Textbeschreibung (offener Anfang – offener Schluss, Rahmen- und Binnenhandlung) gebrauchen;
- verschiedene Textarten an grundlegenden Gattungsmerkmalen und Gestaltungsmitteln erkennen und unterscheiden.

Deutsch – Schreiben bzw. Lesen/Umgang mit Texten und Medien – Klasse 10

Die Schülerinnen und Schüler können

- Gestaltungsmittel in poetischen und nicht-poetischen Texten untersuchen;
- literarische Figuren charakterisieren und Figurenkonstellationen analysieren;
- wesentliche sprachliche und formale Darstellungsmittel auf ihre Funktion hin untersuchen;
- an ausgewählten Beispielen den Zusammenhang zwischen Text, Entstehungszeit und Lebensumständen des Autors oder der Autorin herstellen.

Deutsch – Sprechen und Schreiben – Kursstufe

Die Schülerinnen und Schüler können

- bei ihrer Interpretation textexterne und intertextuelle Bezüge berücksichtigen;
- eine funktionale, auf Inhalt und Wirkung bezogene Analyse von Texten durchführen und deren Darstellungsmittel einbeziehen.

---

236 Vgl. Bildungsplan Baden-Württemberg Gymnasium 2004, S. 82 ff.

Realschule[237]

Deutsch – Lesen/Umgang mit Texten und Medien – Klasse 8

Die Schülerinnen und Schüler können

- Inhalte, Sprache und Form von Texten (kontinuierlichen und nicht kontinuierlichen) erfassen und verstehen;
- Inhalte, Sprache und Form von Texten reflektieren und bewerten;
- lyrische und epische Texte an ihren Merkmalen erkennen und unterscheiden.

Deutsch – Lesen/Umgang mit Texten und Medien – Klasse 10

Die Schülerinnen und Schüler können

- wesentliche sprachliche und formale Kennzeichen der Textgattungen (epische, lyrische und dramatische Texte) unterscheiden und sie beschreiben;
- sprachliche Strukturen reflektieren und beschreiben;
- sprachliche Phänomene in Texten benennen und in ihrer Funktion erfassen;
- Zusammenhänge von Inhalt, Stil, sprachlichen Mitteln und Form erkennen.

Hauptschule[238]

Deutsch – Lesen/Umgang mit Texten und Medien – Klasse 9

Die Schülerinnen und Schüler können

- wesentliche literarische Schreibweisen und Textformen an Beispielen zeigen;
- epische, lyrische, dramatische Texte unterscheiden und wesentliche Merkmale benennen;
- unterschiedliche Textarten und Textintentionen unterscheiden.

---

237 Vgl. Bildungsplan Baden-Württemberg Realschule 2004, S. 52 ff.

238 Vgl. Bildungsplan Baden-Württemberg Hauptschule 2004, S. 61 ff.

Förderschule[239]

Bildungsbereich: Anforderungen und Lernen (digitale Medien zum Lernen nutzen)

Die Schülerinnen und Schüler

- lesen unterschiedliche literarische Texte und setzen sich mit Deutungsmöglichkeiten auseinander;
- nennen und deuten Redewendungen, Metaphern auch aus ihren Erstsprachen.

8.1.3 Textproduktion, -überarbeitung und -vortrag

Nach der Einführung in die Thematik verfassen die Schüler eigene Texte, probieren sich in typischen Formaten der Slam Poetry aus und können diese Formate auch voneinander abgrenzen. Weiterhin findet eine Überarbeitung der eigenen Texte mittels verschiedener Feedback-Formen statt, wobei sich die Schülerinnen und Schüler besonders gegenseitig unterstützen sollen. Kurz vor der Präsentation, dem Poetry Slam, arbeiten die Schüler an ihrer Performance und nutzen dazu die Mimik, Gestik und lesen die Texte mit Betonung vor.

Gymnasium[240]

Deutsch – Schreiben/Sprechen – Klasse 8

Die Schülerinnen und Schüler können

- Texte nach unterschiedlichen Schreibimpulsen als Ausdruck individueller Phantasie und Kreativität gestalten;
- in eigenen Schreibprodukten elementare Gestaltungsmittel verwenden;
- zwischen verschiedenen Funktionen des Schreibens unterscheiden und sie beim Schreiben berücksichtigen;
- Texte unter Berücksichtigung bestimmter inhaltlicher und formaler Vorgaben planen, schreiben und überarbeiten;

239 Vgl. Bildungsplan Baden-Württemberg Förderschule 2008, S. 75 f.
240 Vgl. Bildungsplan Baden-Württemberg Gymnasium 2004, S. 82 ff.

- Die Schülerinnen und Schüler können Gedichte und Balladen und kürzere epische oder dramatische Textpassagen auswendig vortragen;
- Kritik aufgreifen und konstruktiv Kritik üben.

Deutsch – Schreiben/Sprechen – Klasse 10
Die Schülerinnen und Schüler können

- Texte planen und überarbeiten. Sie nutzen dabei auch die Möglichkeiten des Computers;
- nach Schreibimpulsen Texte verfassen und dabei unterschiedliche Gestaltungsmittel einsetzen (auch autobiografische, parodistische und satirische Texte);
- verschiedene Vortrags- und Präsentationstechniken und -formen funktional einsetzen. Sie achten dabei auch auf Gestik, Mimik und Körpersprache.

Deutsch – Bildungsstandards für Literatur – Literarisches Schreiben – Kursstufe[241]
Die Schülerinnen und Schüler können

- mit erzählerischen Elementen und Verfahrensweisen experimentieren;
- literarisch auf einen Text reagieren: imitierend, parodierend, respondierend;
- die darstellerischen Mittel der verschiedenenTextarten in eigenen Produkten anwenden und einen individuellen Schreibstil entwickeln;
- Formen autobiographischen Schreibens nutzen;
- projektorientiert eine Anthologie schreiben und einem Publikum präsentieren;
- eigene Texte in komplexen Präsentationsformen verfassen und deren Wirkungen überprüfen.

241 Vgl. Bildungsplan Baden-Württemberg Gymnasium 2004, S. 455 ff.

Realschule[242]

Deutsch – Sprechen/Schreiben – Klasse 8

Die Schülerinnen und Schüler können

- sich ein Schreibziel setzen;
- adressaten- und situationsbezogen schreiben (berichten, beschreiben, argumentieren);
- kreativ zu Bildern, Texten und Erlebnissen schreiben und ihre persönlichen Gefühle und Stimmungen zum Ausdruck bringen;
- Gestaltungsmittel einer spannenden Erzählung gestaltend einsetzen;
- literarische Texte ausgestalten, weitererzählen und umgestalten;
- Strategien zur Überarbeitung von Texten anwenden;
- Texte ästhetisch gestaltend präsentieren;
- mehrere Gedichte auswendig vortragen;
- nichtsprachliche Gestaltungsmittel wie Betonung, Lautstärke, deutliche Artikulation, Körpersprache altersgemäß gezielt für den Vortrag einsetzen.

Deutsch – Sprechen/Schreiben – Klasse 10

Die Schülerinnen und Schüler können

- kreativ schreiben und eigene Texte frei oder nach Vorgaben gestalten
- sich ein Schreibziel setzen;
- ziel-, adressaten- und situationsbezogen schreiben (erzählen, informieren, berichten, beschreiben, argumentieren, appellieren);
- Elemente literarischer Texte flexibel ausgestalten, umschreiben, weiterschreiben (produktives Schreiben);
- argumentieren, Meinungen begründen, Standpunkte und Interessen angemessen vertreten und sie sachrichtig formulieren;
- Kritik sachlich vortragen;
- mit Kritik konstruktiv umgehen;
- deutlich artikulieren;
- Körpersprache und rhetorische Mittel gezielt einsetzen;
- gestaltend vorlesen, vortragen, spielen.

242 Vgl. Bildungsplan Baden-Württemberg Realschule 2004, S. 52 ff.

Hauptschule[243]

Deutsch – Sprechen/Schreiben – Klasse 9

Die Schülerinnen und Schüler können

- eigene Gedanken und Gefühle beschreiben;
- Schreibaufgaben erkennen und planen, die Zeit für die Schreibaufgabe einteilen;
- Kritik angemessen äußern und selbst annehmen;
- Inhalte: Freies Schreiben.

Förderschule[244]

Bildungsbereich: Sprache (Hauptstufe)

Die Schülerinnen und Schüler

- können zunehmend selbständig schriftlich Texte erstellen, diese inhaltsbezogen strukturieren und übersichtlich gliedern;
- können verschiedene Texte gestaltend darbieten;
- setzen ihre Fertigkeiten in Jugend- und Umgangssprache situationsangemessen ein;
- berichten über ein Erlebnis und verwenden dabei einen angemessenen Wortschatz;
- nutzen Gestik und Mimik zur Unterstützung der Kommunikation;
- tauschen Meinungen aus und respektieren andere Ansichten;
- tragen Gedichte und Texte vor;
- unterscheiden unterschiedliche Textsorten voneinander und benennen die Unterschiede.

8.1.4 Digitale Textverarbeitung

Digitale Medien wie Textverarbeitungsprogramme sollten heutzutage regelmäßig an Schulen genutzt werden, da sie auf Rechtschreibfehler hinweisen und sie eine Überarbeitung deutlich erleichtern. In einem Poetry-Slam-Projekt sollten die Texte daher – je nach Schülerwunsch – direkt am Computer verfasst oder später am PC übertragen werden. Ein weiterer Vorteil bei der digitalen Textverarbeitung liegt darin, dass ein Dokument,

243 Vgl. Bildungsplan Baden-Württemberg Hauptschule 2004, S. 61 ff.
244 Vgl. Bildungsplan Baden-Württemberg Förderschule 2008, S. 153 ff.

das in einem Textverarbeitungsprogramm erstellt wurde, bei der Präsentation deutlich leichter zu lesen ist, als ein handschriftlicher Text. Das Nutzen von digitalen Medien spielt also eine elementare Rolle in einer solchen Unterrichtseinheit.

Gymnasium[245]
Deutsch – Schreiben – Klasse 8
Die Schülerinnen und Schüler können

- die spezifischen Möglichkeiten des Computers nutzen (Textverarbeitung);
- produktiv und kreativ mit dem Computer (Textgestaltung, grafische Gestaltung) umgehen.

Deutsch – Schreiben – Klasse 10
Die Schülerinnen und Schüler können

- Texte planen und überarbeiten. Sie nutzen dabei auch die Möglichkeiten des Computers.

Deutsch – Bildungsstandards für Literatur – Kompetenzen & Inhalte Medien – Kursstufe[246]

- Die Schülerinnen und Schüler können unterschiedliche Medienprodukte gestalten;
- neue Formen von Ästhetik unabhängig vom Medium Buch entwickeln.

Realschule[247]
Deutsch – Schreiben – Klasse 8
Die Schülerinnen und Schüler können

- Rechtschreibprogramme zur Verbesserung ihrer Rechtschreibfähigkeit sinnvoll nutzen;
- Textverarbeitungsprogramme nutzen.

245 Vgl. Bildungsplan Baden-Württemberg Gymnasium 2004, S. 82 ff.
246 Vgl. Bildungsplan Baden-Württemberg Gymnasium 2004, S. 455 ff.
247 Vgl. Bildungsplan Baden-Württemberg Realschule 2004, S. 52 ff.

Deutsch – Schreiben – Klasse 10

Die Schülerinnen und Schüler können

- kontinuierliche und nicht kontinuierliche Texte mithilfe des Computers sinnvoll gestalten und präsentieren.

Hauptschule[248]

Deutsch – Schreiben – Textverarbeitung – Klasse 9

Die Schülerinnen und Schüler können

- elektronische Dokumente anfertigen, zweckorientiert gestalten und einsetzen;
- können die Computertastatur mit zehn Fingern zeitökonomisch bedienen;
- Texte mithilfe der Rechtschreibkontrolle am PC selbstständig überprüfen.

Förderschule[249]

Bildungsbereich: Anforderungen und Lernen (digitale Medien zum Lernen nutzen)

Die Schülerinnen und Schüler

- erstellen, verarbeiten und gestalten Texte oder digitale Dokumente;
- schreiben einfache Texte mit dem Computer;
- korrigieren, verändern, verbessern, drucken Dokumente;
- überarbeiten Dokumente mit Hilfe des Rechtschreibprogramms der Textverarbeitung;
- formatieren Texte.

248 Vgl. Bildungsplan Baden-Württemberg Hauptschule 2004, S. 62.
249 Vgl. Bildungsplan Baden-Württemberg Förderschule 2008, S. 75 f.

8.1.5 Bezug zu anderen künstlerischen Bereichen (Darstellendes Spiel)

Da es sich bei Poetry Slam um ein künstlerisches Tun handelt, das neben sprachlicher auch theaterpädagogische Elemente in sich vereint, sollte innerhalb der Unterrichtseinheit *Poetry Slam* auch darstellendes Spiel eine Rolle spielen.

Gymnasium[250]
Deutsch – Sprechen – Szenisches Verfahren – Klasse 8
Die Schülerinnen und Schüler können

- verschiedene Ausdrucksformen der Körpersprache (Gestik, Mimik, Haltung, Gang) situationsbezogen einsetzen;
- auf unterschiedliche Weise einen Text szenisch erarbeiten.

Deutsch – Sprechen – Szenische Verfahren – Klasse 10
Die Schülerinnen und Schüler können szenische Verfahren als Interpretationsmethode anwenden und reflektieren.

Deutsch – Bildungsstandards für Literatur – Darstellendes Spiel – Kursstufe[251]
Die Schülerinnen und Schüler sind fähig,

- ihre eigenen darstellerischen Fähigkeiten im Zusammenspiel mit anderen als Spiel- und Inszenierungsimpulse zu erproben;
- bestimmte Haltungen und Eigenschaften typisierend im Rollenspiel zu zeigen;
- mit den sprachlichen Möglichkeiten einer Rolle zu experimentieren.

Die Schülerinnen und Schüler können

- eine Performance an unterschiedlichen Spielorten gestalten;
- eine eigene Inszenierung einer Öffentlichkeit vorstellen, die Wirkungen wahrnehmen und kritisch reflektieren.

Hauptschule[252]

250 Vgl. Bildungsplan Baden-Württemberg Gymnasium 2004, S. 82 ff.
251 Vgl. Bildungsplan Baden-Württemberg Gymnasium 2004, S. 455 ff.

Deutsch – Sprechen – Spiel – Klasse 9

- Die Schülerinnen und Schüler können Texte szenisch gestalten wie Improvisationen, pantomimische Darstellungen, dramatische Texte.

Fächerverbund Musik, Sport, Gestalten – Künste – Klasse 9[253]

Die Schülerinnen und Schüler können

- sich selbst und verschiedene Figuren und Rollen differenziert darstellen und ihren Körper als kreatives und emotionales Ausdrucksmittel einsetzen;
- vielfältige ästhetische Ausdrucksformen individuell gestalten, deuten, ihr ästhetisches Handeln genießen, reflektieren und Ergebnisse präsentieren;
- sich im Darstellenden Spiel Lebenssituationen erschließen und sich mit ihnen auseinandersetzen.

Förderschule[254]

Bildungsbereich: Musik – Sport – Gestalten (Kompetenzfeld: Künste)

Die Schülerinnen und Schüler

- entfalten Eigeninitiative;
- üben und erfahren Akzeptanz und Wertschätzung;
- nehmen Anregungen und Kritik an;
- zeigen kreative Fähigkeiten gemäß ihren Neigungen;
- verwenden ein Mikrofon;
- zeigen Freude, Zufriedenheit und Ausgeglichenheit bei künstlerischem Arbeiten;
- nehmen Anregungen an.

---

252 Vgl. Bildungsplan Baden-Württemberg Hauptschule 2004, S. 61 ff.

253 Vgl. Bildungsplan Baden-Württemberg Hauptschule 2004, S. 146 ff.

254 Vgl. Bildungsplan Baden-Württemberg Förderschule 2008, S. 251 ff.

8.2 Didaktische Analyse

8.2.1 Gegenwartsbedeutung

Viele Jugendliche finden auch ohne die Institution Schule den Weg zum Poetry Slam und genießen dieses Veranstaltungsformat in ihrer Freizeit. Diese Eigenmotivation sollte sich der Unterricht zu Nutze machen, denn verschiedene Aspekte wirken anziehend auf Jugendliche (Vgl. 5.3). Die Gegenwartsbedeutung findet sich also schon darin, dass für einige Schüler Poetry Slam ohnehin bereits eine Bedeutung besitzt. Für andere kann die Eigenwelt durch einen neuen Einfluss erweitert werden, indem sie sich mit einer aktuellen Jugend- bzw. Subkultur befassen, die sie vielleicht noch nicht kennen und deren Intentionen die Schüler zu verstehen versuchen. Weiterhin setzen sich die Schüler mit einer aktuellen Repräsentationsform der Literatur auseinander, die sie vielleicht wieder der Literaturrezeption näherbringt und Lesefreude entwickeln lässt.

Bei Schülern aus benachteiligten Familien herrscht oft eine hohe Unlust am Schreiben vor, auch eine Lesemotivation ist oft nicht vorhanden. Dennoch rezipieren die Schüler gerne Texte auditiv. Wenn sie eine Geschichte spannend vorgelesen bekommen, so sind sie – solange die Dauer des Vortrags sie nicht überfordert – mit ganzer Aufmerksamkeit bei einem Text dabei. Gerade Poetry Slam bietet sich hinsichtlich dieser Aspekte an, um eine Annäherung an Literatur zu schaffen: Die Texte sind mit einer Dauer von fünf bis sieben Minuten sehr kurz gehalten, mittels der Performance und den stimmlichen Variationen während eines Vortrags fällt es den Schülern leicht, dem Inhalt zu folgen. Auch sind die Themen, die oft dem Alltag entspringen, interessant und nachvollziehbar für Schüler aufbereitet.

Bei dem Verfassen eigener Texte ist es deutlich motivierender für die Schüler, wenn sie sich mit Inhalten auseinandersetzen können, die ihre Lebenswelt betreffen. Schulische Erwartungen des Aufsatzunterrichts gemäß einer sozialen Erwünschtheit werden bei Slam Poetry zumindest teilweise aufgehoben: Es ist bspw. durchaus möglich, Fäkalsprache zu verwenden oder sexuelle Thematiken in den Mittelpunkt des eigenen Textes zu stellen. Gerade das kann für Jungen positiv sein und sie zum Schreiben motivieren, denn Jungen lesen nicht nur anders[255], sie schrei-

255 Vgl. Sommer 2007.

ben auch über andere Themen. Gerade die Dominanz der Männer auf Poetry-Slam-Bühnen kann daher Schüler überzeugen, das Prädikat ›uncool‹ in Bezug auf Literatur zu revidieren. Selbstverständlich können auch Mädchen ein geeignetes Thema für sich in diesem Genre finden und sich von den weiblichen oder männlichen Performance-Poetinnen inspirieren lassen.

Dass neue Medien und Online-Angebote eine immer bedeutendere Rolle im Leben der Schüler spielen, ist bekannt. Doch muss der Umgang mit den neuen Medien geübt werden, da wichtige Grundkompetenzen sowie die kritische Betrachtung (Medienkritik) noch nicht ausgeprägt wurden. Mit der Online-Recherche und dem Umgang des Textverarbeitungsprogramms im Rahmen dieser Einheit können ihre Fähigkeiten diesbezüglich trainiert und verbessert werden.

8.2.2 Zukunftsbedeutung

Das Schreiben als Kulturtechnik besitzt in unserer Gesellschaft einen hohen Stellenwert und wird den Schülern auch immer wieder begegnen. Sich schriftlich und zielgerichtet ausdrücken zu können, ist daher eine Kompetenz, die auch durch kreatives Schreiben gefördert werden kann. Im besten Fall entwickeln die Schüler sogar Freude am Schreiben und am Präsentieren eigener Texte, was zu einem Abbau der Ängste und Schreibhemmungen führen kann.

Gerade für das Selbstvertrauen und das eigene Auftreten können Performance-Übungen sinnvoll sein und die Schüler bestärken.

An Gymnasien und Realschulen kann die Verwendung von Sprache vor dem Hintergrund von Slam Poetry und der Werke der Hochkultur untersucht werden, um so ein Gefühl für die eigene Sprache und Sprachästhetik zu schaffen. Der Umgang mit Intertexten in der Literatur und mit Hypertexten im Internet, der für die heutige Gesellschaft prägend und besonders wichtig ist, kann besonders an Slam Poetry erarbeitet werden, da sich die Slam-Poeten sowohl auf andere Werke aus Film, Fernsehen, Internet und Literatur beziehen als auch untereinander immer wieder aufeinander verweisen.

Doch bedeutend wichtiger an Haupt- und Förderschulen ist es, den Schülern Anregungen für neue Betätigungsfelder aufzuzeigen, in denen sie sich kreativ darstellen können, da sich die Institution Schule »immer noch zu weiten Teilen unsensibel für die Sprache, für Formen und Möglichkeiten des Ausdrucks, für Lebensstile, kulturelle Interessen und Gepflogenheiten von Kindern und Jugendlichen«[256] verhält. Poetry Slam bietet zumindest die Möglichkeit, diesen Lebensstilen und Interessen unter Verwendung der eigenen Sprache Ausdruck zu verleihen, sich Gehör zu verschaffen und den eigenen Gefühlen ›freien Lauf zu lassen‹. Ein ästhetischer Umgang der Sprache kann durch das Vermitteln von Slam Poetry gefördert werden.

Auch die Arbeit mit den modernen Medien wird immer wichtiger für die Zukunft der Schüler. Textverarbeitung und Grundkenntnisse in der Benutzung des Internets sind Basisfähigkeiten, die jeder Schulabgänger beherrschen sollte. Viel zu selten sind diese neuen Medien allerdings Teil der täglichen Arbeit an Schulen. Gerade im Umgang mit dem Internet, zu dessen effizienter Benutzung mehr Kenntnisse gehören als oft angenommen, existieren meist noch große Wissenslücken. So wird die *Google*-Suchleiste im Browser *sehr oft* als Adressfenster benutzt, indem bei *Google* statt eines Suchwortes eine Internetseite (*www.NameDerSeite.de*) eingegeben wird. Das ist nicht weiter tragisch, da die Schüler trotzdem – wenn auch über einen Umweg – auf die gewünschte Website gelangen, aber es zeigt, dass bereits einfachste Grundkenntnisse in der Bedienung der neuen Medien oft fehlen. Auch die nötige Medienkritik und das Bewerten verschiedener Ergebnisse einer Suchanfrage während einer Internetrecherche werden viel zu selten geübt. Aus diesem Grund ist das Verwenden neuer Medien ein wichtiger Teil in der Unterrichtseinheit über Poetry Slam.

8.2.3 Exemplarische Bedeutung

Mit dem Schreiben von Slam-Poesie wird das zielgerichtete Schreiben und das Ausdrücken von Wünschen, Zielen und Ideen erlernt. Es geht darum, ein Gefühl für die Sprache aufzubauen (Hauptschule und Förderschule) oder die Sprache zu ästhetischen Zwecken nutzen zu können

---

256 Mack, Wolfgang (2004): Die Tantalus-Situation und der soziale Ort der Schule. In: Baur, Werner; Mack, Wolfgang; Schroeder, Joachim (Hg.): Bildung von unten denken. Aufwachsen in erschwerten Lebenssituationen - Provokationen für die Pädagogik; Festschrift zum 60. Geburtstag von Gotthilf Gerhard Hiller. Bad Heilbrunn/Obb.: Klinkhardt, S. 337–348.

(Gymnasium und Realschule). Diese Kompetenzen in der zielgerichteten Benutzung der Schriftsprache oder der vielfältigen Ausdrucksmöglichkeiten können daher auch auf die orale Kommunikationssituation übertragen werden, denn auch bei dieser geht es darum, sich adäquat äußern und ausdrücken zu können.

Der Prozess des Schreibens erfüllt drei Hauptfunktionen (die psychische, soziale und kognitive Schreibabsicht[257]), deren Chancen Schüler erkennen und selbst erproben sollten. Erst dadurch, dass ihnen Raum zum selbständigen Schreiben geboten wird, werden sie in der Lage sein, diese Schreibfunktionen auch für sich nutzbar zu machen. Poetry Slam kann ein Weg in diese Richtung sein, da all diese drei Funktionen prinzipiell durch Slam-Poetry-Texte erfüllt werden können. Ähnliches gilt für die kommunikative Grundfunktion von Texten[258], die zu großen Teilen durch Slam Poetry erfüllt werden können. So kann Slam Poetry einen appellativen, informativen und/oder einen ästhetischen Charakter besitzen.

Weiterhin lernen die Schüler mittels der Einheit zur Performance ihren Körper hinsichtlich der nonverbalen Kommunikation besser kennen und erfahren, wie man mit Hilfe der Mimik und Gestik Gesagtes unterstreichen und verstärken kann. In Bewerbungsgesprächen und vielen anderen Situationen des gesellschaftlichen Lebens ist dies von Bedeutung.

8.3 Überlegungen zum Lehr- und Lernprozess

8.3.1 Einführung und Allgemeines

Damit sich die Schüler eine eigene Vorstellung von Poetry Slam verschaffen können, bietet es sich an, Slam-Poeten einzuladen. In nahezu jeder Stadt finden sich Slam-Poeten, die zum Teil auch Workshops geben. Wenn Professionelle in den Unterricht eingeladen werden, steigert das die Motivation der Schüler, verleiht es der Unterrichtseinheit mehr Authentizität und die Schulmauern öffnen sich für neue Einflüsse von außen.

257 Vgl. Fix 2006, S. 41.
258 Vgl. Ebd., S. 73 f.

Abgesehen davon, dass ein Slam-Poet auch die Vorbereitungszeit für den Lehrer dezimiert, kann dieser mit Anekdoten und Wissen das Klassenklima vorrübergehend positiv beeinflussen.

Sollte es nicht möglich sein, einen Slam-Poeten als Gast einzuladen, empfiehlt sich der Einstieg über Videos, um die Aufmerksamkeit der Schüler für dieses Thema zu wecken.

An **Gymnasien** und **Realschulen** bietet es sich an, die verschiedenen Facetten von Slam Poetry zu zeigen (Vgl. Kap. 4), sodass jeder Schüler seinen Stil, seine Gattung und sein Thema finden kann.

An **Haupt-** und **Förderschulen** bieten sich für den Einstieg eher Videos an, die sich des Humors als Stilmittel bedienen, dabei dürfen die Texte an sich aber auch ernstere Intentionen beinhalten. Den Umschwung zu anderen Textarten kann man im Verlauf der Unterrichtseinheit schaffen. Über den Humor kann man die Schüler für das Thema begeistern. Schwer verständliche Lyrik könnte eine Verweigerungshaltung auslösen. Gerade durch die Existenz unterhaltsamer Texte im Poetry Slam, die sich der Alltagssprache bedienen und die Lebenswelt der Jugendlichen thematisieren, besteht m. E. überhaupt erst die Möglichkeit, Poetry Slam an Förder- und Hauptschulen zu thematisieren, besonders wenn man den Fokus auf die männlichen Schüler in der Pubertät richtet. Lyrik, die eine oft schwer verständliche Sprache verwendet, oder Prosa, die die Gesellschaft kritisiert, wäre den Jugendlichen nicht unmittelbar zugänglich. Ziel von Slam Poetry ist es jedoch, unmittelbar und beim ersten Hören zugänglich zu sein.

Ich möchte betonen, dass auch andere Genres des Slam Poetry unbedingt eingebracht werden sollten, da sonst ein falscher Eindruck von diesem Veranstaltungsformat entstehen könnte. Jedoch ist dafür ein späterer Zeitpunkt geeigneter.

Im Anschluss an die Videos sollten die Schüler die Gelegenheit bekommen, einen ersten eigenen kurzen Text zu verfassen.

Mittels des Arbeitsblattes können in den folgenden Stunden verschiedene Textformate im Poetry Slam mit den Schülern geklärt werden (Vgl. Anlage A1). Damit wird stets der Auftrag verbunden sein, einen eigenen Anfang zu einem derartigen Text (Gedicht, Aufzählungstext, Mitmach-Text, Rap, Story-Telling) zu schreiben. Der Textanfang soll lediglich als Input dienen. Auf diese Weise sollen die Schüler jedoch herausfinden, welches Format und welches Thema ihnen besonders gefällt, um eben jenen Text entweder zu beenden oder aber eine neue Idee – auf Grundlage des erarbeiteten Wissens – in Angriff zu nehmen. Dadurch, dass die Schreibaufgaben über mehrere Unterrichtsstunden hinweg vereinzelt bearbeitet werden, können sie auch einen schnellen Methodenwechsel ermöglichen, um die Schüleraktivität zu verändern oder zu steigern.

An **Gymnasien** und **Realschulen** können die Gattungen und Stilmittel auch anhand von Videos oder Texten analysiert werden, um typische Gestaltungsmittel der Slam Poetry zu erarbeiten.

Nach dieser ersten Schreibaufgabe und dem ersten Eindruck zu Slam Poetry mittels der Videos werden die Schüler die Gelegenheit bekommen, selbst im Internet zum Thema Poetry Slam zu recherchieren. Informationen finden sich dort reichlich, da Slam-Poeten und Veranstalter vielerlei Informationen wie z. B. das Reglement oder historische Fakten über Poetry Slam in das Internet einstellen. Die Arbeit erfolgt nach dem medienpädagogischen *Arbeitsmittelkonzept* von Tulodziecki.

> »Solche Arbeitsmittel können [...] aus Aufgabenstellungen und Arbeitsanweisungen bestehen, die unter Rückgriff auf verschiedene Quellen eigenständig zu bearbeiten sind. [...] Die Funktion der Lehrenden besteht im Arbeitsmittelkonzept in der Bereitstellung und Gestaltung von Materialien als Lernumfeld, in dem die Lernenden im Rahmen spezifischer Vorgaben selber aktiv werden. Lehrende begleiten und unterstützen diese Aktivitäten.«[259]

Da Schüler gern selbst handelnd an Aufgaben herangehen und die Aufmerksamkeitsspanne bei Lehrervorträgen meist sehr kurz ist, sollte man sich eine Vielzahl einleitender Worte sparen und die Schüler direkt aktiv werden lassen. Drei Arbeitsblätter stehen ihnen zur Verfügung (Vgl. Anlage A2 Förderschule, Hauptschule), mit deren Hilfe sie Fragen zu Poetry Slam beantworten und Eindrücke sammeln sollen.

Die Informationsentnahme für **Förder-** und **Hauptschulen** verläuft entweder über eine komplett freie Suche im Internet oder über Tipps bzw. Schlagworte, die den Schülern für eine erfolgreiche Suche zur Verfügung stehen, sowie über kleine abgedruckte Texte, in denen sich die wichtigen Informationen finden lassen. Auch bleibt Zeit, sich auf *Youtube* verschiedene Videos von Slam-Poeten anzusehen, um das Bild über Poetry Slam mittels eines Mediums, das den Schülern Freude bereitet, weiter zu ver-

---

259 Vgl. Barsch 2006, S. 110.

tiefen. Je nach Medienkompetenz der Schüler können auch Informationen von den Arbeitsblättern entfernt werden.

Für **Gymnasien** und **Realschulen** stehen ähnliche Aufgabenblätter zur Verfügung (Vgl. Anlage A2 Gymnasium, Realschule), die allerdings ohne Hinweise zu Internetseiten sowie ohne vorgefertigte Textausschnitte auskommen und teilweise einen höheren Abstraktionsgrad bei der Bearbeitung der Aufgaben erfordern. Sollten die Schüler Schwierigkeiten bei der Bearbeitung haben, können natürlich auch die Hinweise aus den anderen Arbeitsblättern zur Verfügung gestellt werden.

Immer wieder sollten Poetry-Slam-Videos oder im Idealfall gar echte Auftritte von Slam-Poeten in die Unterrichtseinheit eingebaut werden, um den Schülern weitere Beispiele und die unmittelbare Erfahrung mit Slam Poetry zu bieten. Diese Texte dürfen auch nur der Unterhaltung dienen und müssen keine unmittelbare Analyse nach sich ziehen. Auch ein richtiger Poetry Slam wird von dem Publikum zur Unterhaltung genutzt. Das muss in der Schule nicht anders sein. Denkprozesse und textliche Analysen werden von den Schülern trotzdem getätigt (besonders dann, wenn das Thema schon länger behandelt wird), dazu müssen diese nicht verbalisiert werden.

Die Wirkung eines Live-Vortrags ist eine komplett andere, als die, die ein Video erzeugen kann. Tempi- und Lautstärkewechsel können live viel intensiver wahrgenommen werden und wirken besonders nachhaltig. Viele Schüler sind erstaunt, was man mit der Stimme und dem Körper anstellen kann, um Texte zu präsentieren. An Haupt- und Förderschulen hat die Live-Lesung noch eine weitere Bedeutung: Denn in den Herkunftsfamilien der meisten Schüler fand nur eine geringe bis keine Lesesozialisation im Elternhaus statt.[260] Derartige ›Vorlese-Situationen‹ bereiten ihnen daher oft viel Freude. Außerdem kann durch einen Slam-Poeten im Unterricht eine ganz andere Authentizität für die Unterrichtseinheit geschaffen werden, um auf diese Weise auch die Motivation der Schüler zu stärken.

Zu dieser Authentizität gehört es auch, dass der Lehrer die Schreibaufgaben, die den Schülern gestellt werden, selbst bearbeitet und die eigenen Ergebnisse ebenfalls vor- und zur Kritik gestellt werden. Auf diese Weise signalisiert man den Schülern, dass die Schreibaufgaben auch für die Lehrperson einen Aufforderungscharakter besitzen und mehr sind als

260 Vgl. Volz 2005, S. 143.

eine reine ›Beschäftigungstherapie‹. Das Mitschreiben des Anleiters ist einer der wichtigsten Grundsätze in Schreibwerkstätten und sollte, so gut das in der Schule möglich ist, auch durch die Lehrperson umgesetzt werden. Wenn man von Schülern verlangt, dass sie derartig persönliche Einblicke in ihr Leben oder ihre Gedankenwelt gewähren, dann sollte diesen Schritt auch der Lehrer bei sich zulassen. Ein weiterer Vorteil dabei ist, dass der Anleiter dann auch nur Schreibaufgaben stellt, die erstens nicht zu intim sind, um sie einer Gruppe vorzustellen, und die zweitens für ihn selbst genügend Schreibmotivation bieten, um sie zu bearbeiten. Ist dies nicht der Fall, so sollte die Lehrperson auch nicht davon ausgehen, dass diese Aufgabe für andere Teilnehmer interessant wäre. Vor dem Hintergrund dieser Reflexion können dann geeignete Schreibanlässe gewählt werden.

8.3.2 Der Schreibprozess

Für das Schreiben von Slam Poetry bietet sich vor allem das *prozessorientierte Schreiben* mit der Betonung des Planens, Schreibens und Überarbeitens an wie auch das *kreative Schreiben,* das die eigene Subjektivität in den Fokus rückt (Vgl. Kapitel 8).

Das *personale Schreiben*, zu dem auch das assoziative, das experimentelle Schreiben und das Verfassen von Tagebüchern gehören[261], sind für Poetry-Slam-Texte und für Slam-Bühnen deutlich zu persönlich. Zwar wäre personales Schreiben *prinzipiell* durchaus möglich, als Anleiter sollte aber darauf geachtet werden, dass die Schüler gefestigt genug sind, um solche intimen Texte vorzutragen. Wenn das nicht der Fall ist, sollten lieber andere Schreibangebote zur Verfügung gestellt werden.

Das *freie Schreiben* wiederum ist für Slam Poetry durchaus geeignet, doch sind mit dieser Methode, die die Freiheit von Zeit, Ort, Inhalt und Form postuliert[262], auch Schwierigkeiten verbunden: Die extreme Offenheit, die das *freie Schreiben* bietet, kann besonders unerfahrene Schreiber abschrecken, überfordern oder gar Schreibblockaden hervorrufen. Denn das freie Schreiben »stellt eine sehr anspruchsvolle Anforderung dar, weil man nicht nur den Anfang des Formulierens finden muss, sondern sich

261 Vgl. Spinner 1993, S. 18.
262 Vgl. Abraham et al. 1998, S. 138.

auch den funktionalen und thematischen Rahmen abzustecken hat – Aufgaben, die beim angeleiteten Schreiben durch entsprechende Vorgaben wegfallen.«[263]

Dennoch sollte bei allen Schreibaufgaben *immer* angeboten werden, dass auch ein vollkommen anderes Thema bearbeitet werden kann, um auch den Interessen der Schüler nachzukommen und ihnen die Chance zu bieten, sich mit Inhalten auseinanderzusetzen, die sie selbst bewegen. In den wenigsten Fällen wird aber tatsächlich das freie Thema gewählt werden. Die Form des Textes hingegen sollte bei Slam Poetry immer frei wählbar sein, da Schüler dahingehend oft klare Vorstellungen und Vorlieben besitzen. Zu einem späteren Zeitpunkt sollte ihnen – wenn es nicht von allein passiert – aber auch angeboten werden, sich einmal in anderen Textformen zu erproben.

Besonders an **Förder**- und **Hauptschulen** stellt die Freiheit von Zeit und Ort beim *freien Schreiben* ein Problem dar. Bei dieser Klientel ist gerade eine Strukturierung des Arbeitsablaufes wichtig, besonders wenn die Schüler nicht an Freiarbeit gewöhnt sind. Dennoch sollte versucht werden, die Schüler so oft wie möglich auf verschiedene Räume aufzuteilen, auch um den unterschiedlichen Arbeitsprozessen gerecht werden zu können. Beispielsweise wäre es äußerst störend, wenn einige Schüler ihren Vortrag üben möchten, während sich der andere Teil der Klasse noch im Schreibprozess befindet.

Um kreative Prozesse auszulösen, ist es von erheblichem Vorteil, thematische oder formelle Impulse zur Verfügung zu stellen. Sie aktivieren vorhandene Muster, entfalten Imaginationen und Fantasien und generieren auf diese Weise neue Ideen.[264]

Diese Impulse können Reizwörter, Bildimpulse, musikalische Einspielungen, Erinnerungen, Fantasiereisen oder konkrete Aufgabenstellungen sein wie »Wie würde dein Leben aussehen, wenn du kein Mensch geworden wärst?«

Das Arbeitsblatt für die Textgattungen (Vgl. Anlage A1) löst die Schreibimpulse vorrangig durch Reizwörter oder konkrete Schreibaufgaben aus. Dabei sollten immer verschiedene Reizwörter oder Schreibaufgaben angeboten werden, die aus unterschiedlichen Themenfeldern stammen, um sicherzugehen, dass für jeden Schüler auch ein ansprechen-

263 Fix 2006, S. 151.
264 Vgl. ebd.

der Impuls angeboten wird. Da man als Lehrer oft die Interessenfelder seiner Schüler kennt und um die Dinge weiß, die sie zu diesem oder jenem Zeitpunkt bewegen, sollten die Schreibaufgaben selbstverständlich an deren Vorlieben ausgerichtet sein, um geeignete Einfälle zu provozieren.

Um eine Art Stoffsammlung zu einem Thema für die Schüler zu ermöglichen, kann eine viel besprochene Technik in der Schreibdidaktik thematisiert[265] werden: das Cluster.

Diese Methode geht auf Gabriele Lusser Rico zurück. Das Clustering ist ein Brainstorming-Verfahren, das mit freien Assoziationen arbeitet. Dabei wird ein Ausgangswort in die Mitte eines Blatt Papiers geschrieben und davon ausgehend werden Assoziationen mit diesem Wort verknüpft. Jede Assoziation kann eine weitere auslösen, die mit Strichen untereinander verbunden werden. Daraus können Assoziationsketten und Verzweigungen entstehen. Eine neue Assoziation setzt wieder bei dem Ausgangswort an. Wichtig dabei ist, dass keine Zensur durch die clusternde Person stattfindet. Das wird realisierbar, indem das Cluster so schnell wie möglich und ohne viel Nachdenken niedergeschrieben wird. Bildliches Denken soll auf diese Art und Weise sichtbar und das scheinbare ›Chaos‹ zugelassen werden, um Gedanken und Erfahrungen aus dem eigenen Leben freizusetzen. Erst nach dem Clustering wird durch den Schreiber ausgewählt, welche Ideen für das eigene Schreiben verwendet werden sollen.

Durch dieses Verfahren soll nicht nur die linke Hemisphäre des Gehirns, die dem begrifflichen und logischen Denken dient, aktiviert werden, sondern auch die rechte, die für bildliches Denken, Kreativität und Gefühle verantwortlich ist.

Bei der Anwendung der Cluster-Methode an Schulen sollte betont werden, dass es sich beim Clustering nicht um eine Stoffsammlung im Sinne einer kognitiven Leistung handelt, sondern um ein spontanes, assoziatives Verfahren. Im besten Fall sollte dieses Vorgehen mit den Schülern vorher trainiert werden, indem z. B. ein Schüler ein Ausgangswort nennt wie *Frühstück*, dieser dann einem Mitschüler einen Ball zuwirft, welcher zu dem Ausgangswort so schnell wie möglich (maximal nach 2

265 Vgl. ebd. S. 153; Abraham et al. 1998, S. 109; Spinner 1993, S. 21; Abraham et al. 2005; Werder 2007.

Sekunden) einen neuen Begriff assoziiert wie z. B. *Brötchen, Nutella* oder *Sonntag*.

Besonders an **Gymnasien** sind viele Schüler oft zu »verkopft«, um eine derartige Aufgabe zu lösen. Hier wird oftmals der ›Wert‹ der Assoziation überprüft und eine kognitive Leistung hinter der Aufgabenstellung vermutet. Abhilfe schaffen da oft ›Wettkämpfe‹. Bei jüngeren Schülern kann die ganze Klasse zu einem Begriff assoziieren und der Lehrer schreibt die genannten Worte an die Tafel. Die Schüler bekommen die Aufgabe, so schnell passende Begriffe einzuwerfen, dass der Lehrer nicht nachkommt (auf ein Handzeichen der Schüler muss natürlich verzichtet werden).

Bei dem eigenen Cluster als Ideensammlung kann man den Schülern eine Vorgabe geben wie »Bitte notiert 20 Begriffe innerhalb von einer Minute zu eurem Ausgangswort«.

Bei den Schreibanlässen sind der Fantasie des Lehrenden keine Grenzen gesetzt. Werder hat in seinem Buch eine Vielzahl an Schreibstimuli und Schreibaufgaben aufgelistet, die sehr hilfreich sein können.[266]

So können zufällig ausgewählte Worte in einem Buch genauso Texte auslösen wie Musik, Fotos oder Artikel aus einer Zeitung. Abwandlungen von Lieblingstexten können Schreibanlässe bieten, Träume und Imaginationen in Ruhephasen (Meditation, Schweigen), Geräusche, die Beobachtung von Menschen in der Öffentlichkeit. Auch die Lieblings-Anekdoten aus dem eigenen Leben können verschriftlicht werden. Man kann die Schüler ein Wort auf einen Zettel schreiben, in einen Kasten werfen lassen und jeder Schüler zieht dann einen neuen Zettel (Variation: drei Kästen für Ort, Person und Tätigkeit).

Doch auch die besten und passendsten Schreibaufgaben und -impulse sind kein Garant gegen Schreibblockaden. Schreibblockaden können aus vielerlei Gründen auftreten und müssen ganz individuell gelöst werden. Sie können aus privaten Problemen oder einer unpassenden Schreibaufgabe resultieren, aus Themen, die starke emotionale Reaktionen bei dem Schreiber auslösen, oder aus ungünstigen Schreibstimuli wie eine Meditationsübung am frühen Morgen, die durch eine etwaige Müdigkeit der Schüler eher zu Unlust und Trägheit führen kann.

---

266 Vgl. Werder 2007, S. 69 ff.

> »Wirkliche Schreibblöcke erscheinen in der Schreibgruppe in letzter Form als Widerstand gegen das Vorlesen, als Widerstand gegen das Ausformulieren eines Textes oder als Unfähigkeit überhaupt mit dem Schreiben zu beginnen.«[267]

Diese Schreibblockaden können nur mittels eines Gespräches gelöst werden, in dem versucht wird, der Blockade auf den Grund zu gehen. Bei emotional belastenden Erfahrungen bietet es sich an, ein offenes Ohr für die Probleme zu haben und dem Schüler anzubieten diesen Ballast mittels eines Gespräches ›herauszulassen‹. Im weiteren Verlauf wäre es nötig, die Schreibaufgabe so zu modifizieren, dass der Schüler sich wieder wohl mit der Aufgabe fühlt. Je nach Bedarf sollte daher entweder das Problem zum Thema gemacht oder gemeinsam ein neues, anderes Schreibthema gesucht werden. Dabei spielt es keine Rolle, wie stark das neue Thema von der eigentlichen Schreibaufgabe abweicht, denn oberstes Ziel ist die Reduzierung der Schreibblockade.[268]

In jedem Fall sollte die Thematisierung der Schreibblockade behutsam erfolgen, um diese nicht weiter zu verstärken, da eine Blockade stets mit persönlichen Empfindungen, Gefühlen und Eindrücken in Verbindung steht.

8.3.3 Computergestütztes Schreiben und Revidieren

Um die entstandenen Texte überarbeiten zu können, bietet es sich an, diese erst einmal in einem Textverarbeitungsprogramm abzuschreiben, sofern sie nicht bereits dort entstanden sind. Falls es Schüler gibt, die von Anfang an ihren Text am Computer schreiben wollen, sollte man dies – sofern es die räumlichen Gegebenheiten zulassen – möglich machen, denn jeder Mensch hat seine Vorlieben beim Verfassen von Texten. Diesen nachzukommen, sollte die Aufgabe jedes Anleiters sein.

Eine Software wie *MS Word* oder *Open Office* weist die Schüler auf erste grobe Rechtschreibfehler hin, die auf diesem Weg ausgebessert werden können, ohne dass die Lehrperson korrigierend eingreift. In der Unterrichtseinheit zum Poetry Slam soll es allerdings nicht um korrekte Text-Dokumente gehen, da bei einem mündlichen Vortrag die Recht-

267 Ebd., S. 343.
268 Vgl. ebd.

schreibung eine sekundäre Rolle spielt und durch den Rezipienten nicht wahrgenommen werden kann. Weiterhin soll die Freude an dem Umgang mit Sprache erzielt werden und eine detaillierte Arbeit an der Orthografie der Schüler würde da kontraproduktiv wirken. Dennoch dürfen auch Hinweise zu Satzbau, Rechtschreibung und Grammatik gegeben und bei der Überarbeitung entsprechende sprachliche Schwachstellen thematisiert werden. Diese Bearbeitung soll allerdings nur nebenbei stattfinden und für die Schüler nicht demotivierend wirken. Vor der Korrektur des Lehrers sollte aber in jedem Fall der selbstorganisierte Lernprozess im Textverarbeitungsprogramm stehen, da er einige Vorteile mit sich bringt:

> »Wie ungern Schüler der Bitte um eine verbesserte Fassung nachkommen, weiß man. Und auch dort, wo die Lehrkraft einen von der Schreibgruppe bereits selbst revidierten Text – eventuell schon in mehreren Fassungen zur Auswahl – in die Hand bekommt und eine nochmalige Überarbeitung nach bestimmten Kriterien möchte, wird sie diese leichter und schneller bekommen können, da der Text ja als Datei vorliegt und seine Überarbeitung nicht mehr frustrierend, sondern im Gegenteil womöglich gar lustvoll ist.«[269]

Gerade an **Haupt-** und **Sonderschulen**, an denen vielerlei Lernschwächen existieren, ist es nicht zu rechtfertigen, die Schüler Aufgaben handschriftlich bearbeiten zu lassen, die für sie mit modernen Medien bedeutend schneller und motivierender erledigt werden können. Stattdessen ist es deutlich sinnvoller, ihnen den korrekten Umgang mit verschiedenen Hilfsmedien wie Taschenrechner oder Textverarbeitungsprogramm zu erklären, damit dieser barrierefrei durchgeführt werden kann und die Schüler auf diese Weise in ihrem Alltag entlastet werden. Außerdem kann durch den Einsatz von modernen Medien ein selbstorganisierter Lernprozess in Gang gesetzt werden, der die demotivierende Textrevision der Lehrperson überflüssig macht oder deren Umfang verringert.

Deutschunterricht allgemein sollte medienintegrativ ausgerichtet sein und sich moderner Medien wie dem Computer und des Internets bedienen. Diese Ansicht wird in der Deutsch- und Schreibdidaktik seit Ende der 90er Jahre vertreten.[270] Die elektronische Textverarbeitung sollte schon deshalb ihren Platz im Deutschunterricht finden, weil sie den handschriftlichen Schreibprozess in der Gesellschaft zunehmend ver-

269 Abraham et al. 1998, S. 113.
270 Vgl. Frederking 2005, S. 119.

drängt, so sind bspw. handschriftlich erstellte Lebensläufe heutzutage eher die Ausnahme als die Regel.

Weiterhin lassen sich mit Hilfe des Computers Fehler »problemlos korrigieren und Texte beliebig oft modifizieren, überarbeiten und verbessern. Auch im Zusammenhang mit kreativen Schreibarrangements kann der Computer didaktisch sinnvoll genutzt werden«.[271]

Ein Textverarbeitungsprogramm kommt dem kreativen Schreiben auch insofern sehr entgegen, als dass komplette Passagen verändert und immer wieder neu geschrieben werden können, ohne dass danach der frustrierende Prozess der Reinschrift ansteht. Während kreativer Schreibprozesse ist es normal, dass Textteile ständig umformuliert werden, bis der Verfasser damit zufrieden ist. Beim handschriftlichen Schreiben ist dies ein quälender Prozess, da auf einem Blatt Papier meist der Platz zum Umformulieren fehlt. Weggestrichene Passagen wirken auf den Verfasser als ein Indikator für seinen Mangel an Ideen und können im weiteren Verlauf die Motivation des Schreibers hemmen. Im Gegensatz dazu nimmt jedoch die Textqualität bei Texten, die an einem Computer verfasst werden, oft zu[272]:

> »Sowohl stilistisch als auch strukturell verfügt der Schreiber am Bildschirm über ständig realisierbare, auch wieder rückgängig zu machende Möglichkeiten der Ersetzung oder Umstellung von Wörtern oder ganzen Textteilen.«[273]

Die Schüler sollten daher auch in der Unterrichtseinheit zu Slam Poetry ihre ersten Entwürfe direkt am Computer verfassen können, zumal dieser eine erhöhte Motivation bietet und Ermüdungserscheinungen deutlich später eintreten lässt als beim handschriftlichen Schreiben.[274]

Die Schüler, die ihren ersten Entwurf jedoch zu Papier gebracht haben, nutzen den Computer spätestens für ihre Überarbeitung und ihre Textrevision.

---

271 Ebd., S. 120.
272 Vgl. Abraham et al. 1998, S. 113.
273 Ebd.
274 Vgl. Frederking 2005, S. 120.

Das Revidieren und Überarbeiten eigener Texte gehört unmittelbar zum Schreibprozess und spielt in der Schreib- und Deutschdidaktik eine bedeutende Rolle[275]:

> »Schreiber von Bewerbungen, Schriftsteller, ja selbst unter Zeitdruck stehende Journalisten (also Profis des Schreibens) werden hingegen keinen Text ohne eine gründliche Revision aus der Hand geben. [...] Kann es folglich richtig sein, von Schülern zu verlangen, daß ihre Erstfassungen Endfassungen sind? Wohl kaum.«[276]

8.3.4 Überarbeiten und Revidieren

Aus diesem Grund soll auch den Schülern in der Unterrichtseinheit zum Poetry Slam genügend Raum für das Revidieren und Überarbeiten eingeräumt werden. Wichtig dabei ist, dass ein zeitlicher Abstand zwischen dem ersten Entwurf und der Korrektur liegt, um den eigenen Blickwinkel verändern und sich in die Rolle eines Lesers/Hörers hineinversetzen zu können. Den Schülern sollte während der Überarbeitungsphasen deutlich gemacht werden, dass auch die Revision ein Teil der Texterstellung ist, da Schüler gern mit dem letzten Wort ihres Textes fertig sind und die Aufgabe als beendet angesehen wird. Diese Vorstellung seitens der Schüler sollte zumindest ansatzweise verändert werden.

Auch eine Schreibberatung in Kleingruppen ist hilfreich, innerhalb derer ein Feedback mit Hinweisen zur Verbesserung gegeben werden kann. An Gymnasien und Realschulen kann dies je nach Klassenklima in einer angenehmen Atmosphäre durch die ganze Klasse erfolgen (z. B. im Stuhlkreis). An Förder- und Hauptschulen sind Kleingruppen oft besser geeignet, da so die Möglichkeit besteht, in einem ruhigeren Rahmen, wesentlich konzentrierter an den Texten zu arbeiten. Die Schreibberatung hat auch den entscheidenden Vorteil, dass die Schüler andere Texte zu hören bekommen, die ihnen einen Neuzugang zu dem eigenen Entwurf ermöglichen.

> »Texte anderer zur Kenntnis zu nehmen, versorgt jede und jeden mit neuen inhaltlichen und textuellen Impulsen und Einsichten.

275 Vgl. Abraham et al. 1998, S. 222 ff.; Portmann-Tselikas 2005, S. 174 ff.; Fix 2006, S. 164 ff.; Werder 2007, S. 85 ff.

276 Abraham et al. 1998, S. 223.

> Schon der diese Kenntnisnahme begleitende implizite Vergleich ermöglicht Unterscheidungen, Wertungen, eröffnet Alternativen auch für das eigene Formulieren und gibt schließlich eine Vorstellung davon, welches das ›beste erwartbare‹ Niveau in der Klasse ist.«[277]

Da die Schüler allerdings wenig Erfahrung im Umgang mit Schreibberatung und dem Geben von Rückmeldungen haben, werden sie einen Feedback-Bogen (Vgl. Anlage A3) bekommen, anhand dessen sie Stärken und Schwächen von Texten ausweisen können. Dieser Feedback-Bogen wurde in Anlehnung an ein Bewertungssystem von Petra Anders abgeändert.[278] Sollte den Schülern das Geben von Rückmeldungen bekannt sein, können natürlich auch die eigenen Verfahren genutzt werden.

Der Umgang mit diesem Feedback-Bogen sollte – je nach Schulart – vorher genau besprochen und geübt werden. Um für den Anfang Distanz zu den zu bewertenden Texten zu bewahren, kann die erste und evtl. eine zweite Bewertung an einem Video-Clip eines Slam-Poeten bzw. während eines Live-Vortrags erfolgen.

Auf diesem Fragebogen kann eine Interessenskurve eingezeichnet werden, um schwächere und besonders interessante Phasen zu identifizieren. Auch sollte eine Note für den Gesamteindruck von 1–10 vergeben werden. Die weiteren Fragen gehen dann ins Detail, um herauszufinden, wo ganz genau nachgearbeitet werden sollte und wo der Text bereits gelungen ist. Nach dieser Rückmeldung bekommen die Schüler die nötige Zeit, um ihren Text gemäß diesen Kriterien zu prüfen und ggf. zu ändern.

Andere, spielerische Techniken beschreibt Werder[279]:

- **Gruppe 47:** Ein Schüler liest seinen Text vor. Im Anschluss geben die Mitschüler eine Rückmeldung zu dem Gehörten, ohne dass sich der Autor äußern und rechtfertigen darf. Erst nachdem das Feedback beendet wurde, darf der Autor zu den Äußerungen Stellung beziehen.
- **Lektorspiel:** Ein Schüler ist der Lektor für einen anderen Schüler und nimmt dessen Text mit nach Hause. Bis zur nächsten Stunde verfasst er zu dem Text einen Kommentar.
- **Disputation:** Für einen Text werden ein Richter, ein Kritiker und ein Verteidiger gewählt. Dabei hat der Kritiker die Aufgabe, das zu benennen, was nicht gelungen ist, und der Verteidiger nimmt den Text und die gelungenen Stellen in

277 Portmann-Tselikas 2005, S. 179.
278 Vgl. Anders 2007, S. 112.
279 Vgl. Werder 2007, S. 86 f.

Schutz. Das Publikum darf bei den Argumenten reagieren und seine Meinung äußern. Dem Richter kommt die Aufgabe zu, am Ende ein Urteil zu fällen.

- **Anwalt:** Ein Schüler wird zum Anwalt eines fremden Textes und stellt sich der Kritik der anderen.
- **Kette:** Nachdem ein Text vorgestellt wurde, muss jeder Schüler den Text mit einem Satz kommentieren. Gleiche Urteile sind dabei jedoch verboten.

Sollten auch dann einige Texte noch große Schwachstellen besitzen, können diese anhand der Checkliste (Vgl. Anlage A4) identifiziert werden. Diese Checkliste kann bei Bedarf angewendet werden, falls ein Text noch große Schwachstellen besitzt und der Schüler diese von selbst nicht ausfindig machen kann. Auch Fix nennt die Checkliste als eine mögliche methodische Handlungsmöglichkeit, um die Revision zu unterstützen.[280] Abgefragt werden teilweise sehr einfache Gegebenheiten, die vielleicht auf den ersten Blick lapidar erscheinen, aber aus der Erfahrung heraus oft falsch gemacht werden. Ausgehend von der Erfahrung, dass einige Schüler ihre Geschichten nur aufzählend vorantreiben (»Ich treffe mich am ZOB mit meinen Freunden, danach gehen wir zu McDonald's, dort wird uns aber schnell langweilig, deshalb gehen wir zu mir ...«), sollen die Schüler mittels der Checkliste dazu angehalten werden, eine *außergewöhnliche* Handlung an einem *kleinen, überschaubaren* Ort ablaufen zu lassen und inhaltlich auszubauen, um so auch Gefühlen und zwischenmenschlichen Interaktionen inhaltlichen Raum zu bieten.

Auch werden oft zu viele Personen in die Geschichten eingebaut, ohne dass diese bedeutsam für den Inhalt wären. Aus diesem Grund engt die Checkliste die handelnden Figuren auf den Protagonisten (oft der Ich-Erzähler), einen Begleiter und einen Antagonisten ein. Natürlich sollte diese Figurenkonstellation nicht zu starr gesehen werden, aber für erste Schreibversuche hat es sich so als hilfreich erwiesen.

Eine zweite Checkliste fragt die Aufzählungstexte ab. Diese besitzen einen deutlich einfacheren Aufbau (Vgl. 4.1). Ein Aufzählungstext bedarf nur einer Kernaussage, zu deren Verdeutlichung meist absurde Beispiele angeführt werden. Die meisten dieser einzelnen, aneinander gereihten Darstellungen beginnen mit dem gleichen Satzanfang (Anapher).

Da Gedichte von den Schülern häufig sehr persönlich verfasst werden, ist es in diesen Fällen deutlich schwieriger, eine starre Liste anzuwenden und Techniken abzufragen, da hier meist das Gefühl vor dem Schreibstil liegt. Eine Checkliste würde in solchen Fällen die individuellen Bedürf-

280 Vgl. Fix 2006, S. 178 ff.

nisse des Einzelnen überschatten, weshalb in solchen Situationen jeder Lehrer selbst gefordert ist, auf den Schreiber einzugehen.

Im weiteren Verlauf können kleine Mängel auch noch während des Performance-Trainings (Vgl. 8.4.5.) thematisiert und beleuchtet werden. Dabei soll es nicht darum gehen, ›von oben‹ einzugreifen, sondern über verschiedene Textteile zu sprechen, bei denen es z. B. während des Vorlesens Probleme gibt. Das kann durch grammatikalische Fehler oder durch einen fehlerhaften Satzbau der Fall sein. Durch ein gemeinsames Gespräch und das geöffnete Textdokument am Computer können manche Mängel schnell behoben werden. Auf diese Weise kann man die Schüler auf Fehler aufmerksam machen, die sie selbst noch nicht bemerkt haben, und sie diese in einem zweiten Schritt möglichst selbst korrigieren lassen.

Grundlage für dieses Arbeiten ist natürlich, dass andere Schüler selbständig oder in der Gruppe mit einer eigenen Aufgabe befasst sind, sodass man die Zeit für ein individuelles Vorgehen zur Verfügung hat.

Am **Gymnasium** und an der **Realschule** können diese Hilfestellung natürlich auch in der Kleingruppe untereinander erfolgen, falls die Schüler gemeinsam an ihren Performances arbeiten und sie sich diese gegenseitig vorstellen.

Ebenfalls können in dieser Phase Hinweise zur inhaltlichen und stilistischen Verbesserung gegeben werden. Da die Schüler die Produzenten ihrer Texte sind, dürfen sie selbstverständlich selbst entscheiden, ob sie die Hinweise annehmen oder nicht. In einem Gespräch kann der Anleiter seine Sicht auf den Text darstellen und versuchen, einen kreativen Austausch gemäß einer Schreibkonferenz zu Stande zu bringen, ohne dem Schüler dabei etwas aufzudrängen. Es versteht sich von selbst, dass dabei der Schülertext erhalten bleiben und nicht komplett verändert werden soll. Es geht hierbei um einen ›Feinschliff‹, der auf Schreiberfahrungen des Lehrers und der Wirkung von Texten mit dem Blick auf die Adressaten beruht. Die offene kommunikative Atmosphäre sowie das Reden über den Text stehen hierbei im Vordergrund und sollen eine Chance zur Verbesserung bieten. Vertretbar ist dieses Vorgehen durch ein ernsthaftes und ehrliches Interesse an den Schülertexten:

> »In manchen Fällen wird es nötig sein, dass Lehrkräfte […] auch selbst Hinweise auf inhaltliche, textuelle und sprachliche Anforderungen geben und Konsequenzen für die Überarbeitung ziehen. Solche Informationen können extrem erhellend wirken; allerdings kommt die Sicht der Lehrkraft nicht nur von außen, sondern

ebenso von oben. Sie kann aus einer Sprache und aus einer Perspektive formuliert sein, die für die Schreibenden weniger leicht zu verstehen bzw. anzunehmen ist, als es die (vielleicht weniger präzisen, aber besser akzeptierbaren) Vorschläge von MitschülerInnen sind.«[281]

8.3.5 Performance-Training

Poetry Slam wäre für die Zuschauer nur halb so interessant, würden die Poeten ihren Texten kein Leben einhauchen. Lebhaftigkeit wird auf Bühnen durch die Performance erzeugt, mit der die Poeten ihre Texte verstärken. Dazu gehören Tempi- und Lautstärkewechsel genauso wie der Einsatz von Mimik und Gestik.

Um den Nutzen von Performance zu verdeutlichen, bietet es sich an, als Einführung ein auf lautlos gestelltes Video zu zeigen, in dem ein Poet seinen Text stark performativ begleitet. Nun können die Schüler Vermutungen äußern, worum es in dem Text geht. Meistens werden immer einige richtige Assoziationen geäußert, sodass man den Schülern dadurch sehr deutlich machen kann, wie aussagekräftig allein die Performance mancher Texte sein kann. Findet sich ein solches Video nicht, so kann man auch auf Pantomime-Videos zurückgreifen, die sich auf Video-Portalen finden.

Besonders interessant für Schüler ist ein Video des deutschen Rappers *Sido*, dessen Lied *Carmen* von dem Comedian *Max Giermann* pantomimisch untermalt wurde. Dieses Video verdeutlicht, dass man *jeden* beliebigen Text mittels Mimik und Gestik verstärken kann.[282] Für Klassen, die eher Rock-Musik mögen, kann mit dem gleichen Effekt auf das Video zu *lasse redn* [sic!] der Band *Die Ärzte* mit dem Schauspieler *Martin Klempnow* zurückgegriffen werden.[283]

In dieser ersten Auseinandersetzung mit Mimik und Gestik sollten den Schülern der Sinn und die Bedeutung von Performance im Poetry Slam deutlich werden.

---

281 Portmann-Tselikas 2005, S. 180.

282 Die Schlagwörter: »Sido«, »Carmen«, »Max Giermann« und »World Of Comedy« sollten zu dem entsprechenden Video auf *Youtube* führen.

283 Die Schlagwörter: »Die Ärzte« und »lasse redn« sollten zu dem entsprechenden Video auf *Youtube* führen.

Mit verschiedenen kleinen Übungen soll nun in dem Performance-Training der Einsatz der Stimme genauso geübt werden wie der Einsatz des Körpers.

Im Bereich der Sprache kann an folgenden Schwerpunkten gearbeitet werden:

1. deutliche Aussprache durch Zungenbrecher und Sätze zum Differenzieren von Klingern, Reibelauten und Verschlusslauten [284]:

   »Im dichten Fichtendickicht nicken die dicken Fichten, die dicken Fichten nicken im dichten Fichtendickicht.« (Zungenbrecher)

   »Armer Mann, ermahne Armin: ›Wer macht vermehrt, Der minder' mancher Mutter Müh' – Vermehr' vermess'ner Männer Mut‹!«[285] (Klinger)

   »Jetzt wetzt der Letzt', Gehetzt entsetzt Des Messers flitz'ge Spitz'!«[286] (Reibelaute)

   »Ich drücke das braune Blatt Backpapier passgenau auf dem Backblech platt« (Verschlusslaute)

   Für eine deutliche Aussprache kann die Zunge auch hinter die oberen Schneidezähne gelegt und dann ein Satz gesprochen werden.

2. Vorlesen möglichst neutraler Texte (Telefonbuch, Betriebsanleitungen) in verschiedenen Stimmungen (traurig, wütend, verliebt etc.). Auch das Zählen von 1-10 ist möglich, wobei mit jeder Zahl das Gefühl stärker ausgedrückt werden sollte.

3. Selbstsichere Präsentation auch bei schwierigen Wörtern, z. B. bei einer fiktiven Führung durch ein Dinosaurier-Museum, bei der jeder Schüler ein ausgestorbenes Urzeitwesen vorstellen soll:

   »Und vor Ihnen sehen Sie den Abelisaurus comahuensis.«
   »Wenn Sie dort rüberschauen, können sie den Klamelisaurus gobiensis erkennen.«

---

284 Vgl. Hey 2006.
285 Ebd., S. 44.
286 Ebd., S. 50.

4. Variation von Lautstärke, Tempo, Stimmung und Betonung

Hierzu kann ein Satz wie »Ich esse gerne Bausteine« variiert werden. In einem Kreis stehend ist es auch möglich, diesen Satz flüsternd zu beginnen und immer lauter zu werden oder auf diese Art und Weise die Gefühlslage zu steigern und zu intensivieren.

Im Bereich des Körpereinsatzes können u. a. die nachfolgenden Themenbereiche angesprochen werden:

1. Sicherer Stand, sicheres Auftreten und der richtige Umgang mit dem Mikrofon

- Der richtige Umgang mit dem Mikro sollte trainiert werden. Die Schüler sollten lernen, dass sie sich die Zeit nehmen sollen, das Mikro einzustellen, kurz in sich zu gehen und durchzuatmen, bevor sie mit dem Text beginnen.
- Im Anschluss sollte der Schüler einmal eine kurze Begrüßung und Anmoderation zu seinem Text vortragen und den Textanfang lesen. Den Schülern oder einem Schüler kann dabei die Aufgabe zukommen, den Vortrag durch Zwischenrufe zu stören, um das sichere und selbstbewusste Auftreten zu trainieren. Hierbei sollte natürlich darauf geachtet werden, dass das Klassenklima entsprechend gut ist, um dem Vortragenden mit solchen Übungen nicht zu schädigen. Beleidigungen ›unter der Gürtellinie‹ sollten prinzipiell tabu sein.

2. Gefühle und Situationen mittels Mimik und Gestik ausdrücken

Vorgegebene Gefühle und Situationen können entweder im Kreis oder verteilt im Klassenraum vorgestellt werden.

3. Geschichten mit dem Körper erzählen und mit ihm kommunizieren

- Der Anleiter liest oder denkt sich spontan eine Geschichte aus, in der zwei bis drei handelnde Figuren existieren, welche durch die Schüler verkörpert werden (es sind auch Tiere und Gegenstände möglich). Die Schüler müssen die Geschichte pantomimisch untermalen. Je abstruser die Handlung, desto lustiger wird es für alle Beteiligten.
- Eine Diskussion und ein Streit können in einem »Ja-Nein«-Gespräch dargestellt werden, in dem ein Schüler immer nur »Ja« sagen darf und der andere stets nur »Nein«. Bei diesem

Spiel ist man förmlich dazu gezwungen, den Körper zur Kommunikation einzusetzen

4. Hemmschwellen in der Benutzung des Körpers überwinden (Pantomimespiele)

- Die Schüler stehen im Kreis und werfen sich einen imaginären Ball zu, der in der Luft sowohl seine Form, seine Konsistenz und seine Größe wechselt (schleimig, klein, groß, schwer, leicht, dreckig, elektrisch geladen, heiß). Die Schüler müssen also darauf achten, auf welche Art und Weise sie den Ball annehmen und wieder weg werfen. Sobald der nächste Schüler den Ball fängt, hat dieser sich wieder verändert.
- Scharade: Der Lehrer lässt Zettel mit Begriffen ziehen, welche pantomimisch durch einen Schüler erklärt und durch die anderen erraten werden müssen.

5. Performance-Texte vorlesen

- Eine weitere Möglichkeit, die Performance an Texten zu üben, besteht darin, dass der Anleiter kurze erzählende Texte mitbringt, die sehr viele Elemente beinhalten, um die Geschichte performativ zu gestalten. Mittels Unterstreichungen und Hervorhebungen können sich die Schüler die Satzteile markieren, die sie stimmlich oder performativ hervorheben wollen.
  Beispiel:
  »Als Martin wieder zu sich kam, sah er auf die Uhr. Er fasste sich an die Stirn und bemerkte, dass er blutete. „Wer hat das getan?“, schrie er. „Ich war's.“, hörte er eine Stimme flüstern. Er sah sich um und erblickte einen kleinen Mann [...]«
- Auch hilft es oftmals, wenn Texte untereinander getauscht werden, sodass ein Mitschüler eine mögliche Performance ausprobiert. Dadurch, dass dieser Schüler nicht durch den Inhalt befangen ist, kann er ggf. mehr aus sich herauskommen.

Das ist nur eine kleine Auswahl möglicher Übungen. Eine Vielzahl von derartigen Spielen findet man im Internet über Suchmaschinen, auf entsprechenden Internetseiten zum Improvisationstheater[287, 288] oder in dem sehr empfehlenswerten Buch von Vlcek.[289]

287 http://www.impro-theater.de/dmdocuments/spielesammlung_zapalot.pdf [Datum der Recherche: 01.07.2010].
288 http://www.improwiki.de [Datum der Recherche: 01.07.2010].
289 Vlcek 2009.

Diese Übungen sollen den Schülern auf spielerische Art und Weise Freude an der Performance bieten sowie dem Ablegen von Hemmschwellen und dem Kennenlernen von Performance-Möglichkeiten dienen.

Ein weiterer Schritt zum Sichern der praktisch erlernten Kenntnisse wäre der Lückentext zu einem guten und einem schlechten Vortrag (Vgl. Anlage A5). Je nach Leistungsniveau und Schulart kann dieser Lückentext entweder mit den Stichworten am unteren Ende erarbeitet werden oder ohne die Hinweise. An Gymnasien kann diese Erarbeitung auch durchaus analytisch und ohne das Arbeitsblatt erfolgen.

Nachdem die allgemeinen Performance-Übungen durchgeführt und auch verschiedene Einsichten dazu gewonnen wurden, beginnt die Arbeit an dem eigenen Text. In dieser Phase soll der sichere Vortrag geübt und wichtige Schlagwörter im Text markiert werden, um das Lesen zu erleichtern. Auch müssen bei Team-Texten die Sprecherrollen verteilt werden und jeder Schüler muss sich eine kleine Performance zu seinem Text ausdenken. Wenn der Vortrag fertig einstudiert wurde, wird dieser in Kleingruppen vorgestellt und diskutiert, um ggf. noch Veränderungen vorzunehmen. Die Schüler, die ihren Vortrag sicher beherrschen, werden im Anschluss als Experten eingesetzt und unterstützen ihre Mitschüler bei den Proben ihrer Texte, bis auch diese bühnenreif sind und auf dem Poetry Slam der Schule vorgetragen werden können.

8.3.6 Präsentation

Das abschließende Präsentieren der Arbeitsergebnisse ist äußerst wichtig, da es einen Schlussmoment kennzeichnet und zu einer Würdigung der Arbeiten innerhalb der Klasse oder vor einem Publikum führt.

> »Diese Darbietung vor der ganzen Klasse empfanden die Kinder als den begehrten Lohn für die zweifellos anstrengende Zeit der Textübertragung. Ohne die Präsentation in den Veröffentlichungsstunden als Ziel hätten die Kinder die Mühe der manchmal langwierigen Überarbeitungen wohl kaum so bereitwillig in Kauf genommen.«[290]

---

290 Merkelbach 2006, S. 100.

Ob die Veröffentlichung der entstandenen Texte schriftlich oder mündlich erfolgt, ist dabei zweitrangig. Bei einer Unterrichtseinheit zu dem Thema *Poetry Slam* ist es jedoch ein logischer Schluss, als Präsentationsform einen Poetry Slam zu wählen. Je nach Bedarf kann dieser klassenintern ablaufen oder für die ganze Schule bzw. auch für Außenstehende öffentlich gemacht werden.

Um die Bereitschaft zum Vortragen auf dem Poetry Slam zu schaffen, hat es sich als äußerst hilfreich erwiesen, dass die Schüler bereits von der ersten Stunde darauf vorbereitet werden, ihren Text am Ende der Unterrichtseinheit vor Publikum präsentieren zu müssen. Es wäre nicht förderlich, einige Tage vor dem Poetry Slam die Schüler mit dieser Botschaft zu überraschen.

Während der Abschlussveranstaltung sollte versucht werden, die Atmosphäre eines Poetry Slams so gut wie möglich her- bzw. nachzustellen. So wäre es durchaus denkbar, den Poetry Slam als Abendveranstaltung in der Aula zu organisieren, um die entstandenen Texte auch gebührend zu würdigen. Auch sollte ein Mikrofon samt Boxen für den Poetry Slam genutzt werden. Dabei ist es egal, ob der Ort der Veranstaltung die Aula oder das Klassenzimmer ist: Zu einem Poetry Slam *gehört* ein Mikrofon, auch wenn der Raum so klein ist, dass man die verstärkende Wirkung des Mikrofons nicht zwangsläufig benötigt.

Wichtig ist es auch, die Gäste zu Beginn der Veranstaltung mit den Regeln eines Poetry Slams vertraut zu machen, ihnen zu erklären, dass es sich um einen ›Dichterwettstreit‹ handelt und die Texte selbst geschrieben wurden. Gerade an Schulen sehe ich es als bedeutsam an, dem Publikum den Leitsatz »*Respect the poets*« mit auf den Weg zu geben samt dem Hinweis, dass auch dann geklatscht werden sollte, wenn der Text vielleicht nicht den eigenen Geschmack getroffen hat, und dass es allein viel Mut benötigt, sich überhaupt auf die Bühne zu stellen und einen Text vorzutragen.

Bei Missachten dieser Regeln durch Schüler im Publikum sollte der Moderator (Lehrer oder der Slam Poet, der den Workshop geleitet hat) individuell reagieren. Je nach Schulart, Schulklima und persönlichen Voraussetzungen des Moderators kann zum Beispiel »zurückgepöbelt« werden. Dass dies auf eine sympathische und freundliche Art passieren sollte, muss dabei sicherlich nicht betont werden. Ein Slam-Poet schafft es in der Regel, schlagfertiger zu sein als ein Schüler, sodass der Moderator meist das letzte Wort haben wird. Diese Art des Unterbindens von

Störungen kann eine Lehrperson sicher bedeutend schwieriger nutzen, auch wenn dies bei öffentlichen Poetry Slams das übliche Vorgehen darstellt. Erst einmal sollten immer auf eine freundliche und unterhaltende Art die Störungen unterbunden werden, sodass die eventuellen Wortwechsel zwischen Moderator und Gast im besten Fall für das Publikum belustigend sind.

Manchmal kann es die Situation an einer Schule auch gebieten, rigoros durchzugreifen, indem der Moderator den Schüler nach dem Vortrag direkt auf dieses Fehlverhalten anspricht oder selbiger von der Veranstaltung verwiesen wird. Zwar sind Kommentare und Zwischenrufe bei einem Poetry Slam durchaus erwünscht, aber bei Schulveranstaltungen nicht immer empfehlenswert, vor allem dann nicht, wenn sie unter die Gürtellinie gehen. Diese kritischen Punkt zu erkennen und zu vereiteln, ist die Aufgabe des Moderators. Die vortragenden Schüler stehen bei Schul-Slams das erste Mal auf der Bühne, sind ohnehin aufgeregt, in ihrer Psyche vielleicht noch wenig gefestigt und sollten nicht der zusätzlich starken Belastung ausgeliefert werden, Zwischenrufe parieren zu müssen. Zumal Beleidigungen durch Mitschüler kontraproduktiv auf das Selbstvertrauen, die Einstellung zu dem eigenen Text und zum ästhetischen Handeln im Allgemeinen führen könnten.

Sollten sich die Zwischenrufe in einem Rahmen bewegen, der gerade noch akzeptabel ist, sollten die Schüler diese Probleme ruhig allein klären, sei es von der Bühne aus oder nach dem Poetry Slam. In solchen Fällen könnte sich der Schüler durch den Moderator oder die Lehrperson bevormundet vorkommen, was auch nicht der Sinn und Zweck der Unterrichtseinheit sein kann.

Um die Motivation der Schüler zu Beginn des Slams zu steigern, sollte es einen Preis für den ersten und zweiten Platz geben. Durch diesen kleinen Anreiz sollen vielleicht auch die letzten Schüler dazu angespornt werden, ihr Bestes zu geben, und es wird dadurch eine realistische Situation für einen Poetry Slam geschaffen, bei dem es immer um einen kleinen Preis geht. Ob die Betonung des Wettkampfcharakters durch diesen Preis für sinnvoll zu erachten ist, kann sicherlich hinterfragt werden. Da aber ein Poetry Slam nun einmal als Wettkampf ausgelegt ist, kann der Gewinner auch geehrt werden.

Der typische Gewinn – eine Flasche eines alkoholischen Getränks – fällt aus Gründen des Jugendschutzes heraus, deshalb könnte auf einen Büchergutschein zurückgegriffen werden. An Haupt- und Förderschulen fällt dieser Preis aufgrund mangelnden Interesses[291] vielleicht auch heraus, sodass in diesem Fall die Alternative ein Gutschein eines Elektrofachmarktes sein könnte.

Ansonsten folgt der Poetry Slam den ganz normalen Regeln: Es gibt zwei bis vier Gruppen mit je drei bis sechs Beiträgen, die ausgelost werden. Das Publikum entscheidet per Applaus über die Finalisten, welche in einem Stechen nochmals miteinander verglichen werden. Da die Schüler oftmals nur einen Text besitzen, kann meist kein weiterer Finaltext gelesen werden, stattdessen werden die Vorrundentexte dem Publikum ein weiteres Mal zur Abstimmung gestellt, ohne dass sie aber ein zweites Mal gelesen werden, um dann den Gewinner zu küren.

Sollten sich einige Schüler total verwehren, bei dem Abschluss-Slam aufzutreten, sollten diese auch nicht gezwungen werden. Manchmal hilft das gute Zureden von Freunden, manchmal ist die Nervosität so groß, dass es nicht hilfreich wäre, die Schüler auf die Bühne zu schieben. Auch hier muss von Fall zu Fall entschieden und entsprechend gehandelt werden. Auch während der Abschlussveranstaltung kann noch einmal nachgefragt werden, ob der Schüler seine Meinung nicht vielleicht doch geändert hat. Dabei sollte auch das positive Gefühl erwähnt werden, wenn der ganze Saal lacht, schweigt und die Arbeit honoriert, indem laut applaudiert wird.

Gezwungen sollte jedoch niemand werden. Poetry Slam basiert auf Freiwilligkeit und auf der Überzeugung für den eigenen Text. Wer an sich zweifelt, wird auch keinen – für sich – zufriedenstellenden Auftritt abliefern. Diese Selbstzweifel in Selbstbewusstsein umzuwandeln, ist die Aufgabe des Lehrers ab der ersten Stunde zu dieser Unterrichtseinheit.

8.4 Möglichkeiten der Weiterarbeit

In einer möglichen Weiterarbeit würde es sich anbieten, das Thema *Poetry Clip* zum Unterrichtsgegenstand zu erklären. Auch Anders hat sich mit Poetry Clips im unterrichtlichen Kontext beschäftigt.[292] Der Poetry Clip stellt eine weitere Möglichkeit dar, die neuen Medien in den

291 Vgl. Volz 2005, S. 143.
292 Vgl. Anders 2006.

Unterricht einfließen zu lassen und die Medienkompetenz der Schüler zu stärken.

In einem ersten Teil können Poetry Clips angesehen und erarbeitet werden. Dabei sollte es neben der Betrachtung und der Einordnung dieses Genres auch darum gehen, filmische Gestaltungsmittel zu thematisieren und zu hinterfragen. Hierbei handelt es sich um den Aufgabenbereich »Verstehen und Bewerten von Medienprodukten« nach dem mediendidaktischen Ansatz Tulodzieckis[293] (bei Baacke: »Medien-Kunde«[294]).

Da Slam Poetry mit ihren Stilmitteln bereits erarbeitet wurde, soll der Fokus darauf liegen, wie Literatur und filmische Inszenierung zu einem neuen Genre zusammengebracht werden.

Ein weiterer wichtiger Aufgabenbereich bei Tulodziecki und Baacke ist das »Gestalten und Verbreiten eigener Medienprodukte«[295] bzw. die »Medien-Gestaltung«.[296] Der produktive und ästhetische Umgang mit modernen Medien ist besonders wichtig, um Medienkompetenz zu erwerben. Er bietet auch die Möglichkeit, einmal eine Rollenübernahme vom Rezipienten zum Produzenten vorzunehmen. Dazu sollten Kleingruppen (3–4 Personen) einen selbst verfassten Slam-Text aus ihrer Gruppe auswählen und sich Gedanken über eine mögliche Umsetzung machen. Hierzu bieten sich Leitfragen von Anders an, die den Poetry Clip in drei Gestaltungsebenen einteilen: den Autor, den Text und den Ort.[297]

293 Barsch 2006, S. 114.
294 Ebd., S. 104.
295 Ebd., S. 114.
296 Ebd., S. 104.
297 Vgl. Anders 2006.

Ein Autor	Ein Text	Ein Ort
• In welcher Stimmung ist der Sprecher? • Wie und wohin bewegt sich der Erzählende? • Welche Mimik und Gestik begleiten den Vortrag? • Wie reagiert der Sprecher auf seine Umgebung? • In welcher Tonlage spricht er den Text? • Welche Stimmung herrscht vor (Ironie, Angst, Freude usw.)?	• Welche Passagen werden betont? • Gibt es spannende Momente? • Welche sprachlichen Auffälligkeiten sollten betont werden? • Vermittelt der Text Ruhe oder Lebendigkeit? • An welchen Stellen wird das Publikum direkt angesprochen?	• An welchem Ort kann der Text spielen? • Welche Situation ergibt die Kulisse? • Ist die Umgebung dynamisch oder statisch? • Welche Lichtverhältnisse passen? • Sind Statisten notwendig?

Entnommen: Anders 2006.

Mittels verschiedener Fragen können die einzelnen Ebenen erarbeitet werden. Dadurch erfolgt eine frühzeitige Auseinandersetzung und Planung zur Ausgestaltung des Poetry Clips.

Die Schüler können über diese Fragestellungen problematische Situationen vorher klären und eine Einigkeit in der Gruppe für den Videodreh schaffen. Filmsprachliche Begriffe sollten vorher unbedingt erarbeitet werden und den Schülern mittels einer übersichtlichen Handreichung zur Verfügung gestellt werden. Die Arbeitsblätter von Anders[298] bieten sich hier allenfalls als Orientierung für die Lehrperson an. Mit dem Blick auf die **Haupt-** und **Förderschule** sollten diese allerdings didaktisch komplett überarbeitet und besser strukturiert werden.

Um die Arbeit der Schüler zu erleichtern wäre es so durchaus denkbar, ihnen ein Arbeitsblatt mit ihrem ausgewählten Slam-Text, den sie filmisch darbieten wollen, zu gestalten. Auf diesem Arbeitsblatt könnte in einer linken Spalte der Text abgedruckt sein und in einer rechten Spalte Platz für eine Art *Storyboard* bleiben. In dieses *Storyboard* könnten die

298 Vgl. ebd.

Schüler schriftlich oder mittels einer Skizze die entsprechenden Einstellungsgrößen, Kameraperspektiven und Kamerabewegungen festhalten. In Verbindung mit einer bebilderten Handreichung zu den wichtigsten filmsprachlichen Begriffen (Einstellungsgrößen, Kameraperspektiven, Kamerabewegungen) würde dies die Arbeit und Kommunikation unter den Schülern vereinfachen und mehr Raum für das kreative Schaffen bieten.

Vor dem Videodreh müssten schließlich noch die Aufgaben für Schauspiel, Kamera und Regie verteilt werden. Die Dreharbeiten könnten mit einfachsten Mitteln wie Digitalkameras und Handys aufgezeichnet werden. Da die meisten Schüler heute derartige Geräte besitzen, könnten alle Gruppen gleichzeitig arbeiten und es bestünde kein Mangel an Kameras. Diese Geräte sollten auch deshalb eingesetzt werden, weil durch sie ein kreativer und ästhetischer Umgang mit Alltagsmedien vermittelt werden kann. Nahezu alle Handys der Schüler besitzen heute eine Kamerafunktion. Wenn diese überhaupt benutzt wird, dann werden Alltagssituationen gefilmt, die die Schüler für amüsant halten. Ein kreativ-gestalterischer Aspekt tritt dabei nur selten oder nie zu Tage. Durch den Dreh eines Videos kann den Schülern ein Gegenentwurf zu ihrem aktuellen Nutzungsverhalten verdeutlicht werden.

Auch der Filmschnitt sollte daher am *Windows Movie Maker* erfolgen, da diese Software standardmäßig auf jedem Computer mit dem Betriebssystem *Windows* installiert und die Handhabung verhältnismäßig einfach ist.

Die Präsentation der Ergebnisse kann durch einen Cineslam erfolgen (Vgl. 5.5.2). Im Anschluss können die Videos von den Schülern bei *Youtube* hochgeladen und auf die Homepage der Schule eingebunden werden, damit die Videos auch für Freunde und Verwandte verfügbar sind.

9 Unterrichtsreihe Poetry Slam

Eine mögliche Anregung für eine Unterrichtseinheit zum Poetry Slam soll im Folgenden gegeben werden. Für sinnvoll erweisen sich mindestens Doppelstunden, da die Schüler so genügend Zeit haben, sich mit ihren Texten zu befassen und sie die Arbeit nicht nach 45 Minuten unterbrechen müssen, da viele Schüler erst ab einer gewissen Einarbeitungszeit in ihre Aufgabe hineinfinden.

Es sollen innerhalb der folgenden mittelfristigen Unterrichtseinheit[299] keine Angaben zu Stundenzahlen gegeben werden, da das Arbeitstempo von der Schulart und von der Klassenstufe abhängig ist. Diese Faktoren einzuschätzen, soll die Aufgabe des Lehrers sein.

Stunde	**Ziele**	**Inhalte**	**Medien, Sozialform**
1 – …	• Kenntnisse über Poetry Slam erwerben (Was ist Poetry Slam? Wie sind die Regeln?) • Erste eigene Schreiberfahrungen sammeln	• Videos bzw. Live-Vorträge sehen und besprechen • Internet-Recherche zum Thema • Erste kurze Schreibaufgaben bearbeiten (Haiku, Elfchen) oder mündliche Übungen (z. B. Assoziationsketten bilden)	• PC, Videos, Beamer • PCs mit Internet und Arbeitsblätter
	• Kennen lernen von Gattungen, Inhalten und Stilmitteln im Poetry Slam	• Texte anhören/lesen und den Aufbau der Texte hinterfragen bzw. nachvollziehen	• PC, Videos, Beamer, Arbeitsblätter • Unterrichtsgespräch
	• Die Schüler lernen Schreibtechniken und Schreibstimuli kennen, mit denen sie Texte verfassen, und wo sich Schreibideen finden	• Cluster-Verfahren kennen lernen, ein Bild zur Inspiration verwenden, Texte über Zettelkasten verfassen (Vgl. Kap. 8.4.2), Ideen aus dem Alltag	• Offener Unterricht je nach Gestaltung des Lehrers als Projektunterricht oder Freiarbeit

299 Vgl. Peterßen 200, S. 256 ff.

	• Schüler probieren Gattungen aus und finden ihre favorisierte Textart • Sie geben Rückmeldungen zu den Texten anderer	• Rap, Aufzählungstext, Gedicht, Kurzgeschichte … • ernsthaft, lustig, politisch … • Verfahren zum Geben von Feedbacks kennen lernen, z. B. Gruppe 47 (Vgl. Kap. 8.4.4.)	
	• Die Schüler arbeiten einen Text ihrer Wahl aus, korrigieren und überarbeiten diesen	• Ein Text wird ausgewählt und an diesem gefeilt • Über Rückmeldungen und Feedback-Materialien wird der Text verbessert • Abschrift bzw. Überarbeitung des Textes am Computer	• Einzelarbeit • Feedback-Bogen, Checkliste, Feedback-Techniken (Vgl. Kap. 8.4.4.) • PC mit Textverarbeitungsprogramm
	• Wissen, was Performance ist • Die Bedeutung von Performance kennen • Eigene Erfahrungen mit dem Körper sammeln	• Über Videos den Nutzen von Mimik und Gestik analysieren • Spiele zum Trainieren der Mimik und Gestik (Vgl. Kap. 8.4.5.) sowie zur Selbstsicherheit	• Unterrichtsgespräche, praktische Übungen • Spiele zu Mimik und Gestik innerhalb der Klasse bzw. in Gruppen (je nach Spielsituation)
	• Die Aussprache verbessern • Die Bedeutung einer klaren Aussprache erkennen	• Zungenbrecher, schwer auszusprechende Worte sicher vortragen, Sprechen mit Gegenstand im Mund, Differenzieren von Reibe- und Verschlusslauten sowie von Klingern (Vgl. Kap. 8.4.5.)	• Unterrichtsgespräche, praktische Übungen • Spiele zur Aussprache innerhalb der Klasse bzw. in Gruppen (je nach Spielsituation)

	• Der eigene Vortrag wird für die Präsentation vorbereitet • Die Schüler wissen, was sie für einen guten Vortrag zu beachten haben	• Die Schüler proben ihren Vortrag, gestalten ihn performativ aus und geben sich gegenseitig Feedback • Was kann man auf der Bühne falsch machen und wie macht man es richtig?	• Gruppenarbeit, offener Unterricht • Arbeitsblatt »Guter Vortrag« vs. »schlechter Vortrag«
	• Die Schüler präsentieren ihren Text einer Öffentlichkeit	• Abhalten eines Poetry Slams an der Schule vor Publikum	• Bühne, Mikrofon und Stativ, Publikum, Preis für den Sieger, Musikanlage, Plakate zum Bewerben

10 Zusammenfassung

Poetry Slam an der Schule erfordert in jedem Fall Kenntnisse über kreative Schreibprozesse, um die Schüler entsprechend fördern zu können und ihnen Hilfestellungen zu bieten, Schreibblockaden zu überwinden. Wer derartige Erfahrungen selbst nie gemacht hat, wird sich schwer tun, den Schülern aus diesen Situationen heraus zu helfen. Aus diesem Grund sollten die Lehrer selbst gerne schreiben oder sich ›Profis des Schreibens‹ in die Schule einladen.

Von Vorteil ist es sicherlich auch, wenn die Schüler so früh wie möglich (positive) Erfahrungen mit kreativen Schreibprozessen und künstlerischem Handeln erlangen können. Auch Schreibkonferenzen, in denen das Geben von Rückmeldungen eingeübt wird und sprachliche Kompetenzen erlernt werden, sind ebenso gewinnbringend für derartige Unterrichtseinheiten.

Eine Unterrichtseinheit zum Thema *Poetry Slam* bietet die Möglichkeit, viele Kompetenzen zu erwerben – sei es das Schreiben, das Überarbeiten, das Recherchieren, der Umgang mit den neuen Medien, die Verbesserung der Aus- und Körpersprache oder die selbstsichere Präsentation der eigenen Person.

Unter Berücksichtigung der aktuellen Schreibdidaktik bieten sich viele Chancen für die Bearbeitung individueller Interessenfelder der Schüler, indem sie in ihrer Sprache niedergeschrieben und ausgesprochen werden können. Die Grundlage für die Thematisierung solcher Inhalte ist ein respekt- und verständnisvoller Umgang des Lehrers mit den Schülertexten. Auch wenn es manchmal sicher schwerfällt, muss der Lehrer die entstandenen Texte akzeptieren und diese ernst nehmen (eine Ausnahme bilden natürlich rassistische, pornografische oder gewaltverherrlichende Texte, welche als Gesprächsanlass genommen werden sollten). Nur so kann eine vertrauensvolle Atmosphäre geschaffen werden, auf der kreatives Schreiben in der Gruppe letzten Endes fußt.

Bedingt durch die jungen Protagonisten in der Slam-Szene und die leicht zugänglichen Texte kann Slam Poetry eine echte Alternative zu klassischen Textsorten (Erzählen, Berichten, Beschreiben, Argumentieren) und für die Schüler bedeutend reizvoller sein. In den inhaltlichen und stilistischen Freiheiten der Slam Poetry liegt eine Chance, genauso wie eine Herausforderung, da den Schülern Lösungsstrategien an die Hand gegeben werden müssen, sich diese Freiheit allein zu strukturieren, damit sie nicht überfordert und im kreativen Handeln ›gelähmt‹ werden.

Unter dem Rückgriff auf moderne Medien können die verfassten Texte an einem Computer be- und überarbeitet werden, ohne dass die Revision zu einem frustrierenden Erlebnis für die Schüler verkommt. Auch die Arbeit mit Alltagsmedien wie der Digitalkamera oder dem Handy ist möglich, wenn die Texte filmisch umgesetzt und in einen Poetry Clip verwandelt werden.

Über theaterpädagogische Techniken können die Schüler auf spielerische Art und Weise lernen, wie sie ihren Körper einsetzen können. Das ist nicht nur für die Performance auf Poetry-Slam-Bühnen wichtig, sondern kann auch für ein Vorstellungsgespräch von Vorteil sein, wenn man etwas von der Körpersprache und deren Benutzung versteht. Ein Performance-Training samt vielerlei Übungen lockert die Unterrichtseinheit nicht nur merklich auf, weil dadurch ein stetiger Methodenwechsel erfolgt, sondern bereitet den Schülern auch viel Freude.

Sicher ist Slam Poetry nicht besser als kreatives, personales, prozessorientiertes oder freies Schreiben. Slam Poetry ist aber auch nicht schlechter. Durch Slam Poetry werden viele neue Methoden und Techniken möglich, die die reine Schreibdidaktik um theater- und medienpädagogische Aspekte ergänzen. Poetry Slam ist eine Jugendkultur, die genau deshalb auch für Jugendliche interessant sein könnte, weil sie die Dinge betont, die für diese Generation bedeutungsvoll sind, und weil sie ihnen aus der Seele sprechen kann.

Es sollte daher als überlegenswert angesehen werden, dieses Thema in der Schule zu behandeln und auch Slam-Poeten in den Unterricht einzubinden, um Authentizität zu erreichen.

> »Es ›lernt sich‹ offensichtlich besser, wenn nicht nur totes Buchwissen gepaukt, sondern echte Arbeitsaufträge, wirkliche Probleme [...] und leibhafte Menschen zum Gegenstand von Lernprozessen gemacht werden.«[300]

Die Möglichkeit, dass die Poeten – im Gegensatz zu anderen Autoren – in nahezu jeder Stadt existieren und eben noch nicht »dead«, sondern »alive« (Vgl. 5.5.1.) sind, sollte sich eine Schule nicht entgehen lassen,

300 Meyer 1997, S. 286.

wenn sie *Leben* in den Schulalltag bringen und sich nach außen öffnen möchte.

11 Schlusswort

Slam Poetry und Poetry Slams sind ein Teil des gegenwärtigen Literaturbetriebs, vor der die Schule die Augen nicht verschließen sollte, wenn sie lebensweltliche Nähe fordert und die Schüler für Literatur begeistern möchte. Die Frage, ob Slam Poetry Kunst ist, spielt nur eine sekundäre Rolle, wenn Schüler dadurch wieder Freude an Gedichten und Erzählungen entwickeln und wenn sie wieder zu Büchern greifen. Auch wenn sie ›nur‹ *Youtube*-Videos schauen, so sollte dieses Medium nicht als Feind, sondern als Teil unserer heutigen Gesellschaft gesehen werden. Letzten Endes ist ein solches Video nichts anderes als ein ›Hörbuch in Bildern‹ und Hörbücher werden von Pädagogen auch nicht angefeindet, sondern mit dem Prädikat »pädagogisch wertvoll«[301] ausgestattet.

Ob Buch, Hörbuch oder *Youtube* – eines bleibt gleich: Die Schüler müssen in jedem Fall eine Interpretationsleistung vollbringen und sich mit Sprache samt deren Aufbau auseinandersetzen. Es geht nicht darum, welches Medium man im Unterricht verwendet, sondern, wie dieses Mittel didaktisch und methodisch aufgearbeitet wird.

Poetry Slam ist ein junges Sprachrohr, das primär Literatur bietet, aber junge Menschen durch seinen lebhaften und konzertartigen Charakter deutlich mehr anspricht als ein Theaterbesuch. Was spricht also gegen eine Exkursion zu einem Poetry Slam, bei dem die Schüler plötzlich in die Veranstaltung eingebunden werden und Teil einer bewertenden Jury sind? – ein Ort, an dem der Lehrer die Klasse nicht ständig zur Ruhe bitten muss, weil Reden und Kommentieren genauso dazugehört wie ein ungezwungener Rahmen. Durchaus vorstellbar wäre es, dass ein oder zwei mutige Schüler ihren Text dort der Öffentlichkeit präsentieren, nachdem sie in einem Workshop durch einen Slam-Poeten und ihre Lehrkraft eigene Texte geschrieben und an diesen gefeilt haben.

Poetry Slams bedeuten, aktiv an einem Veranstaltungsformat teilzunehmen, ob als Poet, als kurzentschlossener Teilnehmer über die offene Liste oder als Zuschauer. Diesen Chancen, die Poetry Slam bietet, sollte sich die Schule nicht verwehren, sondern sich offen mit diesem neuen Format auseinandersetzen, es aber auch kritisch prüfen und didaktisch

301 Online. http://www.goethe.de/wis/fut/sul/de3248679.htm [Datum der Recherche: 15. 01.2010].

wie methodisch aufarbeiten, sodass die Schüler in einer anregenden Umgebung kreativ tätig werden können und auch die Lehrer etwas über das bisher unbekannte Genre *Slam Poetry* erfahren können. Meist wird diesem Wissen aber auch die Erkenntnis folgen, dass in einigen ihrer Schüler sehr beeindruckende Poeten stecken, die viel zu sagen haben, wenn man sie nur lässt.

Literaturverzeichnis

Abraham, Ulf; Beisbart, Ortwin; Koß, Gerhard; Marenbach, Dieter (1998): Praxis des Deutschunterrichts. Arbeitsfelder, Tätigkeiten, Methoden. Donauwörth: Auer.

Abraham, Ulf; Kepser, Matthis (2006): Literaturdidaktik Deutsch. Eine Einführung. 2., durchges. Aufl. Berlin: Schmidt.

Abraham, Ulf; Kupfer-Schreiner, Claudia (2007): Schreibaufgaben. Für die Klassen 1 bis 4. Berlin: Cornelsen Scriptor.

Abraham, Ulf; Kupfer-Schreiner, Claudia; Maiwald, Klaus (Hg.) (2005): Schreibförderung und Schreiberziehung. Eine Einführung für Schule und Hochschule. Donauwörth: Auer.

Ackermann, Maria (2005): „The guy who invented poetry slam…" Marc Kelly Smith und seine Philosophie des Dichter-Wettkampfs. Online verfügbar unter http://www.tu-chemnitz.de/phil/leo/rahmen.php?seite=r_kult/ackermann_poetryslam.php, zuletzt geprüft am 15.05.2009.

Anders, Petra (2006): Poetry Clips. Literatur im Videoformat. Online verfügbar unter http://www.lehrer-online.de/poetry-clips.php?sid=12588483522349336126364186418900, zuletzt geprüft am 13.01.2010.

Anders, Petra (2007): Slam Poetry. Inszenierte Bühnen-Poesie. Online verfügbar unter http://www.slam2007.de/slam/docs/SlamPoetry.pdf, zuletzt geprüft am 15.05.2009.

Anders, Petra (2007): Poetry Slam. Live-Poeten in Dichterschlachten : [ein Arbeitsbuch] ; Multimedia-CD mit Hörbeispielen, Video-Clips und Arbeitsblättern. Aktual. Ausg. Mülheim an der Ruhr: Verlag an der Ruhr.

Anders, Petra (2008): Slam Poetry. Für die Sekundarstufe. Stuttgart: Reclam.

Anders, Petra (2008): Lesemotivation durch Poetry Slam. Lyrik von Jugendlichen für Jugendliche. Online verfügbar unter http://www.lesen-in-deutschland.de/html/content.php? object=journal&lid=845, zuletzt geprüft am 11.08.2009.

Anders, Petra; Abraham, Ulf (2008): Poetry Slam und Poetry Clip. Formen inszenierterPoesie der Gegenwart. In: Praxis Deutsch, Jg. 35, H. 208, S. 6–9.

ARD und ZDF (Hg.) (2009): Online-Studie 2009. Online verfügbar unter http://www.ard-zdf-onlinestudie.de/index.php?id=136, zuletzt geprüft am 04.12.2009.

Arnold, Heinz Ludwig (Hg.) (2003): Pop-Literatur. In: Text + Kritik, Jg. 40, Sonderband. München: edition text + kritik.

Bal, Patrick; Dreppec, Alex (2008): Schreib' mit der Tinte, in der du sitzt. Komische Lyrik im Poetry Slam. In: Praxis Deutsch, Jg. 35, H. 208, S. 29–35.

Barsch, Achim (2006): Mediendidaktik Deutsch. Paderborn: Schöningh.

Baßler, Moritz (2005): Der deutsche Pop-Roman. Die neuen Archivisten. Orig.-Ausg., 2. Aufl. München: Beck.

Behrendt, Jens; Zeppenfeld, Klaus (2008): Web 2.0. Berlin, Heidelberg: Springer-Verlag (Springer-11774 /Dig. Serial]).

Bittner, Christian (2001): Virtuelle Schreibkonferenzen. Neue Wege der Schreibberatung und Textproduktion in der Grundschule. Online verfügbar unter http://www.uni-koeln.de/ew-fak/Deutsch/materialien/mbm/downloads/vskbitti.pdf, zuletzt geprüft am 13.01.2010.

Blumensath, Hein (1990): Literarische Bildung und Poesie-Videos. Ein fächerübergreifendes Beispiel produktiver Rezeption. In: Informationen zur Deutschdidaktik, Jg. 14, H. 4. Online verfügbar unter http://www.mediaculture-online.de/Autoren-A-Z.253+M5b3558dd690.0.html , zuletzt geprüft am 15.05.2009.

Böttcher, Bas; Bekes, Peter (2009): Die Poetry-Slam-Expedition. Texte, Tracks und Clips. Materialien und Arbeitsanregungen. Dr. A 1. Braunschweig: Schroedel.

Broder, Henryk M.; Mohr, Reinhard (2000): Der Aufstand der Surfpoeten. In: Der Spiegel, Jg. 53, H. 6, S. 110–113, zuerst veröffentlicht: http://www.spiegel.de/spiegel/print/d-15613876.html, zuletzt geprüft am 15.01.2010.

Bylanzky, Ko; Patzak, Rayl (Hg.) (2000): Poetry Slam. Was die Mikrofone halten ; Poesie für das neue Jahrtausend. Riedstadt: Ariel.

Bylanzky, Ko; Patzak, Rayl (Hg.) (2004): Planet Slam 2. Ein Reiseführer durch die Welten des Poetry Slam. Orig.-Ausg., Riemerling b. München: Yedermann.

Cameron, Julia (2003): Von der Kunst des Schreibens. … und der spielerischen Freude, die Worte fließen zu lassen. Vollst. Taschenbuchausg. München: Knaur-Taschenbuch.

Constantin, Alexander (2009): Dichter dran am Kommerz. In: Spiegel Online, 08.04.2009. Online verfügbar unter http://www.spiegel.de/kultur/literatur/0,1518,602670,00.html, zuletzt geprüft am 14.07.2009.

Ditschke, Stephan (2007): »Wenn ihr jetzt alle ein bisschen klatscht …« Text-Performance-Zusammenhänge als Faktoren für Publikumswertungen bei Poetry Slams. Online verfügbar unter http://www.iaslonline.de/index.php?vorgang_id=2716, zuletzt geprüft am 15.05.2009.

Ditschke, Stephan (2008): „Ich sei dichter, sagen sie." Selbstinszenierung beim Poetry Slam. In: Grimm, Gunter E.; Schärf, Christian (Hg.): Schriftsteller-Inszenierungen, Sonderheft Bielefeld: Aisthesis, S. 169–184.

Erlinger, Hans Dieter u. a. (Hg.) (1998): Handbuch des Kinderfernsehens. 2., überarb. und erw. Aufl. Konstanz: UVK-Medien.

Ernst, Thomas (2005): Popliteratur. Hamburg: Europ. Verl.-Anst.

Fix, Martin (2005): Prozess, Produkt, Bewertung. In: Abraham, Ulf; Kupfer-Schreiner, Claudia; Maiwald, Klaus (Hg.): Schreibförderung und Schreiberziehung. Eine Einführung für Schule und Hochschule. 1. Aufl. Donauwörth: Auer, S. 186–196.

Fix, Martin (2008): Texte schreiben. Schreibprozesse im Deutschunterricht. 2. Aufl. Paderborn: Schöningh.

Frederking, Volker (2005): Schreiben und literarische Texte am Bildschirm. In: Abraham, Ulf; Kupfer-Schreiner, Claudia; Maiwald, Klaus (Hg.): Schreibförderung und Schreiberziehung. Eine Einführung für Schule und Hochschule. Donauwörth: Auer, S. 119–128.

Gans, Michael (2008): Aristoteles opens Stages. Vom Worteklauben zur Redekunst - Ein Slam-Projekt für die Offene Bühne. In: Praxis Deutsch, Jg. 35, H. 208, S. 24–28.

Gloe, Markus; Linden, Alexander; Thoß, Nina (2009): Perlen im Netz. Ausgewählte Internetseiten für Schule und Unterricht. Bonn: Bundeszentrale für politische Bildung.

Gölitzer, Susanne (2008): Publikumspoesie. Auf Slam Poetry mit eigenen Texten reagieren. In: Praxis Deutsch, Jg. 35, H. 208, S. 36–39.

Gräßer, Lars; Pohlschmidt, Monika (2007): Praxis Web 2.0. Potenziale für die Entwicklung von Medienkompetenz. Düsseldorf: kopaed.

Greiner, Ulrich (2008): Heulender Selbstgenuss. In: Die Zeit Online, Ausgabe 33, 07.08.2008. Online verfügbar unter http://www. zeit.de/ 2008/33/Glosse-Lit, zuletzt geprüft am 15.05.2009.

Grimm, Gunter E.; Schärf, Christian (Hg.) (2008): Schriftsteller-Inszenierungen. Bielefeld: Aisthesis.

Hager, Stefanie (2006): Literarische Texte rezipieren, produzieren und präsentieren. Poetry Slam im integrativen Deutschunterricht der Realschule. Wissenschaftliche Hausarbeit zur Ersten Staatsprüfung. Betreut von Prof'in Dr. phil. Gudrun Marci-Boehncke. Ludwigsburg. Pädagogische Hochschule Ludwigsburg, Institut für Sprachen.

Hamann, Mathias (2007): "Ein Text, der es euch richtig besorgt". Neuer Poetry-König Julian Heun. In: Spiegel Online, 08.10.2007. Online verfügbar unter http://www.spiegel.de/schulspiegel/leben/0,1518,510059,00.html.

Heintz, Kurz (1996): An Imcomplete History of Slam. Online verfügbar unter http://www.e-poets.net/library/slam/converge.html, zuletzt geprüft am 15.05.2009.

Hey, Julius; Reusch, Fritz (2006): Der kleine Hey. Die Kunst des Sprechens. 52. Aufl. Mainz: Schott.

Hildebrandt, Kordula Marisa (2006): Performanz der Bild-Assoziation im Poetry Slam. Ansätze zu einer intermedialen Poetik. Magisterarbeit. Mainz. Johannes-Gutenberg-Universität, Neuere deutsche Literaturgeschichte. Online verfügbar unter http://de.groups.yahoo.com/group/slamily/files/, zuletzt geprüft am 19.12.2009.

Hoffmann, Bernward (2003): Medienpädagogik. Eine Einführung in Theorie und Praxis. Paderborn: Schöningh.

Hüseyin Ince (2009): Science Slam. Willkommen auf der Uni-Showbühne. In: Spiegel Online, 18. Mai 2009. Online verfügbar unter http://www.spiegel.de/unispiegel/wunderbar/0,1518,druck-625410,00.html, zuletzt geprüft am 10.11.2009.

Jentgens, Stephanie: Book Slam. Leseförderung für Jugendliche. Manuskript.

Jentgens, Stephanie (2008): Book-Slam! Buchvorstellungen im Schnelldurchlauf. In: Deutsch 5-10, H. 14, S. 8–11. Online verfügbar unter http://www.friedrich-verlag.de/go/?action=ShowProd&prod_uuid=BDFWLCXBEE0EK2BQ6SLMH31VMIWY6X1K#downlods-anchor, zuletzt geprüft am 10.11.2009.

Kamp, Werner; Rüsel, Manfred (2007): Vom Umgang mit Film. Dr. Berlin: Volk-und-Wissen-Verl.

Kassner, Jens (2007): Starke Stimmen aus dem Keller. Der Verein livelyriX bringt den Slam nach Leipzig. Online verfügbar unter www.jens-kassner.de/wp-content/uploads/2009/ 01/portrait_livelyrix.pdf, zuletzt geprüft am 10.11.2009.

Leis, Mario (2007): Kreatives Schreiben. 111 Übungen. [Nachdr.]. Stuttgart: Reclam.

Merkelbach, Valentin (2006): Entwerfen, Überarbeiten, Veröffentlichen. Schreibenlernen als dialogischer Prozeß. In: Merkelbach, Valentin (Hg.): Kreatives Schreiben. Braunschweig: Westermann, S. 97–112.

Merkelbach, Valentin (Hg.) (2006): Kreatives Schreiben. 1. Aufl., [Nachdr.]. Braunschweig: Westermann.

Meyer, Hilbert L. (1997): Schulpädagogik. Berlin: Cornelsen Scriptor.

Ministerium für Kultus, Jugend und Sport Baden-Württemberg (Hg.) (2008): Bildungsplan 2008. Förderschule. Online verfügbar unter http://www.bildung-staerkt-menschen.de/unterstuetzung/schularten/ SoS/ FS, zuletzt geprüft am 13.01.2010.

Ministerium für Kultus, Jugend und Sport Baden-Württemberg (Hg.) (2004): Bildungsplan 2004. Hauptschule, Werkrealschule. Online verfügbar unter http://www.bildung-staerkt-menschen.de/service/ downloads/Bildungsplaene/Hauptschule_Werkrealschule/Hauptschule _Werkrealschule_Bildungsplan_Gesamt.pdf, zuletzt geprüft am 13.01. 2010.

Ministerium für Kultus, Jugend und Sport Baden-Württemberg (Hg.) (2004): Bildungsplan 2004. Realschule. Online verfügbar unter http://www.bildung-staerkt-menschen.de/ service/downloads/Bildungsplaene/Realschule/Realschule_Bildungspl an_Gesamt.pdf, zuletzt geprüft am 13.01.2010.

Ministerium für Kultus, Jugend und Sport Baden-Württemberg (Hg.) (2004): Bildungsplan 2004. Gymnasium. Online verfügbar unter http://www.bildung-staerkt-menschen.de/service/ downloads/Bildungsplaene/Gymnasium/Gymnasium_Bildungsplan_G esamt.pdf, zuletzt geprüft am 13.01.2010.

Neumeister, Andreas; Hartges, Marcel (Hg.) (1996): Poetry! Slam! Texte der Pop-Fraktion. Orig.-Ausg. Reinbek bei Hamburg: Rowohlt.

Nissen, Christine (2001): Schülerorientierter Lyrikunterricht. Eine Fallstudie über den Einsatz von Jugendlyrik in der Sekundarstufe 1. Online verfügbar unter http://deposit.d-nb.de/cgi-bin/dokserv?idn= 969926804&dok_var=d1&dok_ext=pdf&filename=969926804.pdf, zuletzt aktualisiert am 15.05.2009.

Peterßen, Wilhelm H. (2000): Handbuch Unterrichtsplanung. Grundfragen, Modelle, Stufen, Dimensionen. 9. aktualisierte und überarbeitete Auflage. München: Oldenbourg Schulbuchverlag.

Philippe, Natalie (2005): Kunst und Gewalt: Battles im HipHop. Eine diskursanalytische Untersuchung der Sprechakte „boasten“ und „dissen“ in deutschsprachigen Rap-Texten der Jahre 2001 bis 2004.

Portmann-Tselikas, Paul R. (2005): Schreiben und Überarbeiten von Texten. In: Abraham, Ulf; Kupfer-Schreiner, Claudia; Maiwald, Klaus (Hg.): Schreibförderung und Schreiberziehung. Eine Einführung für Schule und Hochschule. Donauwörth: Auer, S. 174–185.

Pospiech, Hartmut; Uebel, Tina (2003): Poetry Slam 2003/2004. Hamburg: Rotbuch Verlag.

Preckwitz, Boris Nikolaus (2002): Slam Poetry – Nachhut der Moderne. Eine literarische Bewegung als Anti-Avantgarde. Norderstedt: Books on Demand.

Reichert, Kolja (2006): Die Toskana kann warten. Wie Berliner Lesebühnen-Autoren sich über Wasser halten. Drei Selbstauskünfte. Kunst und Geld (5). In: Der Tagesspiegel, 18.08.2006. Online verfügbar unter http://www.tagesspiegel.de/kultur/art772,2118869, zuletzt geprüft am 15.01.2010.

Ruppel, Lars; Rabsahl Sebastian (2008): Performance und Selbstbewusstsein. Mit gezielten Übungen den Vortrag eigener Texte vorbereiten. In: Praxis Deutsch, Jg. 35, H. 208, S. 21–23.

San Segundo, Carlos (2008): Was Myspace für euch tun kann? Online verfügbar unter http://www.delamar.de/musikbusiness/musikbiz-was-myspace-fuer-euch-tun-kann-1875/, zuletzt geprüft am 11.08.2009.

San Segundo, Carlos (2008): Früher ging es darum, entdeckt zu werden. Online verfügbar unter http://www.delamar.de/musikbusiness/frueher-ging-es-darum-entdeckt-zu-werden-1736/, zuletzt geprüft am 11.08. 2009.

San Segundo, Carlos (2008): Die 6 größten Fehler auf Myspace. Online verfügbar unter http://www.delamar.de/musikbusiness/musikbiz-die-6-groessten-fehler-auf-myspace-1773/, zuletzt geprüft am 11.08.2009.

San Segundo, Carlos (2009): Musik Marketing: Warum Blogs besser als Myspace sind.
Online verfügbar unter http://www.delamar.de/musikbusiness/musik-marketing-blogs-myspace-3817/, zuletzt geprüft am 11.08.2009.

San Segundo, Carlos (2008): Was gehört auf die eigene Myspace Seite? Online verfügbar unter http://www.delamar.de/musikbusiness/musikbiz-was-gehoert-auf-die-eigene-myspace-seite-2072/, zuletzt aktualisiert am 11.08.2009.

Schlobinski, Peter (2002): Jugendsprache und Jugendkultur. Aus Politik und Zeitgeschichte.
Online verfügbar unter http://www.bpb.de/publikationen/NE0MPT,0,0,Jugendsprache_und_Jugendkultur.html#art0, zuletzt geprüft am 15.05.2009.

Schneider, Markus (2006): Berliner Lesebühnen. Herausgegeben von Goethe-Institut e.V. Online verfügbar unter http://www.goethe.de/kue/flm/prj/kub/lit/de3950785.htm, zuletzt geprüft am 15.01.2010.

Schönauer, Michael (Hg.) (1999): Slammin' BRD. "Schluckt die sprechende Pille". Asperg: Killroy Media.

Schulze-Tammena, Reinhold (2007): Slam Poetry. Sprechgedichte zum Performen.
Online verfügbar unter http://www.schule-bw.de/unterricht/paedagogik/lesefoerderung/abenteuer/Texte%20und%20Materialien/text2.pdf, zuletzt geprüft am 06.01.2010.

Schumacher, Eckhard (2003): Gerade eben jetzt. Schreibweisen der Gegenwart. Frankfurt am Main: Suhrkamp.

Schütz, Xóchil A. (2008): Mein kleines Workshop-Ah und Oh. In: Praxis Deutsch, Jg. 35, H. 208, S. 10–14.

Schütz, Xóchil A. (2009): Slam Poetry. Eigene Texte verfassen und performen. Buxtehude: Persen.

Semsrott, Nico (2008): Nico, 22, debütiert beim Poetry Slam. In: Schulspiegel, 25.08.2008. Online verfügbar unter http://www.spiegel.de/schulspiegel/leben/0,1518,573237,00.html, zuletzt geprüft am 15.05.2009.

Smith, Marc Kelly; Kraynak, Joe (2009): Take The Mic. The Art Of Performance Poetry, Slam And The Spoken Word. Naperville, Illinois: Sourcebooks MediaFusion.

Sommer, Jörg (2007): Jungen lesen anders. Jörg Sommer über geschlechtsspezifisches Leseverhalten. Aus „Schule im Blickpunkt" Ausgabe Dezember 2007.
Online verfügbar unter http://www.norbertschule-lette.de/download/25528201/Schule_im_Blickpunkt_12_2007_Beitrag_Sommer_Jungen_lesen_a%E2%80%A6.pdf, zuletzt geprüft am 10.01.2010.

Spinner, Kaspar H. (1993): Kreatives Schreiben. In: Praxis Deutsch, Jg. 20, H. 119, S.17–23.

Spinner, Kaspar H. (2008): Kreativer Deutschunterricht. Identität - Imagination - Kognition. 3. Aufl. Seelze: Kallmeyer [u. a.].

Stahl, Enno: Slam!, Social Beat + Trash. eine Begriffsverwirrung. (Erstfassung zu dem später veröffentlichten Aufsatz in: Text + Kritik. Sonderband Pop-Literatur. 2003).

Stahl, Enno (1998): Nicht "SLAM", nicht "PUNK", "UNTERGRUND" allenfalls. In: Papillon. Politische Zeit-Schrift für Literatur, Jg. 1.

Stahl, Enno (2003): Trash, Social Beat und Slam-Poetry. Eine Begriffsverwirrung (Manuskript). In: Arnold, Heinz Ludwig (Hg.): Pop-Literatur. Text + Kritik, Sonderheft Nr. Sonderband. München: edition text + kritik.

Stahl, Enno (2003): Social Beat vs. Städtischer Raum vs. digitales Dasein. In: Kritische Ausgabe, S. 29–31. Online verfügbar unter www.kritische-ausgabe.de/hefte/industrie/stahl.pdf, zuletzt geprüft am 21.09.2009.

Steffen, Angelika (2009): Mit Xing und Twitter Karriere machen. In: Focus Online, 04.08.2009. Online verfügbar unter http://www.focus.de/karriere/berufsleben/tid-15059/selbstmarketing-zehn-goldene-regeln-fuer-die-selbstvermarktung_aid_422310.html, zuletzt geprüft am 12.08.2009.

Stöcker, Christian (2009): Das Internet als Klassengesellschaft. In: Spiegel Online, 13.07.2009. Online verfügbar unter http://www.spiegel.de/netzwelt/web/0,1518, 635536,00.html, zuletzt geprüft am 12.08.2009.

Thadeusz, Frank (2009): Der Wortführer. Poetry-Slammer Sebastian Rabsahl. In: Spiegel Online, 02.06.2009. Online verfügbar unter http://www.spiegel.de/unispiegel/wunderbar/0,1518,620302,00.html, zuletzt geprüft am 14.07.2009.

Treml, Sandra; Siegert, Jan (Hg.) (2007): Wortschatz. Perlen des Poetry Slam. Stuttgart: Treml Sandra.

Tsan, Yin (2010): Der Lehrer gehört zur Slamily. Der Aufstieg des Poetry Slam. In: TAZ.de, 11.01.2010. Online verfügbar unter http://www.taz.de/1/leben/buch/artikel/1/der-lehrer-gehoert-zur-slamily/, zuletzt geprüft am 14.01.2010.

Tulodziecki, Gerhard (1998): Medienpädagogik. In: Erlinger, Hans Dieter u. a. (Hg.): Handbuch des Kinderfernsehens. 2., überarb. und erw. Aufl. Konstanz: UVK-Medien, S. 535–545.

Uschner, Bert (2008): Kamera läuft. Einen eigenen Poetry Clip produzieren. In: Praxis Deutsch, Jg. 35, H. 208, S. 52–56.

Verlan, Sascha (2003): Rap-Texte. Für die Sekundarstufe ; Erweitert um: "Rap im neuen Jahrtausend". Erw. Ausg. Stuttgart: Reclam.

Vlcek, Radim (2009): Workshop Improvisationstheater. Übungs- und Spielesammlung für Theaterarbeit, Ausdrucksfindung und Gruppendynamik. 6. Aufl. Donauwörth: Auer.

Volz, Steffen (2005): Literaturerwerb im Bildungskeller. Befunde zur literarischen Sozialisation und zu literarischen Kompetenzen bildungsferner Jugendlicher. PH Heidelberg.
Online verfügbar unter http://archiv.ub.uni-heidelberg.de/volltextserver/volltexte/2006/6215/index.html, zuletzt geprüft am 10.01.2010.

Weissenberger, Marc (2008): Newcomer-Marketing. Ein Essay über die neuen Self-Marketing-Möglichkeiten unterhalb der Major-Label-Ebene.
Online verfügbar unter http://www.localheroes-radio.de/news/details/article/essay-zum-newcomer-marketing/, zuletzt geprüft am 11.08.2009.

Werder, Lutz von (2007): Lehrbuch des kreativen Schreibens. Aktualisierte und neu gesetzte Ausg. nach der Aufl. Schibri-Verl. Wiesbaden: Marix.

Westermayr, Stefanie (2004): Poetry Slam in Deutschland. Theorie und Praxis einer multimedialen Kunstform. Marburg: Tectum.

Würtemberger, Sonja (2009): „Im Text-Turnier wurde keiner meiner Gegner alt". Sängerstreit in Sangspruch und Sprechgesang. Online verfügbar unter http://elib.uni-stuttgart.de/opus/volltexte/2009/4665/, zuletzt geprüft am 03.12.2009.

Anlagen

Anlage A1

Man kann im Poetry Slam auf viele Arten seine Texte verfassen. Hier sind kleine Übungen, in denen du einige probieren kannst. Vielleicht gefällt dir ja eine besonders und du möchtest auf diese Art und Weise einen ganzen Text schreiben!
Beachte immer 3 Punkte, wenn du einen Text schreibst:

- *Welches Thema ist mir wichtig?*
- *Was will ich mit dem Text aussagen?*
- *Wen möchte ich mit dem Text ansprechen?*
- *Was ist an meinem Text außergewöhnlich und besonders?*

1. Lustige Texte

Nimm dir ein extra Blatt und schreibe einen Text oder einen Textanfang darüber, wie du Montagmorgen aufwachst und alles geht schief. Übertreibe dabei so richtig!!!

»Ich wache auf, als mein Wecker laut klingelt. Als ich die Augen öffne, sehe ich, dass es gar nicht der Wecker war, sondern dass die Polizei in meinem Zimmer steht und alles durchsucht. Ich springe auf und trete auf das Meerschweinchen

meiner Schwester. Die Polizei sieht mich und kettet mich an das Bett und bittet mich darum, mich bis auf die Boxershorts ausziehen, doch ich kann nicht. Ich bin ja angekettet. Nun kommt meine Mutter im Superheldenkostüm durch mein Fenster geflogen und …«

2. Aufzählungstext

Ein Aufzählungstext beginnt fast immer mit dem gleichen Satzanfang.
Schreibe einen Text mit dem Satz *„Ist es mutig, wenn …“*
Achte darauf, dass die Dinge außergewöhnlich sind, die du aufzählst.

Nicht gut wäre:
Ist es mutig, wenn man jemanden aus einem brennenden Haus rettet?
Ist es mutig, wenn man einen Banküberfall verhindert?
Ist es mutig, wenn man eine wilde Achterbahn fährt?

Besser sind solche Sachen:
Ist es mutig, wenn man Mama sagt, dass ihre Suppe beschissen schmeckt?
Ist es mutig, wenn man der Freundin sagt, dass sie in ihrem neuen Kleid viel zu dick aussieht?
Ist es mutig, wenn man eine Klassenarbeit abgibt, wo nur das Wort „LANGWEILIG“ drauf steht?

3. Gedicht

Nimm dir ein extra Blatt und schreibe ein Gedicht. Das Gedicht darf sich reimen, es muss sich aber nicht reimen.
Du darfst dir das Thema frei auswählen (evtl. mit Hilfe deines Clusters): Es kann mit dir zu tun haben, es darf lustig, kritisch, fröhlich oder traurig sein.
Wenn du keine Idee hast, dann schreib ein Gedicht, in dem du dich selbst beschreibst. Was sind deine guten Seiten, was sind deine schlechten Seiten?

4. Rap

Schreibe einen Rap-Text über ein Thema deiner Wahl.
Wenn dir nichts einfällt, schreib über eine Situation, in der du dir unfair behandelt vorkamst von deinen Eltern, Lehrern, deiner Freundin oder deinem Freund.

5. Mitmach-Text

Bei einem Mitmach-Text wird das Publikum aufgefordert eine Stelle während des Textes mitzusprechen. Wichtig ist, dass diese Stelle immer gleich geht und sich nie verändert. Der Poet gibt den Zuschauern immer ein Handzeichen, wenn sie ihren Satz oder ihr Wort sagen müssen.
Schreibe einen kurzen Text, in dem das Publikum etwas mitsprechen muss. Suche dir ein Wort oder einen Satz aus und schreibe dazu dann den Text.

Hier einige Ideen:
»Berlin«, »Ferien«, »Praktikum«, »Stopp!«

6. Team-Text

Schreibt in einer 2er-, 3er- oder 4er-Gruppe einen kurzen Text. Einigt euch auf ein gemeinsames Thema. Macht euch während des Schreibens oder danach Gedanken, wer von euch welche Stellen liest und welche ihr gemeinsam lest. Sollte euch kein Thema einfallen, macht euch Gedanken, welche Gemeinsamkeit ihr alle habt, und schreibt über eure Gemeinsamkeit.

Anlage A2 (Haupt- und Förderschule)

Beantworte die folgenden Fragen. Suche im Internet nach den Antworten.

1. Was sind die gängigen Regeln im Poetry Slam?

(1) Bei einem Poetry Slam dürfen nur

_______________________________ Texte vorgetragen werden.

(2) Die Zeit für den Auftritt ist begrenzt. Die Vortragszeit beträgt normalerweise

____

(3) Es darf nur das Textblatt als Hilfsmittel benutzt werden.

____

sind verboten. Dazu zählen z. B. Hüte, Clowns-Nasen, Tiere und Instrumente.

(4) Die Vorträge werden durch

___________________________________ bewertet.

Tipp: Wenn du bei <u>www.wikipedia.de</u> den Begriff „Poetry Slam" eingibst, findest du dort die Regeln.

2. Wer erfand den Poetry Slam?

____

3. *Wo* und *wann* fand der erste Poetry Slam statt?

____

4. Lies den folgenden, kurzen Text.

Poetry Slam ist ein Wettstreit auf der Bühne. Ähnlich wie in HipHop-Battles treten hier Slammer gegeneinander an, um das Publikum entscheiden zu lassen, wer mehr rockt.
Die Poeten des Slam erzählen, reimen, beatboxen und rappen auf der Bühne von dem, was ihnen auf den Nägeln brennt – von Alltag, Schule, Freundschaft, Liebe, Politik, Drogen, Fernsehen und Partys.

Die Textsorten auf Slams sind sehr unterschiedlich: Es gibt Kurzgeschichten, Gedichte, Rap, Beatboxing, Comedy und viele andere. Auf Slams ist alles möglich.
Slam ist, was Ihr daraus machen und wovon Ihr berichten wollt.

Was für Themen werden behandelt?

___

___

___

Welche Textsorten sind möglich auf einem Slam?

___

___

___

5. Poetry Slam wurde gegründet, weil die „normale" Literatur zu langweilig war. Schaut euch bei Youtube Videos zu Poetry Slam an.
Um was ging es inhaltlich in den Videos, die ihr gesehen habt?

____

____

____

____

____

____

____

Gebt bei Youtube außer „Poetry Slam" auch folgende Begriffe ein:

- *Sebastian 23*
- *Andy Strauss*
- *Julius Fischer*
- *Lars Ruppel*
- *Nadja Schlüter*
- *Marc-Uwe Kling*
- *Bleu Broode*
- *Dalibor*
- *Tobias Kunze*

6. Beim Poetry Slam ist Performance wichtig. Lies dazu den Text

Performance ist beim Poetry Slam ebenso wichtig wie die Qualität des Textes: Die Art und Weise des Vortrags entscheidet letztlich darüber, wen das Publikum am höchsten bewertet. Böse Zungen behaupten, bei einem Poetry Slam gehe es ja nur um die Performance, mit einem guten Vortrag sei ein Slam schon gewonnen. In jedem Fall aber kann man mit einem guten Vortrag den eigenen Text aufwerten.

Zur Performance gehören Gesten (etwas mit Armen und Beinen vormachen oder zeigen) und die Mimik (das Gesicht unterstreicht den Text), aber auch das Sprechtempo (schnell und langsam), die Lautstärke (schreien, flüstern) und die Betonung (hecheln, jaulen). Auch rhythmisches Vortragen (Sprechgesang, Beatbox, musikalisches Lesen) gehören zu der Performance. Dadurch haucht man dem Text mehr Leben ein und der Vortrag wird interessanter als in einer klassischen Lesung. Fast immer werden Slam-Texte daher für ein hörendes Publikum geschrieben, da diese Texte ihre Wirkung in einem Buch niemals so gut entfalten könnten wie auf der Bühne.

Was ist Performance?

____

____

____

____

____

Wofür ist die Performance wichtig?

___

___

___

Jetzt ist deine eigene Meinung gefragt.

7. Was ist anders an dieser Literatur?

___

___

___

___

___

8. Was gefällt euch an den Videos, die ihr gesehen habt?

Mir gefällt besonders …	*Mir gefällt nicht …*

Anlage A2 (Realschule, Gymnasium)

Beantworte die folgenden Fragen. Suche im Internet nach den Antworten.

1. Was sind die gängigen Regeln im Poetry Slam?

2. Wer erfand den Poetry Slam?

____

____

3. *Wo* und *wann* fand der erste Poetry Slam statt?

____

____

4. *Wo* gibt es einen Poetry Slam in deiner Nähe?

____

____

5. Poetry Slam wurde gegründet, weil die „normale" Literatur zu langweilig war. Schaut euch bei Youtube Videos zu Poetry Slam an.

a) Was sind die Themen, um die es in Slam-Texten gehen kann?

____

____

____

____

____

____

____

Gebt bei Youtube außer „Poetry Slam" auch 3–6 der folgenden Begriffe ein:

Männer:

- *Sebastian 23*
- *Andy Strauß*
- *Julius Fischer*
- *Moritz Kienemann*
- *Moritz Neumeier*
- *Dalibor*
- *Tobias Kunze*

Frauen:

- *Theresa Hahl*
- *Franziska Holzheimer*
- *Nadja Schlüter*
- *Clara Nielsen*

Team:

- *SMAAT*
- *Team Tübingen*
- *Team und Struppi*
- *Großraumdichten*
- *K I I K*

b) Wie werden die Texte gestaltet und präsentiert? Welcher Mittel bedienen sich die Poeten in ihrem Stil und ihrer (Körper)-Sprache?

6. Beim Poetry Slam ist Performance wichtig. Einige Personen behaupten gar, dass es fast nur um Performance ginge und dass auch ein schlechter Text gewinnen können, solange der Vortrag überzeugend sei.

Was ist Performance und was gehört dazu?

Wofür ist die Performance wichtig?

Jetzt ist deine eigene Meinung gefragt.

7. Was ist anders an dieser Literatur?

8. Was gefällt dir an den Videos, die du gesehen hast und was nicht?

Mir gefällt besonders …	*Mir gefällt nicht…*

Anlage A3

Name von dir: ____________________

Name der Poetin/ des Poeten: ____________________

Bewerte den Text von jemand anderem. Beziehe dich mit deiner Wertung auf den Text, *nicht* auf die Person. Sei ehrlich, aber *fair*!

Hört euch den Text gern auch ein zweites Mal an!

1. Trage in den Text eine Kurve ein, wie hoch dein Interesse an dem Text war. Achte dabei auch auf die Minutenangaben unten.

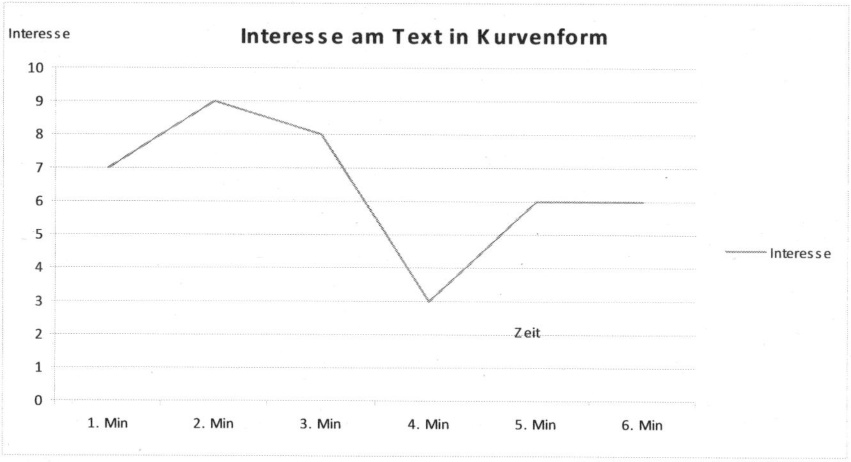

2. Gib dem Text eine Gesamtwertung von 1 (schrecklich) bis 10 (super)! Begründe deine Wertung!

____

____

____

3. Hält sich der Text an die Schreibaufgabe oder erfüllt der Text sein Ziel? Wenn nicht, warum?

4. Hast du den Text komplett verstanden oder gab es Stellen, an denen man nicht folgen konnte? Wenn ja, wo?

5. Was fandest du gut? Notiere dir Stichpunkte! 

6. Was fandest du nicht so gut? Notiere dir Stichpunkte! 

7. Lasst euch den Text geben und markiert am Rand mit *grün* die guten Stellen und mit *rot* die weniger gelungenen Stellen.

8. Notizen:

Anlage A4

Checkliste Erzählung

Mach' einen Haken in die Felder, die du schon erledigt hast:

1. Handlung:

Deine Handlung muss *außergewöhnlich* sein. Berichte von einem witzigen Erlebnis, von deinen verrücktesten Wünschen, einer Erfahrung, die dich sehr bewegt hat, oder erfinde ein ernstes oder lustiges Ereignis.

☐ Meine Geschichte erzählt davon, dass

____

____

____

☐ Außergewöhnlich ist daran

____

2. Der Ort:

Dein Ort muss klein und überschaubar sein (Bahnhof, Kino, Schule, Mein Zimmer)

☐ Meine Geschichte spielt an folgendem Ort:

____

3. Personen:

Du solltest maximal drei Figuren in deiner Erzählung haben!

☐ **Ich** bin die Hauptfigur in meiner Geschichte

☐ mich begleitet darin jemand. Er oder sie heißt

____

☐ es gibt eine „gegnerische" Person, die nicht zu mir/uns gehört. Sie heißt

____

oder

☐ Die Hauptfigur bin **nicht** ich. Die Hauptperson heißt

____

☐ Die Hauptfigur hat einen Begleiter. Er oder sie heißt

____

☐ Es gibt einen „Gegenspieler" in der Geschichte. Er heißt

____

Checkliste Aufzählungstext:

☐ Ich möchte mit meinem Text etwas aussagen. Und zwar:

____

____

☐ Meine Sätze beginnen oft mit den gleichen Worten.

☐ Ab und zu beginnen meine Sätze aber auch mal anders.

☐ Ich habe mir in fast *jedem Satz* Beispiele herausgesucht, die nicht normal sind.

Beispiel:

»Wenn ich müde bin, gehe ich schlafen.« ⇨ *Das ist normal.*

»Wenn ich müde bin, breche ich in ein Möbelhaus ein und lege mich dort in ein Bett, bis mich die Verkäufer wecken.« ⇨ *Das ist nicht normal.*

☐ Am Ende des Textes wird deutlich, was ich ausdrücken wollte (Die Moral der Geschichte).

Anlage A5

Fülle den Lückentext mit den untenstehenden Worten aus, um zu erfahren, auf was du bei deinem Vortrag achten solltest und was du vermeiden solltest!

Guter Vortrag:

1. Wenn du auf die Bühne gehst, stell dir das ________________ auf die richtige Höhe.
2. Danach solltest du das Publikum ________________________.
3. Sprich ___________________________ in das Mikrofon, damit dich jeder gut versteht.
4. Setze unbedingt ____________________ und „rase“ nicht durch deinen Text hindurch.
5. Damit dein Text interessant bleibt, sprich mal laut und dann wieder ___________, mal ______________, dann langsam.
6. Auch ist dein Text mit viel _________________ (Gesichtsausdrücke) und _____________________ (Arme und Beine benutzen) deutlich spannender.

7. Du solltest sicher und ________________ auf der Bühne stehen, auch wenn du aufgeregt bist.
8. Denk daran: Du willst das Publikum von dir begeistern, also ____________________ das Publikum auch ab und zu mal an.
9. Bevor du von der Bühne gehst, _____________________ dich kurz, dann weiß auch jeder, dass du jetzt fertig bist.

Schlechter Vortrag:

10. Sag *niemals* zu Beginn, dass dir dein Text selbst nicht _____________________, denn dann hört dir niemand zu. Zumindest du selbst solltest deinen Text mögen oder so tun.
11. Das Publikum möchte dich sehen. Versteck dich also nicht hinter deinem ____________.
12. Ohne ________________________ wirkt selbst der beste Text langweilig, also sei so mutig und arbeite mit deiner Stimme.

Betonung Pausen Blatt Gestik schaue begrüßen
Mikrofon laut und deutlich selbstbewusst verabschiede leise
Mimik gefällt schnell

Bildnachweis

Autorenfoto und Titelfoto:

Anna-Lena Wassmer	www.annawassmer.de

Bildnachweis des Arbeitsblattes:
Fotografen in chronologischer Reihenfolge (Vgl. 13.1. Anlage A1)

Tobias Oberrauner	
Juliane Guder	
Julian Beger	
Tristan Neuhaus	www.createdbyTN.de
Paul Mundthal	www.gigallery.de
Crosa	www.facing-my-life.de

Slam-Texte

Theresa Hahl: Wie Nachteile zu Vorteilen werden

Ich hab' gemerkt, niemand sieht die Welt so wie ich,
weil sonst ja auch gar keiner in meinem Blickwinkel steht
und ich bin wohl die Einzige die beim Laufen auf Zebrastreifen noch nach Afrika geht,
fürchtet, dass Herbstwind sie aus Turnschuhen weht,
für die sich die Welt in entgegengesetzter Richtung dreht
und die Türen dreimal drückt, auf denen »*Ziehen*« steht.

Bin die Einzige, die aus Langeweile Rorschachrunen in Kaffeeflecken entziffert
und deren Herz dann aus Angst vor der Perspektive im Bodensatz Espenlaublaute zittert.

Meine Beine sind zu kurz, um Marathonläufer zu werden,
und ich hatte auch nicht genug Sternstunden, um mich alternativ bei der NASA zu bewerben.

Halt mich selbst auf-
gehaltene Türen schließ ich mir vor der Nase im Luftrücken-
mir meine Gedanken auf die Haut,
brauch niemand, der mir Hürden baut,
bin ich schon selbst gut genug darin,
meine eigene Aussage bei der Aussprache nicht zu versteh'n
und aus Verseh'n
lauf ich immer falschrum beim auf Rolltreppen Geh'n.

Ich werf keinen Schatten,
dafür steh ich viel zu nah an der Wand,
ich versuch' fremde Herzen zu entzünden,
dabei setz' ich mich selber in Brand
und erkannt hab ich die Pointe in lustigen Witzen viel zu selten,
deren Humor ich noch nie so wirklich verstand.

Steh angespannt an vielbefahrenen Straßen,
hoff vergeblich, jemand nimmt meine Hand,
denn ich hab andauernd Angst,
dass Fußgängerampeln plötzlich wieder auf Rot umspringen,
und finde viel zu häufig, dass meine Worte wie Echos in unbewohnten Wohnungen klingen.
Dafür kann ich ganze Tage mit Fuselflugformationsforschung verbringen,

deshalb bin ich auch im Plauderton Banalitäten Plätschern unglaublich untalentiert,
dafür Weltmeisterin, wie man in Einbahnstraßen die richtige Richtung verliert.

Will ich dann weiterlaufen, reichen zwei Beine meist, um mir eins davon zu stellen,
stürze in meergroße Fettnäpfchenpfützen und schlag doch keine Wellen.

Ich kann peinliche Momente zu ungeahnten Gummibandlängen dehnen
und werf' dauernd Weltwände um beim Versuch, mich cool an die Kulissen zu lehnen.

Bin vorschnell Feuerfieber und Flamme für Dinge, die mich anstecken,
schaff es selbst in runden Räumen anzuecken,
stolper', verschütte meinen Herzbodensatz auf weißen Wänden und Decken
und verfluch' dann meine Dummheitsdokumentation aus Phantasiephasenflecken.

Komm nicht vom Fleck,
tret' mir selbst Trittbretter unter den Füßen weg,
die ich doch so sorgfältig mit Tesafilm an meine Sohlen geklebt hatte.
Ich hatte noch nie einen Sonnenbrand, weil ich mich selbst überschatte.

Und es wundert mich nicht mehr,
dass mein Toast wirklich immer auf die Marmeladenseite fällt.
Doch ich verbind meine Tränen mit dem Ozean und bau mir eine Salzbrücke in eine andere Welt.
Ich Schrägschreiberschriftschritteschachspielerkind,

ich schau in die Welt und werd dabei blind.
Find' mein Gesicht im Spiegelbild nicht,
bis ich Gedankengänge zu Stadtplänen verbind.

Und ich halt an meinen Nachteilen fest
bis mich jeder Nachteil um einen Vorteil vermehrt
und die Welt sich in Umkehrlaune Boden zum Himmel verkehrt.

Und dann bin ich halt klein,
dafür wird' ich im Regen nicht so schnell nass.
Ich werd' am Nordpol einfach Schneeengelliegen, denn ich bin ja schon blass.

Ich werd meinen Toast einfach doppelseitig beschmier'n,
such' mir eine kreisrunde Einbahnstraße, in der Marathonläufer dann gegen mich verlier'n.

Kann nicht passend passabel Banalitäten plätschern im Plauderton,
Fuselflugfachfrau bin ich dafür schon.

Ich wird' auf Rolltreppen einfach falsch herum geh'n,
dann stimmt auch die Richtung wieder.
Und irgendwann werden verschüttete Phrasenphantasien rückwärts gesungene Lieder.

Ich warte ab, bis jemand wissen will, was hinter Weltwänden vor sich geht, werfe sie dann um und werde einfach weiterschweben, wenn Herbstwind mich aus Turnschuhen weht.

Irgendwann werden Menschen es wertschätzen, die Welt aus meinem Blickwinkel zu seh'n,
mein Echo versteh'n und mir Hände reichen, um auf Zebrastreifen Umwege nach Afrika zu geh'n.

Es bleibt abzuwarten, ob man Makel im Schliff weiterhin als Kunstfehler verkennt,
machen doch genau diese es aus, was uns von perfektportionierten Proportionspersonen trennt.

Franziska Holzheimer: Früchtetee

Eigentlich müsste ich auf Stelzen schreiten und so Abstand gewinnen zu dem, was mich runterzieht.

Eigentlich müsste mein Hirn wie ein Sieb funktionieren, stets wissend, was zu vergessen ist, was zu konservieren.

Eigentlich müsste ich Boxen integrieren in meinen Hinterkopf, um die richtige Musik zu ham im Hintergrund.

Eigentlich müsste ich mir zwischen Mund und Kehle ne Stimmgabel klemmen, um immer den richtigen Ton zu treffen.

Eigentlich müsste ich mich auf n Baum hocken und so lange feste pressen, bis aus meinen Schulterblättern Schwingen dringen, mit denen ich gen Süden zöge, um mal raus zu kommen hier.

Eigentlich müsste ich mir nen Stock bis zum Anschlag in den Arsch rammen, um aber auch wirklich in jeder Situation noch Haltung zu bewahren.

Eigentlich müsste ich meine Wirbeln verrücken, und in die entstandenen Lücken mit Selbstvertrauen drücken, um immer Zuversicht im Rücken zu haben.

Eigentlich müsste ich Augäpfel pflücken und Radarbrillen tragen, um immer den Über- und Durchblick zu haben.

Eigentlich müsste ich an Gott, Parteiprogramme, die eine große Liebe und mich selbst glauben.

Eigentlich müsste ich euch allen die Zeit rauben, weil mir immer zu allem die Zeit fehlt.

Eigentlich müsste ich mir mehr Zeit nehmen, für die wichtigen Dinge.

Eigentlich ist alles viel zu wichtig, als dass man was davon vernachlässigen könnte.

Eigentlich müsste ich, wo bei anderen das Hirn sitzt, einen Post-its-Block haben, um an alles zu denken.

Eigentlich sollt ich meine Zeit nicht mit dummen Gedanken verschwenden, wie:

Ein Autositz hat mehr von einem Fahrstuhl als ein Aufzug.

Eigentlich sollt ich kein Aufzug mehr fahren, sondern mehr Treppen steigen, eigentlich sollt ich keine Treppen mehr steigen, sondern Karriereleitern, eigentlich sollt ich mal Seminare leiten, um mich besser zu finanzieren, eigentlich sollt ich meine Finanzierung besser überdenken, eigentlich sollt ich meine Zeit nicht mit dummen Gedanken verschwenden, wie:

Tumore sind wie gut erzogene Kinder: Still und wachsen von alleine.

Eigentlich müssten meine Beine in Sieben-Meilen-Stiefeln staksen, um mehr Weg zurückzulegen, mehr zu schaffen.

Eigentlich müsste in meinen Adern purer Tatendrang und Speed fließen, weil ich immer, immer zu langsam bin.

Eigentlich müsst ich aufrüsten bis unters Kinn, weil meine Verse mir ständig auf den Fersen sind.

Eigentlich

Eigentlich

Eigentlich

Aber da bin immer nur ich und manchmal reicht das nicht.

Weil da bin immer nur ich.

Aber meistens ist das schon zu viel für mich

Weil, eigentlich müsste ich mir Superlative spritzen, um in allem besser zu sein.

Eigentlich müsste ich mir das Herz eines Blauwals implantieren lassen. Da passen nämlich ganze Menschen rein und dann hätten' s meine Freunde auch endlich mal gemütlicher bei mir.

Eigentlich müsste ich mir die Mundwinkel hinter die Ohrläppchen tackern, weil Delphine und Mädchen lächeln immer.

Eigentlich müsste ich mein Zimmer, nein meine ganze Bude mit dem Duden tapezieren, um immer die richtigen Worte zu finden.

Eigentlich müsste ich mir die Augen verbinden und Scheuklappen tragen, um stets unbeirrt voranzutraben.

Eigentlich müsste ich ständig neben mir stehen, um permanent hinter mir her zu räumen.

Eigentlich müsste ich Schlafwandeln könn', um auch tags noch zu träumen.

Eigentlich müsste ich um mich Brotkrumen verteilen, um mehr aus mir rauszugehen und trotzdem noch zurückzufinden.

Eigentlich müsste sich mein Lebenslauf bereits auf Seite 10 befinden.

Eigentlich müsste ich zum Arschabputzen, das Feuilleton der Süddeutschen benutzen, um einmal wirklich drauf zu scheißen, was Kritiker über mich denken.

Eigentlich müsste man mir alle Lebkuchenherzen des Oktoberfests schenken. Dann hätte ich auch mal ein Herz für Tiere, eins für Kinder, eins für den Umweltschutz, eins für afrikanische Hungerbäuche, eins für Britneys Drogenexzesse und eins für kürzlich verstorbene Kinderschänder. Dann wäre ich vielleicht endlich nicht mehr so erschreckend gleichgültig.

Eigentlich sollt ich mir nicht alles so zu Herzen nehmen.

Eigentlich sollt ich stets steil nach oben streben.

Eigentlich sollt ich mich mal zufrieden geben.

Eigentlich sollt ich so viel verstehen, wenn ich groß bin. Aber wieso, Mama, ganz ehrlich, is mir dann immer noch so vieles unerklärlich?

Weil, eigentlich müsst ich so viel wissen.

Eigentlich müsst ich nen Penis haben, um auch mal würdevoll in die Wildnis zu pissen.

Eigentlich müsste ich mich mit David Copperfield liieren, damit er mich morgens erst mal gepflegt in Einzelteile zersägt. Dann könnte mein Torso drinnen in der Vorlesung sein, während meine Beine draußen gegen Studiengebühren demonstrieren, meine Augen könnten Sonntagabend Tatort sehen, während meine Arme mit den Mädels einen heben gehen und meine Hüften würden über den Tanzboden schweben, während sich meine Füße artig schlafen legen.

Weil, eigentlich müsste ich sowieso alles in einem sein, wie eine Sitz-geh-legen-heit eben.

Eigentlich müsste ich Mut verflüssigen, Verstand pulverisieren, eine Prise Risikofreude dazu geben und das dann zu pinken Pillen komprimieren, die ich in Apotheken verkaufe als Mittel gegen Unentschlossenheit: „Entscheidung-Forte".

Eigentlich müsste ich Worte gurgeln, damit sie mir nur so über die Zunge hüpfen.

Eigentlich sollte ich Eier legen, aus denen ständig neue Textideen schlüpfen.

Eigentlich müsste mir ne Supermarktkette gehören, dann würd ich Weisheit in Dosen verkaufen, damit ich die wirklich mal mit Löffeln fressen kann.

Eigentlich müsste ich dann eine Strategie entwickeln, wie ich von 3 Dosen Weisheit, 5 Litern Wasser und 10.000 Sit-Ups am Tag überlebe, um endlich auszusehen, wie Heidi Klum.

Eigentlich sollte ich es für erstrebenswert halten, auszusehen wie Heidi Klum.

Eigentlich sollte es mir egal sein, dass ich nicht aussehe wie Heidi Klum.

Eigentlich

Eigentlich

Eigentlich

Aber da bin immer nur ich und manchmal reicht das nicht

Weil da bin ja nur ich

Aber meistens ist das schon zu viel für mich
Und dann kommst du
Sagst, ich soll mal runterkommen
Langsam machen
Sagst du

Dass ich auch nur n Mensch bin
und Menschen kleine Brötchen backen
Sagst du

Und Früchtetee,
sagst du,
schmeckt auch nur nach nichts
mit 'n bisschen Weihnachten.

Clara Nielsen: Jahreszeiten

Du erinnerst mich an Frühling
wie Du riechst und wie Du aufblühst, wenn Du Rennrad fahren kannst,
wie Du singend alle Sorgen verbannst,
wie Du mich aufweckst und ansteckst alles zu machen,
mit deinem Frühlingsmorgenlachen.

Du erinnerst mich an Sommer
so süß wie Eis, so sexy wie Strand, Badeshorts, so frei wie Schulferien,
so strahlend auf 'nem Bodyboard, so voll mit Serotnien und Vitamin D,
so sanft wie eine Sommernacht in immer grünem Klee.

Du erinnerst mich an Herbst
wenn Du meine Welt bunt anmalst mit allerlei Farben,
wenn Du mir Wärme schenkst und sich Hände in Wollpullis graben,
wenn du Worte flüsterst wie der Wind sie haucht
und dich in der Herbstabenddämmerung in Träume taucht.

Du erinnerst mich an Winter
bin berauscht von Dir, als hätte ich seit Wochen
nur Glühwein und Kekse gerochen,
Du bist ein Schokoladenweihnachtsmann, herb und zart
verführerisch und sinnlich, mit und ohne Bart.
Und Du legst Dich wie eine Decke aus Puderzuckerschnee über mich und sagst
„an diesem Winternachmittag vernasch ich Dich“

Du bist so facettenreich, dass man schonmal vergisst
welche Jahreszeit gerade ist
und ich denke
MIST
ich würde Adjektive gerne weiter steigern können
denn du bist das Beste, was mir je passiert ist.

Du bist soooo einzigartig und unbeschreiblich
du bist sooo grrrr
dass Du mich verlassen hast!

Vorgestern noch diesen Text verfasst hab ich heute nur gedacht
SCHEISSE!
und ich würd am liebsten schrein
NEIIIIN!
Du kannst nicht gehen Du bist doch Mein!

Na Gut!

Du erinnerst mich sowieso nur an ganz miesen Frühling
wenn die Vögel wieder Dünnschiss haben,
wenn sich Motorradfahrer an Krötenleichen laben,
wenn der Pollenflug und Tinitus beginnt
weil dieser Dünnschiss-Vogelchor auch noch jeden morgen penedrant,
vor dem Fenster Modern Talking singt

Du erinnerst mich an einen Sommer
wie er heute nun mal ist
mit Regenguss von Juni bis September,
und Arschgeweih von Malle ist der Hit.
Und Schwabbelbäuche, die den Sand in all ihren Körperritzen genießen,
wenn sie am FKK-Strand schwitzen.

Du erinnerst mich an Herbst
mit Tornado und Wirbelsturm,
mit fliegenden Autos, die nicht ganz den Baum am Straßenrand
verpassen,

mit Blitzen, die gerne einmal einschlagen und zwar in Menschenmassen,
mit nassen Schuhen und Hosensäumen dank überlaufenen Gullis,
mit Opas letztem Husten und kratzigen Wollpullis

Du erinnerst mich an Winter
und kleine gelbe Stellen im Schnee.
An nicht ertrinken, sondern erfrieren im eiskalten See.
An Eiszapfen, an denen man mit der Zunge festklebt, wenn man daran leckt.
An Lüge und Verrat, was den Mann mit Rauschebart angeht,
wenn kleine traurige Kinder feststellen, dass nur der dicke Papa im Schornstein feststeckt.

An Lawinen mit Pulverschnee aber mit großen dicken Felsbrocken drin
die einen überraschend überfallen, überrollen
und woraufhin mal 310 Meter fällt
und sich dabei sicherlich nicht nur die Hand prellt.

JA!
Du bist keine Einzigartigkeit und es gibt keine Ewigkeiten
und wo,
ja wo,
gibts denn noch richtige
Jahreszeiten?

Moritz Kienemann: 24 Stunden

Auf die Überflutung aller Sinne
Folgt die große Stille
Gemischt mit Vogelgezwitscher
Dem Hall deiner Absätze auf dem Asphalt
Und knirschendem Kies unter deiner Schädeldecke
Die Schatten der Nacht kriechen von den Häuserwänden
Und weichen einer Art bläulichem Licht
Die Häuserwände interessiert das nicht
Die Häuserwände wollen keine Regung zeigen
Außer dich so kalt und graublau wie möglich anzuschweigen.
Ich schweige zurück
Die Sonne strahlt mich an
Ich kehr ihr den Rücken zu
weil die Nacht noch nicht vorbei sein soll
und ich hab die Nase voll davon,
dass es mein Glück auch diese Nacht nicht geschafft hat
mich zu finden
Ich hab es satt meine Ehre immer wieder an ein paar Drinks
Und Brüste zu binden
Um mich dann zu wundern, wenn du sie schon wieder verloren hast
Und im Rhythmus des Halls
Meines Schritts auf dem Asphalt
Sag ich mir im Sprechgesang
„Nie wieder"

Und dabei hatte doch Alles so gut angefange
Ich hab mein Handy klingeln hören, also bin ich rangegangen
Erik war dran und begann sogleich zu erzählen
Von diesem Fest heute Abend
Und ich stünde doch auch auf Rauch und raue Kehlen
Also dürfe ich da ganz sicher nicht fehlen
Und überhaupt, das Ambiente der Party sei phänomenal
Besonders bezüglich der Damenwahl
Und wenn ich nicht käme,
dann sei das nur meine Schuld

denn um Spaß zu haben bräuchte man weder Sitzfleisch noch Geduld
Und er begann alsdann zu berichten
Von Paralleluniversen in Putzkammerräumen
Von perfiden Perversen und schmutzigen Träumen
Von einer tanzenden Meute
Von fliehender Beute
Von einem Drink nach dem andern, der dir die Festplatte putzt
Und wäre der Begriff Party des Jahrhunderts nicht so abgelutscht
Er hätte es auch noch benutzt

Eine Wohnung, purer Wahnsinn auf 120 Quadratmetern
Mit Ulrikes und Petern
Die endlich alle Hemmungen fallen lassen
Und sich an den Händen fassen
Um zu tun, wozu der Mensch doch geschaffen wurde.
Nämlich Liebe auszutauschen
Sich an seinen Trieben zu berauschen
Also pack deine Sachen
Und mach keine Faxen
Wenn du deinen Enkeln mal was erzählen willst
Und reiß dich zusammen,
und schmeiß nicht mit Flammen
wenn du den Weg der Liebe wählen willst
Love, and Peace and Selfdestruction yeah!
Ist das Letzte, was ich hör
Und zuerst frag ich mich, ob das zum Lachen oder doch zum Weinen ist
Und warum Erik eigentlich in Reimen spricht
Ich geh los.
Und 3 Stunden später ist die Stimmung beschissen
außer der Nachotüte in meinem Schoß
hab ich noch nichts aufgerissen
Dabei hab ich doch meine allerschönsten Sachen an
Ich hab Alles gemacht, was man sonst noch so machen kann,
um zu gefallen.
Ich hab zehn Lines Armaniparfüm geschnupft
Hab eine Dose Axe Deo geschnupft
Und mit einem Ruck

War ich in Stimmung um nicht nur Bäume,
sondern gleich den Münchner Fernsehturm auszureißen,
um mit bloßen Zähnen ein Stück Stahlfassade aus der BMW-Welt zu beißen
Und jetzt sitz ich hier
Am andern Ende des Raums liegt Erik mit dem Kopf auf der Bar
Weil er auch schon besoffen war,
als er mich angerufen hat
Neben mir sitzt so ne Type,
die ständig erzählt, Berlin sei die coolere Stadt
Während sich vor mir ein paar traurige Gestalten
Zu Oasis aus bewegen
Und sich bei „Wonderwall" pathetisch auf den zugesifften Teppich legen
Und ein Typ durch den Raum ruft,
dass die letzte S-Bahn gefahren ist
und „Ihr vielleicht noch ein bisschen bleiben müsst"
Und mir wird klar, dass das so nicht weitergeht,
geh zu dem nächsten Mädchen,
dass da alleine steht
und sag ihr so was, wie
„Hallo .... ich bin Reisepoet"
und schon hab ich meine Würde verschenkt
Meine Ehre geht baden
Mit einem Treffer versenkt
Und mach nur einen auf Kabale und Liebe
Dabei ist das nur Randale und Triebe
Ich bin zum Tier geworden, denk ich mir
Und die Sonne strahlt mich an
Ich kehr ihr den Rücken zu
Und im Rhythmus des Halls
Meines Schritts auf dem Asphalt
Sag ich mir im Sprechgesang
„nie wieder"
Der Globus dreht sich um sich selbst
Die Sonne tanzt im Beat des Alls auf und nieder
Und vierundzwanzig Stunden später
Steh ich an exakt
Derselben Stelle

Und exakt
Dieselben Schatten
Kriechen von exakt
Denselben Häuserwänden
Und exakt
Dieselbe Sonne
Scheint mir in
Exakt dasselbe Gesicht
Exakt
Exakt
Exakt
Immer wieder exakt
Dasselbe
Ich zeig der Sonne den Mittelfinger

Fazit:
Auch wenn wir damit immer wieder auf die Fresse kriegen
Auch wenn wir dabei immer wieder auf die Fresse fliegen
Menschliche Wärme ist etwas, das wir anscheinend wie Luft zum Atmen brauchen
Die Frage ist nur, was ist die Währung um sie am billigsten zu kaufen.

Hanz: Singleparty

Ich stelle mir gelegentlich mal vor, wie es wohl sein wird, wenn ich später mal Kinder habe. Und ich bin mir ziemlich sicher, dass ich dann abends auf ihrer Bettkante sitze und ihnen eine Gute-Nacht-Geschichte erzähle, wie z. B. diese:

Kinder, hört mal zu: Wieso mussten mich meine Freunde in diesen Club mitschleppen?! – Ich habe eigentlich gar keine Lust auf Party – bin aber trotzdem mitgekommen. Wir bezahlen und gehen 'rein – und dann sehe ich das Schild: „Heute: Single-Party". Ach, du Scheiße! Ich hatte mir eigentlich geschworen, niemals auf so eine Veranstaltung zu gehen, doch jetzt habe ich schon den Eintritt bezahlt und um wieder zu gehen, bin ich zu sehr Schwabe. Ich bekomme beim Eingang einen herzförmigen Aufkleber, auf den ich „Hans" schreibe – das schreckt ab.
Zufrieden gehe ich zur Bar und bestelle ein Bier. Da kommt mir eine Idee, wie ich den Abend doch noch lustig gestalten kann: Ich nehme mir vor, von jedem hier anwesenden Mädel einen Korb zu bekommen. Als mir die Blonde hinter der Theke das Bier bringt, sage ich: „Du musst hier nicht arbeiten. Ich bin Model-Scout und bringe Dich ganz groß raus!" Sie schüttelt verständnislos den Kopf: Nummer 1 geschafft.
Zielstrebig steuere ich eine junge Frau an, die in einer Ecke telefoniert. Ich nehme ihr das Handy aus der Hand, lege auf und sage: „Unterhalte Dich lieber mit mir, das ist erstens interessanter und zweitens habe ich einen besseren – Vibrationsalarm." Dabei lege ich ihr meine Hand auf den Kopf und mache „wwwwwwwwwww". Das überzeugt sie nicht.
Nächstes Ziel: Eine vielleicht 15jährige, sehr aufgetakelte Rothaarige, die vor der Toilette wartet. Sie heißt „Sweet Lissy, Herzchen, Smiley" – steht jedenfalls auf ihrem Aufkleber. Ich stelle mich neben sie und tu so, als würde ich irgendetwas in ihrem Gesicht sehen, was da nicht hingehört. Dazu schaue ich ein bisschen angewidert und frage dann: „Na, Kleine – war diese Woche wieder Schminke in der Wendy? Darf ich Dir mit dem Fingernagel meine Handynummer in die Backe ritzen?" In diesem Moment kommt ihre Freundin von der Toilette, „Sweet Lissy, Herzchen, Smiley" geht durch die noch geöffnete Tür – war auch bitter nötig, die hatte das Pipi ja schon in den Augen. Die Freundin heißt „Kitty". Ich sage – wie wahrscheinlich jeder andere Vollidiot an diesem Abend auch –

„Hello Kitty“ - „Lass mich raten: Du magst Katzen?“ – „Mhm“, sagt sie und bekommt leuchtende Augen. Ich sage: „Chhhhchchchchhch!“ (fauchen) – sie schreckt sofort auf und rennt los – direkt gegen die Tür. Nachdem sie zu Boden gegangen ist, beuge ich mich zu ihr herunter und flüstere: „Naja, hast ja noch 6 Leben.“
Danach gehe ich nach draußen und frage das einzige Mädel dort nach einer Kippe und schiebe hinterher, ob sie vielleicht eine zweite für meinen Freund hätte, der gleich ’raus kommt. Sie gibt mir zwei Zigaretten, ich stecke sie in meine noch halb volle Schachtel und gehe wieder ’rein. Auf dem Weg nach drinnen, sage ich schnell noch zu einer: „Oh, cool! Ich wusste gar nicht, dass heute auch noch ‚Bad Taste Party‘ ist.“
Und da sehe ich *sie*: Sie würde zwar keine Misswahl gewinnen, aber ich gehe trotzdem zu ihr, schaue ihr tief in die Augen und sage: „Hallo Schönheit – bist Du zufällig Kartographin? – Ich habe mich nämlich gerade in Deinen Augen verloren.“ Sie lächelt mich an und sagt, das sei das Süßeste, was jemals ein Mann zu ihr gesagt habe. – Arme Sau! Ich will trotzdem mein Ziel des Abends verfolgen und sage „gehen wir zu Dir und haben ein bisschen Spaß – bei mir in der Wohnung ist eine Ungezieferplage, von der ich immer juckenden Ausschlag bekomme.“ – „O. K.“ – „Shit!“ – Ich sage, ich müsse noch kurz auf die Toilette und spritze mir dort absichtlich etwas Wasser auf die Hose, komme wieder ’raus und mache sie auf mein Missgeschick aufmerksam, indem ich ihr von Inkontinenz und zeitweise auftretender Impotenz erzähle. Sie lächelt mich an und sagt etwas von „niedlich“ und „Mutterkomplex“ und zerrt mich zum Ausgang. Auch an der Tatsache, dass ich eine Freundin habe, hat sie nichts auszusetzen und wir sitzen in einem Taxi auf dem Weg zu ihr. Mit der Kraft der Verzweiflung schau’ ich sie an – zum ersten Mal im Licht – und breche ins Taxi. Aber auch das scheint sie nicht zu stören – im Gegensatz zum Taxifahrer. Ich gebe ihm zwei Zigaretten und wir steigen aus.
Jetzt ist das Unvermeidliche nicht mehr abzuwenden und ich überlege mir auf der Treppe zu ihrer Wohnung, was ich wohl sagen würde, wenn meine Freundin zufällig ins Zimmer platzen würde, während ich ihr fremdgehe. Mir fallen spontan vier Alternativen ein:

1. „Ähm, ich bin da irgendwie so ’reingerutscht …
2. „Ich tu hier was Gutes: Sie saß draußen in der Kälte und brauchte etwas Warmes im Magen.“

3. „Ich hab' extra 'ne Hässliche genommen, dass Du Dich besser fühlst."
4. „Ich liebe Dich."

Nun stehen wir also bei ihr im Wohnzimmer und sie haucht mir ins Ohr: „Na, Du Eroberer – jetzt zeig' der Kartographin doch mal, wie richtige Feldherren einmarschieren …"
In diesem Moment wusste ich, wie Kolumbus sich gefühlt haben muss, als er herausfand, dass er irgendwo angekommen ist, wo er eigentlich gar nicht hinwollte.

Ja, und dann sitz' ich immer noch bei meinen Kindern an der Bettkante und sage: „Jetzt schlaft gut, liebe Kinder, denn genau *das* ist die Geschichte, wie ich Eure *Mutter* kennen gelernt habe."

Alexander Burkhard: Scheißtag

Heute hatte ich einen richtigen Scheißtag. Der kam heute Morgen schon rein so: „Hallo, ich bin ein Scheißtag und heute gehöre ich ganz … dir!" Und ich dachte nur: „Ahhhh … hmm … okay?" Nicht wissend, dass ich damit mein Schicksal besiegelt hatte.
„Na los", sagte Scheißtag grob. „Aufstehen!" „Hä? Hmmm … ey, hast du mal auf die Uhr geschaut … es ist gerade halb fünf." „Ich weiß, ich bin spät dran", sagte Scheißtag. „Ich musste noch jemanden wach halten, der heute eine Prüfung schreiben wird." „Du bist echt asozial." „Hast du mir vorhin nicht zugehört?", fragte Scheißtag. „Ich sagte ‚Ich bin ein Scheißtag!'" Ich versuchte ihn zu ignorieren und drehte mich auf die andere Seite, doch immer wenn ich kurz vorm Einschlummern war, fing Scheißtag an, Seven Nation Army anzustimmen, und ich war wieder hellwach.
Irgendwann resignierte ich und ging runter zum Frühstücken, machte mir ein Müsli, Scheißtag brachte Milch. Geistesabwesend schenkte ich ein und aß. – „Boah, die ist ja schlecht." „Der Mann lernt schnell", sagte Scheißtag und goss etwas Kaffee über die Zeitung. Dann holte er einen Teller aus dem Schrank und fragte: „Wohnt außer dir noch jemand hier?" „Was? Ja. Äh, nein. Nein nein nein!" Doch zu spät; Scheißtag donnerte den Teller mit voller Wucht auf den Fliesenboden. „Hey, was soll das?", schrie ich ihn an. „Pst", sagte er leise. „Du weckst noch die anderen." Ich ließ ihn in der Küche stehen und ging hoch zum Zähneputzen. Doch Scheißtag hatte die Zahncreme gegen Sonnencreme ausgetauscht und als ich mich danach auf die Toilette setzte, sah ich ihn im Hausflur mit Klopapierrollen jonglieren. „Was hab ich dir denn getan?", fragte ich flehend. „Nichts. Das ist ja das Schöne an meinem Job", sagte er. „Ach ja, das Klo war etwas dreckig. Ich hoffe, deine Zahnbürste ist nicht die Blaue?"
Ich verbrachte die restliche Zeit bis zur Uni damit, ihn zu beschimpfen, aber das schien ihn nur noch mehr anzustacheln. Als ich nämlich in Richtung Bus lief, hielt er mich mit beiden Händen am Bauch umklammert und ich kam kaum vorwärts. Als ich dann viel zu spät doch noch im Seminar erschien fragten mich alle, warum ich denn so langsam zum Bus gelaufen sei. „High Five", rief Scheißtag, doch irgendwie hatte ich keine Lust, einzuschlagen.

Dann kam mein Kumpel auf mich zu, total übermüdet: „Ey, ich glaub ich hab die Prüfung vorhin voll verkackt." „Was? Welche Prüfung?", fragte ich. „High five", rief Scheißtag wieder und schlug mit sich selbst ein. Später fragte mich mein Dozent nach meinen Hausaufgaben. Ich wühlte in meinem Rucksack. „Öhm, die … die … fuck … die hab ich nicht dabei." „Hat sie der Hund gefressen, wie?", fragte er spöttisch. „Mmh, nein, das war ich", sagte Scheißtag schmatzend. „Nein, das war mein Scheißtag", versuchte ich die Situation mit Humor zu nehmen. „Ich finde, für diesen frechen Kommentar muss er jetzt ein Referat halten", schlug Scheißtag vor. „Für diesen frechen Kommentar darfst du jetzt ein Referat halten", sagte mein Dozent.

Langsam wurde ich etwas paranoid, was dadurch nicht besser wurde, dass ich irgendwann merkte, dass mein Geldbeutel nicht mehr da war und Scheißtag kurze Zeit später mit neuen Klamotten vor mir stand. „Hattest ja ordentlich was gespart", sagte er, als er mich zu meiner Freundin begleitete. „Blöd, dass du deinen Geldbeutel verloren hast."

„Kennst du diesen Traum, wenn du verzweifelt versuchst, den Bus zu erwischen, aber egal wie schnell du rennst, du kannst dich nicht von der Stelle bewegen?", fragte meine Freundin. „Ja", sagte ich. „Genau so kommt mir das mit uns vor", sagte sie. „Wir beide kommen einfach nicht weiter." „High five", rief Scheißtag euphorisch. „Man Junge, heute ist echt nicht dein Tag, was?" Sie könne mir irgendwie nicht mehr vertrauen, sagte sie noch. Sie fühle sich einfach nicht mehr wohl in meiner Nähe.

Ich ging also, doch als ich durch den Park nach Hause lief, fiel mir auf, dass der Tag so schlecht eigentlich gar nicht war. Die Sonne schien, es war warm und ein angenehmer Geruch lag in der Luft. „High five", rief Scheißtag und ich trat in einen Hundehaufen. „Was soll das eigentlich?", fragte ich. „Du hast einen Scheißtag", sagte der Hundehaufen und schlug ein. „Und du bist ein Hundehaufen", sagte ich. „Uhh", sagte Scheißtag. „Jetzt aber."

Ich war sprachlos. Doch dann fing ich an zu lachen, erst leise, dann immer lauter, ich lachte über den Dreck an meinem Schuh, ich lachte über mich, aber vor allem lachte ich über das Leben selbst, ich lachte einfach. Denn das ist die einzige Möglichkeit, Scheißtage zu vertreiben. Und als ich mich wieder beruhigt hatte, war Scheißtag wirklich weg. „High five", sagte ich leise und dann machte ich mich auf den Weg, mein Leben in Ordnung zu bringen.

Nektarios Vlachopoulos: Die Diktatur der Dichtkunst

Ich war mal frei ... Bevor sie kamen und mich vers-sklavten. Ich war mal frei, ich konnte mich ausdrücken, wie ich wollte, sagen, was ich wollte! Voller Inbrunst rief ich „Herz!“ und niemand zwang mich „Schmerz“ hinzuzufügen, nein, auf Herz folgten schöne melodische Klänge wie „Cholesterinspiegel“ oder „Kardiomyopathie“.
Eine echte Wortskanone war ich! Die Frauen waren verrückt nach meinem Text-Appeal. Sie schrien mir nach! „Komm, schreib's mit mir!“, riefen sie „Komm' schreib's mit mir die ganze Nacht!!“ Ach, glückliche Zeilen waren das ... damals ... in der PondeProsa ... Bevor die Odezaren die Welt im Reim erstickten! Vor der Zäsur und dem Ende des Wortschritts. Aber ich leistete Widerstand! Niemals würde ich mich diesen elenden Vers-Sagern beugen!
Kampf dem (Achtung, ab jetzt kommen die richtig dicken Kalauer:) Buchstablishment... Ich verstieß gegen sämtliche vocale Sitten! Ich forderte auf, eine neue politische Dichtung einzuschlagen. Aber wir einigten uns niemals auf eine gemeinsame Konsonanz! Damit war es klar! Ich musste in den bewaffneten Widerstand. Ich begann meine Majuskeln zu trainieren, ich wurde zum Textremisten, zum Antonomen, ein gesetzloser Herumschreiber ...
War ich einst der Schwarm aller weiblichen Kadenzen gewesen, so umgab ich mich nun nur noch mit billigen Jamben. Es war an der Zeit, schweres Geschütz aufzufahren: Ich entführte ein hochdekoriertes Mitglied des Generalstabreims und forderte ein immenses Lesegeld. Sie gingen auf meine Forderung ein ... aber dann machte ich einen hypotaktischen Fehler. Wie alle Verbrecher kehrte ich zurück zum Tatwort und sie fassten mich. „Strophe muss sein!“, lautete das Urteil! „Ihr könnt mich wegsperren, aber niemals die freie Wortbildung“, rief ich, bevor sie mich in eine Reimzelle steckten.
Elf Monate ist das nun her ... Elf Monate lang bin ich durch die Hölle gegangen. Ich litt unter allegorischen Reaktionen, heftigen Diäresen und epanaleptischen Anfällen. Ich wehrte mich, solange ich konnte, aber letztendlich gelang es ihnen ...

Sie konnten meinen Willen brechen,
Mir war plötzlich so komisch ...
sie versuchten mich zu zähmen
Irgend etwas geschah mit mir ...
sie versuchten mich zu lähmen
Ich, ich hörte Stimmen ...
zu bestrafen, zu bestechen!
Oh nein!! Ich fing an im Reim zu sprechen!!!

Wie konnte mir das nur passieren?
Hat das niemand Prophezeit??
Wie konnten sie mich so kastrieren??
War ich doch stets zum Kampf bereit ...

Ich war doch weise, stark und tapfer ...
Doch auch ich fiel letzten Endes ... DEM SONETTsyndrom zum Opfer ...
Ich hab' es lang genug bekriegt,
das Reim-Regime hat nun gesiegt
und ruft heute jemand „Herz“,
so lautet meine Antwort: „Schmerz ...“

Daniel Wagner: Der Wandel der Zeit

»Sind das in der Suppe Augen und Gehirn? Hast du die aus einem Rezeptbuch gemacht?«

»Nee, ausm Kopf, sieht man doch!«, sagte der eine Kannibale zum anderen.

Nach diesem Kannibalen-Alptraum erwachte ich und hatte nur noch Schmerzen im Kopf. Das kommt eben davon, wenn man abends zuvor den zu starken Kirschsaft mit immer mehr Wodka verdünnt. Man weiß ja heutzutage auch nicht mehr so genau, was da drin ist, im Kirschsaft: *50 % Fruchtgehalt, Nektar, aus Konzentrat ...*

Ich hab noch nie auf einer Flasche Wodka gelesen: »Mit Kartoffelfruchtfleisch, aus Wodka-Konzentrat.« Deshalb kommen die Kopfschmerzen wohl eher vom Kirschsaft.

Ich blicke auf den Radiowecker neben dem Bett: Es ist 13:13 Uhr, die Vorlesung ist natürlich verpasst. Dafür klingelt nun mein Handy auf dem Nachttisch. Zwar hatte ich den Ton gestern vorsorglich ausgeschaltet, aber der Vibrationsalarm auf dem Holz klingt wie eine Kettensäge mit Wackelkontakt.

»Hallo?«

»*Die Studienbescheinigung für die Familienkassekasse!« (*Ah! Meine Mama!)

»Äh ... hab ich vergessen, mach ich morgen, heute wollt ich noch für einen Textwettbewerb einen Text schreiben«...

»*Du sollst keinen Text schreiben, sondern Formulare ausfüllen! Da sind noch Anträge, Aufträge, Überträge, Überweisungen, Einweisungen, bescheidene Bescheide, Bescheinigungen, formlose Formulierungen in Form formeller Formulare, ungerechte Rechnungen, mit denen hast ausgerechnet du nicht gerechnet, der GEZ-Zettel und die Papiere von den ganzen ungesunden Behörden und Kranken-Kassen. Ja, ist denn noch gar nichts erledigt?«*

»Doch, ich bin erledigt.«

»*Du bist sooo faul, wenn du dich anstrengen würdest, könntest du Berge versetzen*!«

»Aber du hast doch gesagt, ich soll viel trinken.«

»*Aber doch keinen Alkohol!«*

»Aber da ist doch nur 5 % Alkohol zum Beispiel in Bier«

»Was hast du? Einen Kater? Ja und weißt du denn, was ich früher hatte?? Ich hatte früher nichts!!! Und das wurde mir auch noch weggenommen. Nichts zu essen, nichts, ich wurde in der Schule geschlagen und musste hart arbeiten in finsteren Bergbauschächten, es war immer dunkel, ich hatte nichts ... – aber ich war glücklich und zufrieden mit dem, was ich hatte ...«
Ich drücke den großen roten Knopf an meinem Handy, daraufhin muss die Verbindung irgendwie gerissen sein. Aber sie hat ja Recht! Früher hatten die Menschen nichts und wir haben heute alles. Wir haben z. B. genug zu essen, und das meiste Essen ist in Fertiggerichten fertig gerichtet, für Fertige richtig: Schnell – schnell, zack – zack, koch doch, back back – in einer Minute fertig! Geil! Dosen-Ravioli! Mit Magerfett, fettarmen Ölen und stets weniger Fett im Fettanteil. Fett! Da kann man problemlos nebenbei noch eine Flasche Öl exen, so super ist das.
Und wie die Menschen zu den öffentlichen Grillen zirpen, als wären sie zu Flitzer-Pizza ›verdönert‹ worden, wie jeder wenn's um die Wurst geht in der Hast tut, als wäre Fast Food fast gut und auch die ganzen Fertiggerichte ... Nur – was essen wir da eigentlich? Steht ja drauf, im Kleingedruckten, unter Zutaten. Man könnte es beinahe auch selbst machen.

Dosen-Ravioli-Zutaten: *Wasser, Zucker, Zitronensäure, modifizierte Stärke, Maltodextrin, Glycol, Hydroxypropyl, Cyclomethiconedistearoylethyl, Mononatriumglutamat, Dikaliumguanylat, E395-957, Dinatrium-5-ribonukleotid. Und kann Spuren von Erdnüssen und Sellerie enthalten!*
Aber Hallo! Diese Zutaten sind doch überall drin, ob in englischer Wirsingpizza, chinesischen Spanwelpen oder deutschem Nagellackentferner, eben nur in verschiedenen Überdosierungen. Deshalb ernär' ich mich nur noch von Bier! Reinheitsgebot – da weiß man noch, was drin ist! Bier ist Bio.
Würde man eines Tages alle fragwürdigen Chemiestoffe aus unserer Nahrung rausnehmen, dann hätten wir gleich gar nichts mehr zu Essen, an diesem »Tag der deutschen Reinheit«. Eigentlich müsste man auf Fertignahrung genauso Warnhinweise anbringen wie auf Zigaretten-Schachteln. Zuerst stand da auch gar nichts. Dann so harmlose Sprüche wie (ungefähr): *»Wer das Rauchen sein lässt, gibt es auf und verzichtet darauf, die Gefahr zu verringern, damit Schluss gemacht zu haben, bevor er aufgehört hat, es zu beenden!«* Heute steht da ganz direkt: *»Wer raucht tötet.«*

Oder einfach *»Mörder!«* Oder: *»Noch ein Zug – zu spät.«* Nein, Letzteres war natürlich ein Hinweis bei der Deutschen Bahn.
Aber hält das jemanden vom Rauchen ab? Natürlich nicht, und die meisten Raucher können ja auch noch gar nicht lesen. Sieht man doch vor den Grundschulen, die kleinen »Nikoteenis«. Aber die brauchen das ja, denn es sind hyperaktive Aufmerksamkeitsdefizitsyndromträger. So etwas gab es früher auch nicht! Dafür bietet die Pharmaindustrie aber eine gewaltige Auswahl an Medikamenten gegen eine Vielzahl von Krankheiten, die es damals gar nicht gab. Früher war man da nicht so zimperlich!
Ob Schädelbasisbruch oder Querschnittslähmung, früher hat der Arzt da ein Pflaster draufgemacht und gesagt: »Wird schon wieder! … Viel Obst essen!« Und ich soll für die Kranken Kassen Formulare ausfüllen? Ganz klar: Nein!

Ich will zurückrufen, doch … »wo ist überhaupt mein Handy?« Ja, verlegt, denn es ist ja schnurlos. Das ist überhaupt der modernste Trend: Schnurlos! Hat man früher vielleicht zu einer Hauskatze gesagt: Schnur – los! Damals gab's noch Kringelschnurtelephone, mit Wählscheibe! Die Funktionsweise einer Wählscheibe lässt sich heute nur noch vergleichend erklären mit der Einführung der Demokratie im Nahen Osten: Man wählt bis zum Anschlag.
Heute läuft nichts mehr wie am Schnürchen, denn alles ist schnurlos: Telefone, Internet, wer weiß, was noch alles schnurlos gemacht wird. Vielleicht Angelruten, paradoxerweise zum ‚Kabeljau' angeln, über schnurlose Tampons will ich gar nicht nachdenken, sonst verlier auch ich den Faden. Aber auf solche Gedanken kommt man nun mal, wenn man sich am Vorabend einen »hinter die Binde« gekippt hat. Ach ja, ich suche mein Handy und denke währenddessen darüber nach. Allein der Begriff Handy ist doch nur ein Produkt eines trendigen Anglizismen-Booms! Wobei das mit den Anglizismen u. a. in Großbritannien noch viel schlimmer ist. Trotzdem ist es auch hier bereits so, dass kaum noch einer ein Buch, aber jeder ein zu teures Auto least!

Die moderne Welt scheint verloren, mein Handy scheint verloren, die Sonne scheint. Wie schön! Auch ein Grund, nicht in die Vorlesung zu gehen! Aber freuen sollte man sich nicht, über die Wärme, denn sie ist gefährlich – nämlich eine Folge der globalen Erwärmung! Es ist die Wärme, die Wintermonate wie Februar ja nur ‚ausmärzt', und auch den

Knut, den kuschelfluschelsüßen, weichen kleinen Eisbären. Ebenso reizend wie das CO2-Gas. Außerdem kann man mit dem gar nicht mehr kuscheln, denn der ist inzwischen groß geworden. Wer versucht, mit ausgewachsenen Raubtieren zu kuscheln, dem passiert das, was der Siegfried ‚beroyt'. Wobei – man könnte ihn doch heute 1000fach klonen, lauter kleine Kuschel-Eisbärchen, ja klonen gibt's doch heute auch! Klonen kann man alles – nur nicht sich selbst, denn sonst sitzt man schnell im Gefängnis, in seiner eigenen Stammzelle – wohl beide!
Nach all diesen Gedanken vibrierte lautstark der Boden neben meinem Bett. Ich ergreife das Han... pardon – Mobiltelefon, drücke zielsicher den grünen Knopf und es sprudelt aus mir heraus:
»Ja, Mama, du hast Recht: Wir haben heute alles, im Gegensatz zu früher, zum Beispiel haben wir erste Sahne-Retortenbabys sowie Buschbrände und amerikanische Ex-Präsidenten, die nicht genug kriegen konnten, Bombenstimmung im Nahen Osten und KostenvorAnschläge, Lauschangriffe, Hörstürze und Tokio-Hotel, Misswahlen, Missionarstellung und Missgeburten, Siebenschläfer und Sextouristen, Studien, die uns pisaken, Ein- und Ausbildung und Feinstaubbildung, Krebssuppe und Atommüllschlucker, Triebtäter und K-teter, Gentomaten aus Automaten, Bildungslücken und Ozonlöcher, Unternehmen, die sich übernehmen, Hyperaktive Kinder und passive Sterbehilfe, Menschenrechte und rechte Menschen, NPD, REP und Hip-Hop, Tip-Top Flip-Flop, Lip Gloss, Computerchips mit Fettspeicher, Frauenboxen und Geschmacksverstärker, und manchmal haben wir sogar das abgesaugte Fett aus unseren Hintern in unseren aufgespritzten Lippen! Ja, wir haben heute alles, aber wer hat uns denn gefragt, ob wir das alles haben wollen? Deshalb geht es letztlich nicht mehr darum, was wir alles haben, sondern was wir damit und daraus machen! Dass uns bei der Erwärmung das Schwitzen zusammen-schweißt, nicht jeder die Hitzen zusammenscheißt, dass wir uns gemeinsam mit Methadonzigaretten das Rauchen abgewöhnen, Nordic-Walking, Modern Talking und Anglizismen canceln, Bürokratie mit Pyromanie verbinden, ja lassen wir uns nicht von komplexen Formularen verhexen, sondern die nächsten Texte selber texten, uns als Texter schätzen und vernetzen, uns mit den Alpen verabreden, nicht erscheinen und so Berge – versetzen! Egal, was wir *haben*, wir dürfen nicht vergessen, was wir *sind*: Ob verkatert, ein bisschen Bluna, doch nicht blöd, Deutschland, Papst oder Knut – am Ende wird alles gut!«

Bei Lektora erschienen

Clara Felis

Auf den Spuren der Lyrik beim Poetry Slam – Ein Vergleich der US-amerikanischen und der deutschsprachigen Poetry-Slam-Szenen

Lyrik steckt im Wort Poetry Slam. Doch wie weit sind der herkömmliche Lyrikbegriff und die Tradition der Dichterlesung noch Teil des Poetry Slams? Clara Felis versucht, dieser Frage auf den Grund zu gehen mittels eines Vergleichs der US-amerikanischen und deutschsprachigen Poetry-Slam-Szenen, einer literaturtheoretischen Auseinandersetzung mit dem Begriff Lyrik sowie mit dem direkten Austausch mit Slammer/-innen der beiden Szenen. Anhand von Textbeispielen sollen die herausgearbeiteten Ergebnisse dargestellt werden.

Clara Felis wurde im Schwabenland geboren und wanderte von dort nach Wien. Seit einigen Jahren ist sie Teil der dortigen Slamily. Aus der Rolle der Slammerin schlüpft sie gelegentlich, um Moderatorin zu sein oder auch Radbotin. Neuerdings erkundigt sie die Dimensionen des Buchhandels.

ISBN 978-3-938470-92-3
17,80 Euro

www.lektora-verlag.de/shop

Bei Lektora erschienen

Franziska Holzheimer

Strategien des Authentischen Herausforderungen einer literaturwissen-schaftlichen Auseinandersetzung mit Literatur sekundärer Oralität am Beispiel von Slam Poetry

In diesem wissenschaftlichen Werk zum Thema Poetry Slam stellt die Autorin und Poetry-Slammerin Franziska Holzheimer eine Definition von Slam Poetry vor. Diese wird am Diskurs zu Performance-Poesie sowie an Analysen von Slam Poetry Performances belegt. Die Genreproblematik von Slam Poetry und Spoken Word Poetry wird erstmalig auf den Punkt gebracht.

Franziska Holzheimer (*1988 Unterfranken) ist Lyrikerin, Texterin und Poetry Slammerin. Ihre Gedichte, auf Deutsch und Englisch verfasst, klingen von selbst. Holzheimer war Finalistin bei den deutschsprachigen Meisterschaften im Poetry Slam und spielte in der „Abwehr“ bei der „Slam the WM“-Tour im Rahmen der Fußballweltmeisterschaft der Frauen 2011. Sie ist Gast auf Festivals und Messen, in Radio und Fernsehen und leitet Performance- und Lyrik-Workshops für Schüler.

ISBN 978-3-95461-026-6
17,80 Euro

www.lektora-verlag.de/shop